언제까지나,
꿈이 있는 아내는
늙지 않는다

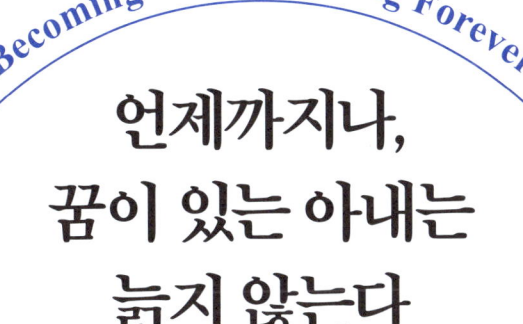

언제까지나, 꿈이 있는 아내는 늙지 않는다

김미경 지음

김미경의
인생 수업
1

awake

Prologue

나는 다시,
마흔하나로 살기로 했다

『꿈이 있는 아내는 늙지 않는다』가 세상에 나온 게 벌써 18년 전이다. 그때 나는 올망졸망한 세 아이를 둔 마흔셋의 엄마이자 철없는 아내였다. 어느덧 내 나이가 예순하나. 그사이에 참 많은 것들이 바뀌었다. 아이 셋은 모두 독립했고 둘째는 결혼까지 했다. 아이들이 북적거리던 집은 온전히 나와 남편의 차지다. 이제는 아무도 "엄마 몇 시에 와?", "오늘 저녁에 뭐 먹어?"라고 묻지 않는다. 정년퇴직을 앞둔 남편은 요즘 요리와 살림에 취미를 붙여 웬만한 집안일은 나보다 잘한다.

시간의 개념도 참 많이 바뀌었다. 이젠 아침부터 밤까지, 월요일부터 일요일까지가 온전히 내 차지다. 내 시간을 완벽히 나를 위해 계획하며 사는 것, 평생 꿈꿔왔던 자유의 시간이 드디어 찾아온 것이다. 다행히 요 몇 년 동안 살도 빼고 운동도 열심히 했더니 체력은 여전히 괜찮고, 모아둔 돈도 있으니 무서울 게 없다. 다만 딱 하나 걸리는 게 있다. '예순하나'라는 내 나이다.

내 기억 속의 예순은 뭘 하기에는 너무 늦은 나이였다. 돌아가신 엄마는 예순에 손주를 여럿 둔 할머니였다. 나도 예순이 되면 엄마처럼 할머니가 될 줄 알았다. 그 또래가 입는 큰 꽃 다섯 개로 처리한 무서운 옷(?)을 입을 줄 알았다. 그런데 아니었다. 나는 아직 할머니가 되지 않았고 여전히 마흔에 입던 옷이 더 잘 어울린다. 엄마의 예순은 평균 수명이 일흔일 때의 모습이다. 70에 죽는다면 60은 밤 10시나 마찬가지니까 무언가 시작하기에 늦은 나이가 맞다.

그런데 내 나이가 변한 만큼이나 시대가 많이 바뀌었다. 평균 수명 120세를 바라보고 있는 요즘이다. 최근 사람들은 매년 건강검진으로 '전 단계' 진단을 받는다. 당뇨 전 단계, 고혈압 전 단계, 간질환 전 단계 판정을 받고 큰 병으로 가기 전부터 미리 관리한다. 게다가 AI 덕분에 의료 기술은 날로 좋아지고 있다. 5년만 버티면 암이 완전히 정복될 거라는 이야기도 심심치 않게 들린다. 실제 요즘 장례식장에 가보면 90대에 돌아가시는 분들이 점점 늘고 있다.

평균 수명을 100세로만 바꿔도 예순이라는 내 나이의 위치는 완전히 달라진다. 밤 10시가 아니라 겨우 오후 2시 조금 넘은 시간이다. 점심 먹고 하루 중 가장 왕성하게 떨 시간. 밤 10시로 착각하고 자리 깔고 누울 때가 아니란 말이다.

이걸 깨달은 날, 나는 내 나이에서 과감히 '스무 살'을 빼기로 했다. 내 나이를 스스로 규정하기로 한 것이다. 요즘 나는 매일 아침 마흔한 살의 마음으로 일어난다. 그리고 스스로에게 말한다.

'나는 예순하나가 아닌, 마흔하나의 김미경이다!'

그런데 현실로 돌아가면 자꾸 예순하나라는 숫자가 발목을 잡는다. 그래서 아예 책상 앞이랑 냉장고 문짝에 숫자 '41'을 크게 써서 붙여 놨다. 내 머릿속에서 내 나이를 새로 세팅하기 위해서다. 그러자 삶의 태도가 완전히 바뀌었다. 얼마 전 직원들과 대화하다가 나도 모르게 이렇게 말하는 나를 발견했다.

"곧 대학원을 졸업하면 마흔넷 정도에 유학을 가고, 그러고도 15년 열심히 살고 나야 딱 예순이야."

너무 자연스럽게 말하는 나를 보며 직원들이 순간 눈을 동그랗게 떴다. 내가 진심으로 나를 마흔하나로 대했기에 무의식적으로 나온 말이었다. 내 나이가 이제 겨우 마흔하나인데 못 할 게 뭐가 있을까. 당연히 대학원도 졸업하고, AI도 공부하고, 영어 공부도 다시 시작해서 유학 가고도 남을 나이다.

*

나는 예순하나인 지금도 '꿈이 있는 아내'다. 18년 전이나 지금이나 꿈의 기본은 '나를 지극히 사랑하는 마음'이다. 여기서 우러나오는 모든 질문이 곧 꿈을 향해 나아가는 시작이다.

'내 시간의 가치를 어떻게 정하고, 무엇으로 채워야 할까?'

'나는 어떤 사람으로 살고 싶은가? 나는 누구인가?'

마흔셋에 나 스스로에게 던졌던 질문들은 예순하나인 지금도 여전히 중요하다. 그리고 예순하나에 내가 찾은 가장 중요한 답이 바로 '시간의 위치'를 바꾸는 것이다. 예순하나의 나이를 마흔하나로 바꾸는 것이야말로, 지금의 내가 찾은 나를 지극히 사랑하는 방법인 것이다.

나는 어떤 순간에도 나를 소홀히 대하지 않는다. '예순하나인데 뭐'라며 나를 내팽개치지 않는다. 생각해보면 예전부터 그랬다. 나이 서른에 사람들이 음대 나온 나를 강사로 인정하지 않을 때도 '그래, 음대 나왔으니 그렇지 뭐'라고 한 번도 생각하지 않았다. 나는 바뀔 수 있고, 내가 가장 원하는 방향으로 갈 수 있다고 굳게 믿었다.

『꿈이 있는 아내는 늙지 않는다』라는 책을 쓸 때도 그랬다. 꿈과 아내. 당시에는 이 두 단어가 너무나 낯선 조합이었다. '아내가 무슨 꿈 타령이야? 애들 잘 키우고 남편 뒷바라지나 하면 되지'라는 생각이 당연한 시절이었다. 그러나 나는 남들의 생각에 동의할 수 없었다. 그 상황에서 내가 나를 가장 사랑할 수 있는 유일한 방법은 '꿈이 있는 아내'가 되는 거였다. 다행히도 이는 나 혼자만의 생각이 아니었다. 이 책이 세상에 나오자 수많은 아내들이 환호하며 스스로를 '꿈아내'라고 말하기 시작했고, 자신이 꿈꾸는 여자임을 자랑스러워했다.

『드림온』이라는 책도 마찬가지였다. 나는 이 책에서 각자 처한 환경은 다르지만 '꿈'이라는 스위치를 올리는 순간, 삶을 대하는 자세가 달라지고 10년 후의 삶이 동시에 바뀐다고 말했다. 이는 내가 살면서 여러 차례 직접 경험한 얘기였다. 30여 년 전, 피아노 학원을 운영하다 엄마들에게 편지를 쓰기 시작했을 때 이미 엄마이자 아내들을 위한 책을 펴낸 작가가 되어 있었고, 7년 전 EBS 교재로 영어 공부를 시작했을 때 이미 내가 미국에서 영어로 강의하는 모습은 현실이 되어 있었다. 지난해에 대학원 공부를 시작하며 70세의 나는 이미 한층 성숙해진 강의를 하고 있을 것이고, AI를 공부하는 지금이 만든 미래의 나는 또 다른 영역에서 영향력을 끼치는 사람이 되어 있을 것이다.

*

꿈의 스위치를 켜는 것, 그것은 마치 방향을 딱 '5도' 바꾸는 것과 같다. 사람들은 고작 5도 방향을 바꿨다고 해서 인생이 변하냐고 묻는다. 하지만 10년 후를 내다보면 알 수 있다. 이미 변해 있는 것을. 10년 후 내가 영어로 강의를 하고 있다면, 그 시작은 5도 방향을 바꾼 바로 그날이다. 그리고 그 5도를 바꾸는 힘은 나를 사랑하는 힘에서 나온다. 그것이 바로 꿈이다.

　꿈이란 10년 후의 화려한 단어가 아니다. 초라하게 스위치를 켠 바로 그 순간이 꿈이다. 오늘 어떤 행위를 하든 그 결과가 바로 오늘 나타나는 일은 거의 없다. 아무리 빨라도 3년, 깊이 있는 변화를 이루려면 대부분 5년에서 10년이 걸린다. 그리고 마침내 이루어지는 결과들을 우리는 나중에 '꿈'이라 부른다. 당장 오늘 꿈이라고 부르지 않았다고 해서 꿈이 아닌 게 아니다. 그저 하루를 시작하는 작은 루틴일 수도 있고, 5도만 방향을 틀었을 뿐인 결심일 수도 있다. 하지만 이 모든 것은 꿈이라는 기반 위에서 이루어지고 행해지는 것들이다.

당신이 당신을 사랑해서 선택한 많은 것들이 10년 후에는 모두 '꿈'이라 불리는 것들이다. 그러니 매일 다시 시작해야 한다. 그 시작들이 모여 당신의 인생을 만들어갈 테니까. 나도 매일 다이어리에 AI 공부, 영어 공부, 그리고 70~80세에도 강의하기 위한 운동 루틴을 적고 실천한다. 이 모든 하루의 작은 결심들, 나를 위해 좋은 방향으로 튼 모든 작은 시도들은 결국 꿈을 향해 나아가고 있다.

우리는 지금 '퍼레니얼(Perennial)' 세대를 살고 있다. 다년생 식물을 의미하는 퍼레니얼처럼 우리의 삶은 지나가면 다시 돌아갈 수 없는 단층 구조가 아닌, 복층 구조가 됐다. 1층에서 못 했던 것들은 2층에서 얼마든지 다시 시작할 수 있다. 20대, 30대 때 못 했던 것을 60세에 시작할 수 있는 시대가 된 것이다. 60세에 새로 시작해도 20년이면 박사를 세 개나 따고 전시회를 열고도 남을 만큼 많은 일을 할 수 있다.

이제 필요한 것은 인생을 다시 설계하고 준비하는 기획력이다. 그래서 나는 『꿈이 있는 아내는 늙지 않는다』와 『드림온』을 다시 꺼내 들었다. 40대의 김미경이 뜨거운 열정과 경험으로 썼던 꿈의 콘텐츠를 소환해 오늘날의 나와 더하여 하나로 통합하고 재구성했다. 이제 막 가정을 꾸린 30대부터 내 또래인 60대까지 우리 여성들에게 필요한 꿈의 정의부터 꿈의 단계, 구체적 실행 방법까지를 총망라해 한 권의 책으로 엮었다. 이 책은 '꿈'과 함께 시작해 지금껏 이어온 내 30년 강의 인생의 에센스인 셈이다.

그동안 많은 시간이 흐르고 트렌드도 변했지만 '나를 지극히 사랑하는 마음'이라는 꿈의 본질과, 인간이 꿈을 찾고 이뤄나가는 장대한 서사시는 단 한 번도 변한 적이 없다. 이 책과 함께 독자 여러분도 나이에서 스무 살을 빼고 자신만의 당당한 꿈 이야기를 다시 써보길 진심으로 바란다. 당신의 꿈이, 당신을 영원히 가슴 뛰게 만들기를.

2025년 8월

Contents

Prologue 나는 다시, 마흔하나로 살기로 했다 … 4

Part 1 ✸ 꿈의 본질 — 다시 나를 꺼내야 할 시간

골든타임의 주인공이 되는 법 … 17
당신의 죽어가는 꿈을 구출하라 … 27
비교급으로는 최고가 될 수 없다 … 36
처음부터 가슴 뛰는 꿈이란 없다 … 41
가슴이 보내오는 시그널에 따라라 … 50

Part 2 ✸ 꿈의 발견 — 미래의 나를 먼저 만나는 법

꿈은 성공이 아니라 성장의 언어다 … 65
꿈이란 오직 '나다움'이다 … 72
결핍이 가리키는 방향으로 가라 … 80
새벽 4시 30분의 힘이 꿈을 키운다 … 87
인생 최고의 스승을 만나라 … 96
꿈은 나를 사랑하는 최고의 방법 … 106

Part 3 ✳ 꿈의 비전 — 나답게 벌고 나답게 사는 법

일하는 엄마, 당신 잘못이 아니다	115
엄마처럼 살지 않겠다고? 나는 엄마만큼만 살고 싶다	121
꿈의 합리주의자는 돈에서 꿈을 배운다	130
번아웃 없이 오래가는 엄마의 인생 조율법	137
가계부가 아니라 CEO 다이어리를 써라	144

Part 4 ✳ 꿈의 운명 — 삶이 당신을 시험에 들게 할지라도

운명이 장난칠 때를 대비하는 악재테크	153
불황 때 나를 살리는 자기 회복 시스템	163
행복과 불행을 가르는 인생 해석법	176
나도 아내가 있으면 좋겠다	186

Part 5 ✳ 꿈의 실행 — 꿈을 단단하게 키워가는 법

120세 시대, 인생의 2층 구조를 설계하라	191
어느 날 갑자기 이루어지는 꿈은 없다	198
시간은 당신의 무기, 시간을 죽이지 마라	204
관계에도 전략이 필요하다	214
아내는 가정이라는 스타트업의 CEO	225

Part 6 ✶ 꿈의 동행 — 남편을 꿈의 동반자로 만드는 법

부부는 서로의 꿈을 키워주는 부모다	231
남편, 그도 행복할 자격이 있다	238
남편을 '키다리 아저씨'로 키우자	248
부부의 파트너십을 키우는 3단계	254
남편의 자존심을 살리는 대화법	262

Part 7 ✶ 꿈의 연결 — 아이는 엄마를 통해 꿈을 배운다

내 아이의 산 교과서는 '엄마'다	271
아이가 평생 품을 긍정의 씨앗	280
아이의 마음이 자라는 엄마의 대화법	287
내 아이를 삶의 주인공으로 만드는 법	293

Part 1

꿈의 본질

―

다시 나를 꺼내야 할 시간

골든타임의
주인공이 되는 법

"여보, 우리 건배하자!"

퇴근길, 맥주를 잔뜩 사 들고 와 남편을 베란다로 끌고 갔다. 영문도 모른 채 따라 나온 남편과 묵묵히 맥주를 들이켰다. 술 한 모금 제대로 못 먹는 아내가 그날따라 유난히 기분이 좋아 보이니 이유도 모른 채 장단을 맞춰준 것이다. 강의를 시작한 지 13년쯤 지났을 때였다. 그날은 3만 원에서 시작했던 나의 시간당 강사료가 몇십만 원 단위로 훌쩍 뛰어오른 날이었다. 남편이 내가 겪어온 복잡한 심경을 다 알 리는 없다. 남편이 직장에서 겪는 애환을 내가 모르듯이 그도 내 애환을 모르는 건 당연했다.

교육 담당자들의 피드백이 시원찮은 날이면 자존심이 무너지기 일쑤였고, 강의 장소를 착각해 두 시간 거리를 한 시간 만에 목숨 걸고 운전하며 눈물을 찔끔거리는 일도 다반사였다. 영 성에 차지 않는 강의를 하고 돌아온 날이면 밤새 자책하느라 잠 못 든 날이 얼마였으며, 우는 애를 겨우 떼어놓고 나가 죽을힘을 다했는데도 냉담한 청중들의 반응에 가슴 서늘했던 적은 또 얼마나 많았던가. 남편과 맥주 한잔으로 자축하는 동안 파노라마처럼 흘러가는 장면들 속에서 갑자기 나 자신이 기특하게 여겨졌다.

"김미경, 너 대체 뭘 믿고 여기까지 왔니? 기특하다!"

멀리서 바라보기만 했다면 보이지 않았을 길이었다. 하지만 나는 안개를 헤치고 뚜벅뚜벅 한 걸음씩 내디뎠고, 그렇게 걸어온 길에서 봄날을 맞이했다.

강사로 살아온 지 어느새 32년이 흘렀지만 요즘도 가끔씩 그날의 베란다 자축파티를 떠올린다. 그 후로도 나는 상승 곡선만 걸어오지 않았다. 커리어가 쌓일수록 해결해야 할 범위와 종목은 늘어났고, 세상과 기술이 바뀔 때마다 따라잡아야 할 것들도 늘어났다. 예상치 못한 인생의 롤러코스터는 나를 구름 위로 데리고 올라가기도, 가파른 절벽 아래로 내리꽂기도 했다.

하지만 30여 년의 세월은 삶을 대하는 나의 자세를 많이 바꿔놓았다. '이 고비를 넘기고 나면 또 다른 길이 나타나겠지. 다음엔 나만의 노하우가 또 하나 생기겠군' 하는 생각으로 그 과정을 기꺼이 받아들이며 순간순간을 넘어가게 된다. 내가 애초에 가진 것이 많았다면, 그 비루하고 고단한 경험을 숱하게 몸으로 겪어보지 못했다면, 지금처럼 사람들을 웃기고 울리는 강의를 해내지는 못했을 것이다.

그래서 오늘의 경험이 힘들든 아프든 내겐 소중하기만 하다. 그 경험은 어떤 형태로든 또 다른 골든타임으로 나를 데리고 가줄 것임을 믿기 때문이다. 그렇게 인생 곳곳에 피운 작은 불씨들이 지금의 나를, 그리고 미래의 나를 만들어가고 있음을 느낀다.

*

나를 향한 믿음이 피운 작은 불씨

요즘도 내 스케줄은 1년을 가득 채울 정도로 빡빡하다. 전국을 누비며 수많은 직업, 다양한 연령대의 사람들을 만나 강의를 하다 보면 피로가 극에 달하기도 한다. 그런데 몸은 지칠지언정 마음은 지칠 틈이 없다. 그동안 나름대로 시간을 쪼개는 노하우도 생겨 틈나는 시간엔 공부도 하고, 책도 쓰고, 콘텐츠도 기획한다. 물론 아이들을 위한 엄마로서의 시간, 남편을 위한 아내로서의 시간, 회사를 위한 CEO로서의 시간도 쪼개고 채워왔다. 여전히 부족하고 모자란 점이 있지만 나는 후회하지는 않는다. 그저 늘 내 식대로 내 길을 꿋꿋이 걸어갈 뿐이다. 힘든 것은 힘든 대로, 부족한 것은 부족한 대로 내 선택의 일부분으로 기꺼이 받아들이며 하루하루를 채워나간다.

꿈은 남들은 알지 못해도 내가 확신하는 나만의 골든타임을 찾아 뚜벅뚜벅 걸어가는 여정과 같다. 강사로 처음 발돋움하던 시작점에서 나의 확신은 100퍼센트가 아니었다. 주변에는 나를 만류하는 사람들뿐이었다.

"그 나이에 무슨 공부를 다시 시작해? 전공도 아닌 길을 가다니 너무 무모한 거 아니야?"

다른 사람들은 그렇게 시작하기도 전에 내 꿈에 생채기를 내기 시작했다. 하지만 나만은 나를 응원했다. 꿈은 다른 사람의 확신으로 만들어지는 것이 아니다. 오직 내 확신, 그것도 100퍼센트가 아니라 10퍼센트의 아주 작은 믿음에서 시작된다. 난 그때 깨달았다.

'내가 나를 응원하지 않으면 누구도 나를 응원해주지 않는구나.'

그래서일까. 아내의 꿈에서 가장 큰 위험은 고독과의 싸움이다.

'애나 제대로 키우는 게 낫지 않을까? 이렇게 고생해서 남는 게 있기는 한가?'

나는 그렇게 외로운 질문들에 스스로 답을 하곤 했다. 누가 뭐래도 내 꿈은 내가 안다는 고독한 믿음, 그것 하나에 매달려 하루하루를 견뎌냈다.

다행히 시간이 흐르면서 나를 찾아주는 곳이 늘어났고, 생각지 못한 기회가 하나둘씩 생겨났다. 강의 경험과 노하우가 쌓여 책도 내고 방송 출연도 했으며 180만 명이 구독하는 유튜브 채널도 갖게 되었다. 모든 건 출발점에 섰던 그날엔 상상조차 하지 못했던 선물이었다. 스스로에 대한 작은 믿음에 기대어 내 꿈의 위태로움을 견뎌내고, 작은 성취를 자축하며 고독을 이겨내온 세월에 대한 선물. 그렇게 꿈과 함께 걸어오다 보니 골든타임은 마치 예정된 선물처럼 날 기다리고 있었다.

누구에게나 골든타임이 있다. 첫발을 떼는 출발점에선 불안과 좌절투성이지만 결국엔 만나게 된다. 비록 응원받지 못하는 꿈일지라도, 아이 엄마가 무슨 꿈 타령이냐고 책망을 받아도, 다시 가슴 뛰게 하는 엄마의 꿈은 무죄다.

✻

경험이 능력으로 승화되는 순간은 반드시 온다

대한민국에서 '아내'라는 이름으로 살아가는 여성들은 꽤 쓸모 있는 경험을 한다. 여자로, 아내로, 엄마로, 주부로, 워킹맘으로 살아가며 숱한 경험을 통해 삶의 노하우와 실력을 쌓게 된다. 그런데도 대부분 인생이 허무하다고 생각한다. 나이 쉰을 넘어서면 그들이 마주 앉아 가장 많이 하는 말이 있다.

"이 나이까지 살면서 내가 해놓은 게 뭐가 있는지 모르겠어."

그러면서도 한편으로는 자신이 여태껏 살아온 세월을 책으로 쓰면 열 권도 넘을 거라 말한다. 참으로 앞뒤가 맞지 않는 이야기다. 책으로 쓰면 열 권인데 왜 해놓은 건 아무것도 없다고 할까? 그녀들이 이렇게 말하는 데에는 다 이유가 있다. 책 속의 주인공이 정작 자기 자신이 아니기 때문이나. 열 권 넘는 가상의 책 속 그녀들은 누군가의 성취를 도와주었거나, 누군가에게 상처를 받는 '조연'이나 '엑스트라'인 경우가 많다.

하지만 그녀들이 땀 흘려 조연으로 산 세월은 결코 헛된 시간이 아니다. 멜로드라마 속 주인공의 곰살맞은 친구, 억척스러운 엄마, 수다스러운 이모 역할을 두루 거친 '명품 조연'의 실력이 주연 못지않게 뛰어나다는 것을 우린 잘 알고 있다. 그것이 바로 엄마요, 아내들의 실력이다.

문제는 실력 그 자체가 아니라 조연으로 살면서 스스로를 평가 절하하는 우울한 마음이다. 이 우울하고 허무한 마음만 걷어내면 조연이 아닌 주연으로 자연스럽게 탈바꿈할 수 있다.

여기 조연에서 주연으로 변신해 멋지게 살고 있는 한 젊은 엄마가 있다. 신혼여행 중에 덜컥 아이가 생겨 직장을 그만두게 된 현수 엄마는 아이를 낳은 후 지독한 산후 우울증에 시달렸다. 하루 종일 말도 안 통하는 아이와 지내다 보면 어느 순간 허탈감이 밀려왔다. 아이에게 젖을 물리는 순간에도 하염없이 눈물이 났다. 생기를 잃어가던 어느 날, 그녀는 해서는 안 될 끔찍한 생각까지 떠올리고 있는 자신을 발견했다. 문득 이러다가는 큰일이 날 것 같은 불길한 예감에 정신을 차려 보니 모든 것이 엉망이 되어 있었다. 남편은 어쩔 줄 몰라 아내 눈치만 살피고 있었고 집안 살림도 말이 아니었는데, 특히 자신은 더 피폐해져 있었다.

'그래, 이렇게 살다가는 내 인생뿐 아니라 내가 만든 가정도 다 망가지겠구나. 뭐라도 해야겠어.'

현수 엄마는 휴대폰으로 아이 사진을 찍기 시작했다. 하루에 수십 장의 사진을 사진첩에 담았고, 사진을 보정하고 배경도 다양하게 바꾸어 블로그와 SNS에 올렸다. 1년 넘게 매일 사진을 찍다 보니 아이의 움직임을 포착하고 아이를 달래서 포즈를 잡게 하는 데 달인이 되어갔다. 원래 아이 사진이란 게 참 찍기가 어렵다. 어른처럼 포즈를 잡아주지도 않고 가만히 있지도 않으니 여간 힘든 게 아니다. 그런데 사진 찍기 놀이를 하면서 육아를 하니 우울한 느낌도 점차 없어졌고, 생활에 활력도 되찾았다.

아이가 세 살이 되면서부터는 아이와 종이접기 놀이를 함께 시작했다. 내친김에 아예 종이접기 강사 자격증도 땄다. 육아의 단계마다 해야 할 것이 있다면 이왕 하는 김에 단계를 높여 자격증까지 따기로 마음먹은 것이다. 그렇게 경험과 실력이 하나하나 쌓여갔고 어느 틈에 요리사 자격증에까지 도전했다.

한번은 아이 생일날 온 가족이 사진을 찍으러 포토스튜디오에 갔는데, 가족들 사진 구도를 잡고 포즈를 만들어주는 현수 엄마를 본 스튜디오 사장이 혹시 아르바이트할 생각이 없냐며 일자리를 제안했다. 아이들 백일 사진, 돌 사진을 전문으로 하는 스튜디오에 아이를 잘 다루는 그녀의 실력이 딱 필요했던 것이다. 그간 쌓아온 종이접기와 풍선 공예 실력까지 발휘하니 사장의 입이 떡 벌어졌다. 현수 엄마는 2년째 스튜디오에서 인정받는 직원으로 일하면서 자신의 스튜디오를 낼 준비를 하고 있다. 자기만의 방식으로 자신의 골든타임에 점차 다가가고 있는 것이다.

골든타임은 준비된 자와 기회의 '얽힘' 현상이다. 얽힐 것이 많으면 많을수록 기회와 만날 가능성은 높아진다. 골든타임은 특별히 운이 좋은 사람의 전유물이 아니다. 조금이라도 준비하고 운이 얽히도록 밑밥을 많이 던진 사람에게 다가오는 당연한 선물이다. 그러니 골든타임의 주인공이 되느냐 마느냐는 오늘의 '준비'에 달려 있을 뿐이다. 빡빡한 일상을 조각내서 준비한 것들이 기회와 얽히는 순간, 당신도 골든타임의 주인공이 될 수 있다.

*

더딘 성장을 기다려주는 게 진짜 실력이다

대한민국에서 집을 산다는 것은 참으로 힘든 일이다. 혼자 벌든 둘이 벌든 아이를 키우고 살림하면서 집 살 돈까지 모으는 건 쉬운 일이 아니다. 나 역시 집을 사기 위해 참 많은 공을 들였지만 마흔두 살이 되어서야 겨우 작은 집을 살 수 있었다. 돈이 좀 모인 듯하면 집값이 뛰어서 저 멀리 달아났고, 집값이 좀 떨어진 듯하면 늘 돈이 부족했다.

그렇게 십수 년을 따라잡고 달아나기를 반복하다가 우연한 기회에 원하던 주택을 구입하게 되었다. 그러고 보면 집을 사는 데도 골든타임이 있는 것 같다. 나의 준비와 기회가 딱 맞아떨어지는 순간이 있다. 포기하지 말고 천천히 그 길을 가야 만날 수 있는 꿈처럼.

아이를 기르는 것도 마찬가지다. 사춘기가 지나면 뭔가 정신 차리고 자기 일을 할 법도 한데 요리조리 조금씩 삐끗거린다. 정신 차리고 공부 좀 할 만하면 여자친구가 생기고, 대학 생활을 잘하는가 하면 취업에 고전을 면치 못한다. 몇 번의 이직을 거친 후 30대 중반이 되어서야 자기 일을 제대로 찾는 경우가 수두룩하다. 인생은 우리가 뜻하고 의지한 대로만 풀려가지 않는다. 하지만 내가 원하는 것과 기회가 얽히는 그 지점은, 포기하지 않고 매달리면 언젠가 만나게 되어 있다.

예전에 영업 분야에서 성공한 여성들을 인터뷰한 적이 있었는데 그들의 공통점은 의외로 능력에 있지 않았다. 능력이라고 보기엔 참으로 지루했을 법한 '시간'이 능력이라면 능력이랄까. 대개 성공한 여성들은 기본이 10년 이상의 경력을 지니고 있었다. 배우는 데 3년, 실력을 키우는 데 3년, 뭘 좀 알고 뛰는 데 3년, 이렇게 지루한 '시간'을 지나온 것이 그들의 공통점이었다. 한 보험회사에서 여러 번 실적 1위를 한 여성 상무는 이런 말을 했다.

"저는 원래 얌전해서 남에게 말 한마디 제대로 못 붙이던 사람이었어요. 그런데 일하면서 제일 힘들었던 건 사람 만나고 영업을 하는 게 아니라 나의 성장과 변화를 기다려주는 일이었어요. 너무 지루하더라고요. 남들은 빨리도 크는 실력이 나는 왜 그렇게 더디던지…."

어떤 일이건 그 일이 무르익는 데는 일정한 시간이 필요하다. 내가 꿈을 이룬 많은 사람들을 만나면서 알게 된 것도 그들이 골든타임을 만나기까지 평균 10년 이상이 걸렸다는 사실이다. 어찌 보면 우리가 일을 시작하는 그날과 동시에 골든타임이 10년 후로 세팅되는지도 모르겠다. 만약 그렇다면, 10년 후 골든타임은 날 기다리고 있는데, 거기까지 걸어가야만 만날 수 있는데, 나만 나의 골든타임을 기다려주지 못하는 것은 아닐까?

모든 일의 골든타임은 시간의 투자를 전제로 한다. 아이가 크는 것이든, 집을 사는 것이든, 꿈을 이루는 것이든. 누군가는 골든타임까지 가는 데 좀 더 시간이 걸릴 수도 있다. 그러나 어떤 꿈을 시작하든 꿈이 시작되는 동시에 나만의 골든타임이 저 멀리에 세팅되어 있다는 것을 믿자. 내가 걸어가기만 한다면 골든타임과 나는 결국 만나게 되어 있다.

당신의 죽어가는 꿈을 구출하라

 강의를 하다 보면 수십 수백 명 청중 사이에서도 희한하게 시선을 잡아끄는 사람들을 만난다. 똑같은 크기의 좌석에 앉아 있는데도 여기저기에서 반짝이는 사람들. 무대 위에서 그들이 누굴까 늘 궁금했다. 여러 번 그런 경험을 하고 난 뒤에야 나는 알게 되었다. 그들이 나와 같은 '꿈의 여전사'들이라는 것을. 일과 성취를 통해 자신을 증명하고 사회적으로 인정받고자 하는 강렬한 열망을 가진 여자들. 나는 그들이 좋았다. 눈물겹게 사랑스럽고 때로는 존경스러웠다. 눈빛에 뜨거운 열정을 장착하고 싱그러운 표정을 짓는 그네들은 민낯에도 광채가 뿜어져 나온다.

 그런데 이상한 일이다. 그네들이 결혼을 하고 아이를 낳고 기르며 엄마가 되고 나면 슬그머니 달라지기 시작한다. "저는요, 꼭 OOO이 될 거예요!"라고 말하던 이들이 "저 이제 뭐하고 살아야 할까요?"로 질문을 바꾼다.

결혼이나 출산은 누구나 어쩔 수 없이 받아들여야 하는 숙제가 아닌 시대가 되었다고 한다. 요즘 여성들은 자신의 꿈을 대하듯 남편과 아이를 자신의 의지와 선택으로 '쟁취'하여 자신의 영역 안에 전리품처럼 들여놓는다. 남편과 팔짱 끼고 쇼핑하는 아내, 아이와 티셔츠 맞춰 입고 야구장 가는 엄마… 모두 신중을 기해 고르고 골라 선택하고 쟁취한 목록들이다.

하지만 현실이 여전히 녹록지 않은 이유일까? 아내이자 엄마라는 새로운 역할을 선택한 이들은 슬며시 나보다 가족을 먼저 생각하고, 나의 꿈보다는 가족의 행복을 먼저 챙기게 된다. '엄마'라는 이름표를 달고 현실의 무게에 짓눌리면서 꿈이 '뒷전'으로 밀려나는 것이다.

"원래는 제 이름으로 마케팅 회사 차릴 때까지 회사에서 실력을 키우잔 생각이었어요. 그런데 아이 키우다 보니 도대체 내가 무슨 영화를 보겠다고 직장 일에 집안일까지 이렇게 생고생을 하는지 모르겠어요. 자꾸 지치고 눈물만 나요. 원래 꿈이 있기는 했나 기억도 잘 안 나요."

특히 워킹맘들은 이런 질문이 떠오르는 상황을 수시로 맞닥뜨린다. 시대가 바뀌었다고 하지만 임신과 출산으로 인사상 불이익을 주는 몰지각한 회사들이 수두룩하고, 아이들도 엄마 껌딱지는 많지만 아빠 껌딱지는 드물다. 아침마다 우는 아이를 어린이집에 맡기느라 얼이 빠지고, 밤에는 아이 찾으러 가느라 총알 퇴근을 하며 눈총받는 것도 스트레스다. 아이가 학교에 가면 나아질 것 같지만 현실은 다르다. 아이가 학교에서 왕따를 당하지 않도록 틈틈이 교우 관계도 챙겨야 하고, 담임교사 상담에 참관 수업과 학부모 설명회, 각종 학교 행사까지⋯ 학교는 여전히 일하는 엄마를 생각해주지 않는 것 같다.

물론 내가 한창 아이를 키우던 20여 년 전에 비하면 남자들과 시어머니들 상태가 전반적으로 좋아졌다. 요즘은 시어머니들도 일하는 며느리를 선호한다. 요즘 같은 불경기에 아들 혼자 고생하는 것보다 며느리가 같이 벌면 얼마나 든든한가. 며느리 일도 존중해주고 여러모로 도와주려고 애쓰는 시어머니들이 꽤 많다.

더욱 변한 건 남자들이다. 한 결혼정보업체의 설문조사에 따르면, 결혼 후에도 배우자의 맞벌이를 원하는 남자들이 74퍼센트를 차지했다. 요즘 회사에 가서 '맞벌이를 원하면 남자들도 맞밥을 하라'고 말하면 젊은 남자 직원들이 당연한 것 아니냐는 반응을 보인다. 아침밥은 알아서 먹거나 밖에서 사 먹고 집안일도 반반으로 나누려고 노력한다.

그런데 이런 세태 변화에도 불구하고 여전히 여자들은 임신, 출산, 육아로 몸살을 앓는다. 임신 전까지 여자들의 전투력은 남자 못지않다. 남편이 아무리 대단한 능력을 가졌다 한들 요즘 세상에 결혼했다고 집으로 들어가는 여자는 많지 않다. 내 꿈을 위해서, 내 성장을 위해서 끝까지 꿈터에 남아 있으려는 여자들이 훨씬 많다. 그러나 이런 여자들마저도 아이 앞에서는 수없이 고민하고 갈등한다.

특히 우리나라처럼 육아 인프라가 어설픈 나라에서 워킹맘의 아이 키우기란 전쟁을 방불케 하니까. 시부모님이나 친정 부모님이 아이를 봐줄 수 있다면 다행이지만 이 역시 쉬운 일은 아니다. 사례비도 두둑히 드려야 하고, 스케줄 맞추기도 쉽지 않으며, 아이를 데려가고 데려오는 것도 피곤한 일이다. 양가 부모님이 아이를 돌봐줄 수 없는 상황이라면 그야말로 꿈이냐 자식이냐의 갈림길에 서게 되고 만다.

*

기울어진 채로 지속 가능한 균형 찾기

아이를 갖는 그 순간부터 여자들은 꿈을 키워갈 수 없는 수많은 조건에 직면하게 된다. 그런데 내 경험상 해결책은 없다. 나 역시 첫 아이를 낳고 시부모님과 친척 집에 아이를 돌려가며 맡겼다. 우는 아이를 떼놓으려고 낮은 포복으로 어린이집을 기어서 나왔고, 알림장을 제때 봐주지 못해 아이들이 학교에서 혼나는 일도 다반사였다. 이런 상황에 직면하면 워킹맘들은 스스로에게 이런 질문을 던진다.

'아이를 위해 엄마가 옆에 있는 게 낫지 않을까?'

이건 이미 답이 정해져 있는 질문이다. 세상에 엄마보다 더 뛰어난 보모는 없다. 이렇게 질문을 하면 집으로 들어오는 수밖에 없다. 그래서 나는 스스로에게 다른 질문을 던졌다.

'이렇게 사는 게 나다운 걸까?'

질문이 바뀌니 답도 바뀌었다. 지금이 가장 나답게 살고 있는 거라고. 나는 꿈 없이는 한순간도 못 사는 여자라고. 그래서 나는 가장 나다운 밸런스를 만들었다. 아이도, 남편도 내 꿈을 중심으로 다 맞췄다.

일과 가정의 밸런스라는 것은 양쪽에 반드시 똑같은 무게를 두는 것이 아니다. 기울어진 것도 밸런스다. 기울어진 채로 지속 가능하다면, 그리고 기울어진 바람에 튀어나오는 각종 문제를 기꺼이 맞닥뜨릴 배짱과 용기만 있으면 사는 데 아무런 지장이 없다.

물론 초기에는 여러 가지 문제가 생길 수밖에 없다. 강의 스케줄 때문에 시댁 제사에 못 간다고 하자 시어머니는 처음에 황당해하며 화를 내셨다. 그러나 '일관성 있게' 5년을 내리 안 가자 이내 적응하셨다. 가끔 한 번 가면 이렇게 말씀하실 정도다.

"아유, 바쁜데 뭐 하러 왔니? 밥이나 먹고 가라."

아이들도 마찬가지다. 어릴 때는 투정 부릴 때도 있었지만 꾸준히 집에 늦게 들어가니 알아서들 적응한다. 가끔 일찍 들어가면 큰애가 물었다.

"웬일이래? 요새 강의가 줄었나 보지?"

결국 모든 것은 꿈에 대한 내 열망이 얼마나 강한가에 달렸다. 아이 때문에 어쩔 수 없이 일을 그만두는 게 아니라 내 꿈이 그만큼 강하지 않았던 것이다. 남편이 반대해서 그만두는 게 아니라 그 반대를 이길 만큼 내가 내 꿈에 강한 확신을 갖지 않았기 때문이다. 내가 원하지 않으면 주변이 원하는 대로 끌려가게 돼 있다.

나는 아이냐, 꿈이냐의 갈림길 앞에서 고민하는 여자들에게 내 꿈을 포기하지 말고 강하게 몇 년만 버텨보라고 신신당부를 한다. 결국 주변 상황도 거기에 맞게 다시 세팅된다. 가족이니까 결국 서로를 이해하고 돕게 돼 있다. 그러려면 먼저 가장 나다운 선택은 무엇인지, 나는 과연 꿈 없이 살 수 있는 여자인지를 스스로에게 치열하게 묻고 답해야 한다.

한 대학에 강연을 갔을 때 어느 여학생이 한 말이 인상적이었다. 자기는 꿈이 센 여자인데, 막상 결혼하고 아이 낳을 생각을 하니까 막막하다는 것이다. 그래서 내가 대답했다.

"꿈은 대로(大路)예요. 남편은 골목이고, 애도 골목이에요. 꿈의 대로를 걷다 보면 인생에 별별 일이 다 생겨요. 남편도 들어오고, 아이도 들어오고, 시부모님도 들어와요. 하지만 그건 대로 옆에 난 작은 샛길일 뿐이에요. 그런데 당신은 꿈의 대로가 아니라 샛길에 더 신경 쓰고 있다고요."

물론 가족이 내 꿈보다 중요하지 않다는 것은 아니다. 가족과 꿈 모두 소중하다. 다만 샛길에만 집중하다가 꿈을 놓치지 말고, 장기적으로 내 꿈이라는 커다란 밑그림 안에서 큰길과 작은 길을 하나로 통합해보라는 것이다.

*

내 꿈을 키워야 아이 꿈도 키울 수 있다

꽤 많은 여자들이 자기 꿈을 포기하는 대신에 아이를 꿈으로 삼는다. 비극은 바로 여기서부터 시작된다. 못다 이룬 자신의 꿈을 아이에게 강요하는 것이다. '내가 너 때문에 꿈을 포기했으니 이 정도는 해야 하는 거 아니냐?'라며 아이를 꿈의 채무자로 만들고 닦달한다. 혹시라도 빚 안 갚고 딴짓할까 봐 감시하고, 충분히 안 갚는다고 아이를 들볶는다.

그런데 문제는 이런 엄마일수록 자기 꿈을 만들어보지도 못한 꿈의 왕초보라는 사실이다. 자기 꿈을 만들어본 적이 없으니 아이의 재능이나 적성을 함께 찾아주는 대신, 제일 그럴듯한 꿈을 쇼핑하듯 골라서 아이에게 강요한다. 옆집 엄마가 하라는 대로, 책에서 하라는 대로 아이를 쪼아대면 꿈도 이뤄지는 줄 안다. 꿈의 멘토 역할은커녕 꿈의 훼방꾼 노릇만 하는 것이다.

육상경기를 떠올려보자. 실제로 경기에서 뛰어보지 않은 감독은 선수들에게 어떤 조언도 해줄 수 없다. 경기할 때 무엇을 주의해야 하는지, 슬럼프가 왔을 때 어떻게 대처해야 하는지 그 자신이 모르기 때문이다. 마찬가지로 꿈의 레이스도 뛰어본 자만이 꿈꾸는 자에게 해줄 말이 있다.

피아니스트가 꿈이었던 아들 방에서 한때 장작 패는 소리가 들린 적이 있었다. 연습이 마음같이 되지 않을 때면 신경질적으로 팔꿈치로 건반을 찍어댈 때 나는 소리였다. 그래도 나는 시끄럽다고 소리 지르거나 걱정스럽게 방문을 열어본 적이 한 번도 없다. 오히려 그 소리를 들을 때마다 눈물이 날 만큼 기특해했다. '이렇게 죽을 듯이 연습하는데도 피아노 네가 나를 배신해?'라는 분노를 수백, 수천 번 뼈저리게 느껴야 꿈에 다가갈 수 있음을 나는 이미 알고 있었기 때문이다.

자신의 꿈을 만들고 키워가는 엄마들이 자식의 꿈도 꿰뚫어볼 수 있다. 내 아이의 꿈이 어디쯤 와 있는지, 지금은 속도를 높이는 게 맞는지 늦추는 게 맞는지, 어느 정도의 시간이 필요한지도 안다. 그래서 자녀의 오르막과 내리막에 일희일비하지 않는다. 진짜 멘토는 멘티가 내리막에 서 있어도 실망하지 않고 올라올 때까지 기다릴 줄 안다. 이 세상에 부모만큼 순수하고 헌신적인 멘토는 없다. 인간의 꿈에 대해 가장 사심 없이 조언을 해줄 수 있는 사람은 세상에 오직 부모뿐이다.

아이가 꿈을 갖도록 돕는 것과 내 꿈을 키우는 것은 선택의 문제가 아니다. 힘들더라도 끝까지 병행해야 하는 책임이다. 이것은 주부로 사느냐, 직장에 다니냐 하는 선택의 문제도 아니다. 꿈의 터전이 직장이건, 집이건 전혀 중요하지 않다. 나의 일상과 태도가 꿈을 향하고 있느냐가 중요하다. 그래서 엄마들은 반드시 나만의 꿈을 만들어 키워가야 한다. 그것이 진정 나와 아이 모두를 위하는 길이므로.

10년 후 골든타임이 날 기다리고 있는데,
거기까지 걸어가야만 만날 수 있는데,
나만 나의 골든타임을
기다려주지 못하는 것은 아닐까?

꿈이 시작되는 동시에
나만의 골든타임이
저 멀리에 세팅되어 있다고 믿자.
내가 걸어가기만 한다면
골든타임과 나는 결국 만나게 되어 있다.

비교급으로는 최고가 될 수 없다

자기 인생의 주인공이 되는 삶, 그리고 스스로 '브라보!'라고 외칠 수 있는 멋진 인생, 나로서 온전히 행복한 삶은 누구나 바라는 일이다. 스스로 만족하는 멋진 인생의 주인공이 되려면 어떻게 해야 할까? 꿈을 이룬 사람들을 만나오며 나는 그 해답을 찾았다. 바로 '프로 정신'이다. 그렇다면 어떤 것이 프로 정신일까? 나는 프로와 아마추어의 차이를 그 사람의 삶에서 '리더'가 누구인가에 따라 구분한다.

   인생을 돌아보면 항상 끌어주고 자극이 되는 리더가 있었다. 학생 때에는 부모님, 선생님, 선배 또는 앞서가는 친구가 리더가 되었고, 그 무엇보다 더 강력한 힘을 발휘하던 시험이라는 리더가 있었다. 아무리 공부를 안 하던 학생도 시험 기간만큼은 공부하는 시늉이라도 했으니 시험은 가장 강력한 리더였다. 그런데 학교를 졸업하고 사회에

나가면 더 이상 시험이 없다. 인생의 중간고사나 기말고사를 치르게 하는 제도도 사람도 없다. 게다가 다양한 방법으로 공부를 시키던 부모님도 더는 자극을 줄 수 없다. 인생의 리더가 완전히 해체되기 시작한 것이다.

그래서 스스로 자신의 강력한 리더가 되는 사람, 그리하여 제 인생의 빛과 그림자에 대한 책임을 스스로 지는 사람이 그야말로 '브라보 마이 라이프'의 주인공이 된다. 반대로 남편이나 아이 같은 외부의 영향력에 따라 사는 사람은 다른 사람들이 주인공이 되는 장면에 박수만 쳐주는 '조연' 인생이 된다.

※

내 인생의 리더는 누구인가, 나 자신인가?

자기 자신의 리더, 즉 '셀프 리더(self-leader)'가 되어 멋진 인생을 살아가는 사람들은 자신의 판단으로 살아간다. 사회적 분위기나 주변 사람들의 평가에 흔들리지 않고 자기 신념을 가지고 살아가는 것이다. 쉽게 말해 '내 멋대로' 산다.

그런데 '내 멋'은 제쳐두고 남의 멋에만 주의를 기울이다 괜한 비교로 자신의 삶을 평가절하하는 사람들이 많다. 요즘 소셜 미디어를 통해 많은 사람들과 소통하면서 재미있는 사실을 발견했다. SNS는 서로의 생각과 정보, 일상을 공유하는 공간이지만 이 공간이 주부들 사이에서는 허구의 세상처럼 자신을 포장하는 공간으로 이용된다는 점이었다. 30대 후반의 정민 씨, 그녀도 얼마 전까지는 SNS만 보면 한숨이 절로 나왔다.

"나만 빼고 다들 행복하고 잘사는 것 같아요."

SNS 속 친구들의 모습은 하나같이 행복해 보이기만 했다. 최신 가전제품으로 꾸며진 주방, 남편이 선물로 준 비싼 옷, 디자인이 예뻐 바뀠다는 외제 차, 그리고 틈틈이 올라오는 해외 골프여행 사진들까지. 자신은 아직도 아파트 담보 대출 갚느라 허덕이는데 남들은 좋은 거 먹고, 좋은 옷 입고, 심지어 언감생심 꿈도 못 꾸는 골프여행 다니는 모습을 보면 배알이 꼴렸다. 결혼 직후부터 맞벌이로 살아오면서 제대로 된 휴가는커녕 주말에도 늦잠 한 번 못 자본 그녀였다. 운동이라곤 아침마다 전쟁하듯 애들 둘러업고 어린이집 셔틀 시간에 맞춰 뛰어다니는 것이 전부였다.

"대학 때만 해도 제가 공부는 제일 잘했거든요. 그런데 여자 팔자 모르는 거더라고요. 저만 젤 궁상맞게 사는 거 있죠."

대학 동기들의 SNS 속 삶을 보며 그녀는 괜히 남편에게 투덜댔고 자신의 처지를 비관했다. 그랬던 그녀가 최근 대학 동기 모임을 다녀온 후 다시 환한 미소를 짓게 됐다. 막상 만나서 이야기를 들어보니 남편이 바람을 피우는 것 같다며 이혼을 준비하는 친구, 이상한 시어머니 만나 신경성 위장장애로 병원 다니는 친구, 남편이 자꾸 돈 벌어오라고 눈치를 줘서 스트레스라는 친구 등등 삶의 고민이 가지각색이었다.

"듣고 보니 그나마 제가 제일 잘 사는 것 같았어요. 골프 치고 새 옷

사고, 그게 다 여유가 아니라 스트레스 해소던데요?"

 사실 정민 씨는 겉으론 웃고 있었지만 내심 부끄러운 마음이 밀려왔다. SNS 속 친구들의 삶은 알고 보니 그녀들이 제일 내세우고 싶은 몇 가지 안 되는 베스트 품목에 불과했던 것이다. 누구라도 자랑하고 싶은 몇 장의 사진은 갖고 살기 마련이다. 친구들의 SNS를 훔쳐보면서 정민 씨 자신도 잘 살고 있다는 증거를 일부러 올리기도 했다. 아이가 그림 대회에서 받은 상장을 찍어 올리기도 하고, 남편을 졸라 겨우 산 블라우스 한 장을 남편의 깜짝선물로 둔갑시키기도 했다. 부럽기는 하지만 인정하기는 싫고 뒤처지고 싶지 않은 마음에서였다. 하지만 친구들을 만나고 온 후, 그녀는 그런 자신이 이내 부끄러워졌다.

 주변을 둘러보면 정민 씨 같은 사람들이 의외로 많다. 남들이 다 갖고 있는 것을 자신은 갖고 있지 않으면 어쩐지 불안한 것, 바로 경쟁 불안 심리다. 남들이 더 넓은 아파트로 옮기면 뒤처지는 것 같아 자기 집도 옮겨야 할 것 같고, 남들이 애들을 해외로 영어 캠프 보내면 자기 아이들도 보내야 할 것 같다.

 그러나 내 인생의 기준을 남의 인생에 맞춰 산다는 건 결과적으로 행복을 내려놓는 것과 다를 바 없다. 행복은 상대 평가가 아니고 절대 평가이기 때문이다. 행복은 남의 눈으로 치수 재듯 재는 것이 아니라 내 마음속 풍요로움의 증거다. 남과 비교하는 습관은 이미 행복하기를 포기한 것과 같다. 마음속에 누군가의 기준이 내 기준보다 강하게 자리 잡지 않도록 하루라도 빨리 내가 내 삶의 주인공이 되어야 한다. 내가 행복한지 아닌지는 오직 나만이 평가할 수 있는 법이니까.

운전대를 남에게 넘기지 마라

경쟁 불안 심리는 결국 셀프 리더가 아니어서 일어나는 현상이다. 자신이 인생의 중심이 되어 흔들림 없이 스스로 옳다고 여긴 길로 가는 것이야말로 행복한 인생을 살아가는 사람들의 특징이다.

 내가 강사가 되겠다고 했을 때도 사람들은 펄쩍 뛰며 말렸다. 이제 피아노 학원이 한창 잘되는데 난데없이 공부를 하겠다니, 이해가 안 가는 모양이었다. 그렇지만 나는 다른 사람들의 말을 듣지 않았다. 다른 사람들과 비교할 생각도 없었고, 다른 사람들의 생각에는 관심이 없었다. 또한 보편적인 생각, 안전한 길, 다 소용없었다. 내가 원하는 대로, 내가 옳다고 믿는 대로 밀고 나갔다. 그리고 그 결과, 오히려 더 큰 행복을 끌어안았다. 남들의 눈엔 행복을 걷어차는 것으로 보였던 내가 스스로 행복을 끌어당긴 셈이다.

 나는 다른 사람이 보는 나로서가 아니라 순수한 내 자신으로서 살 때 진정한 행복을 맛보게 된다고 믿는다. 내가 스스로 살았기 때문이다. 옆집 남편이 무슨 차를 타고 다니는지, 윗집 아이들이 학원을 몇 개 다니는지, 앞집 여자가 무슨 반지를 끼고 다니는지 신경 쓸 필요가 없다. 그 대신 내가 좋아하고 내가 행복해지는 것을 찾아 내 것으로 만들기 위한 노력을 계속하면 그 대가는 더욱 값지게 돌아온다.

처음부터 가슴 뛰는 꿈이란 없다

출판사에서 일하는 미영 씨는 지금 다니는 회사가 불만스럽다. 국문과를 졸업하고 전공을 살려 들어간 회사지만 책을 만드는 일은 생각보다 힘들었다. 엄청난 꼼꼼함과 집중력이 요구되는 일이라 성격에도 잘 맞지 않았고 급여도 적었다. 오직 퇴근 후에 밤마다 드라마를 보는 게 미영 씨의 유일한 낙이었다. 그러다 갑자기 머릿속에 환상적인 아이디어가 떠올랐다.

'나도 드라마 작가나 되어볼까?'

'미스터 션샤인'이나 '도깨비'를 쓴 김은숙 작가처럼 드라마가 성공하면 돈도 벌고, 유명해지고, 무엇보다 직장에 매이지 않으니 여유롭게 살 수 있을 것 같았다. 물론 미영 씨는 그때까지 시나리오나 대본을 한 번도 써본 적이 없었다. 그래도 학창 시절에 '글 잘 쓰는 문학소녀'

소리를 곧잘 들었으니 가능성이 없지는 않을 것 같았다.

미영 씨는 생각만 해도 꿈을 이룬 것처럼 가슴이 부풀었다. 당장 회사를 때려치우고 싶었지만 일단 모 방송국 아카데미에서 하는 온라인 교육과정을 신청했다. 수십만 원에 달하는 수강료가 좀 비싸다고 생각했지만, 그래도 꿈을 위해서 이 정도 투자하는 것은 아깝지 않았다. 처음 두세 주는 밤마다 열심히 수업을 들었다. 태블릿으로 필기도 열심히 했고 숙제도 꼬박꼬박 해냈다. 그러다 야근이 잦아지면서 밤늦게 집에 들어가게 되자 공부하는 게 힘들어졌다. 주말에는 부족한 잠을 보충하는 것만으로도 바빴다.

한 달 가까이 그렇게 보내고 나니 자연스럽게 공부와 멀어졌다. 드라마 작가가 되기 위해 준비만 몇 년째 하고 있는 대학 동창이 아직 입봉도 못 했다는 소식 역시 그녀의 결심을 흔들었다. 미영 씨는 다시 밤마다 드라마를 보기 시작했다.

몇 달 후, 미영 씨는 학교 선후배 모임에 나갔다가 한 선배를 만났다. 7급 외무 영사직 공무원으로 일하고 있는 선배였다. 수년간 통 소식이 없더니 외무 공무원이 되어 나타난 것이다. 얘기를 들어보니 해외에 몇 년씩 나가 있고, 일에 대한 자부심도 대단했다. 갑자기 미영 씨의 가슴이 또다시 뛰기 시작했다.

'나도 고등학교 때 꿈이 외교관이었잖아. 지금도 늦지 않았어! 외무고시는 힘들겠지만 7급 공무원은 도전해볼 만하지 않을까?'

그다음 날로 미영 씨는 7급 공무원 수험서를 몽땅 샀다. 책값만도 엄청난 금액이었다. 그리고 다시 인강을 수강해 듣기 시작했다. 매일

매일 실천할 계획표도 짜고, 스터디 다이어리도 새것으로 장만했다. 그러나 막상 공부를 해보니 내용이 너무 방대했다. 800점대 토익 점수가 전부인 그녀에게는 영어 과목 하나도 벅찬데, 제2외국어에 헌법, 국제정치학, 국제법까지…. 게다가 50 대 1이라는 높은 경쟁률도 자신감을 끌어내렸다. 결국 이번에도 두 달을 넘기지 못하고 그녀는 일상으로 돌아왔다.

미영 씨는 여전히 출판사에 다니고 밤마다 드라마를 본다. 그녀 역시 그런 자신이 한심스럽다. 원인이 뭘까? 이번에야말로 자신에 대한 진지한 분석에 들어갔다.

'도저히 열정이 생기지 않는다는 게 문제야. 내가 게으른 탓도 있지만, 내 가슴을 뛰게 하는 일이라면 정말 열심히 했을 텐데…. 진정한 내 꿈이 아니었던 거지. 아, 도대체 내 꿈은 언제 만날 수 있을까. 나도 무언가에 미쳐서 정말 열심히 살고 싶은데….'

꿈의 로맨스에서 벗어나라

사람들이 꿈에 대해 갖고 있는 가장 큰 환상이 뭘까? 바로 '꿈은 가슴을 뛰게 하는 것'이라는 착각이다. 많은 사람들에게 꿈은 '백마 탄 왕자'다. 운명적인 내 꿈을 만나면 저절로 가슴이 뛰면서 열정이 마구 솟구칠 것이라고 생각한다. 하루에 3~4시간만 자면서 완전히 몰입해도 피곤하지 않고, 24시간 행복할 것 같은 일, 그게 바로 진정한 꿈이라고 생각한다.

　게다가 마치 남자를 고르듯이 꿈을 고른다. 두세 번 만나봤는데 '필(feel)'이 안 오면 '이 남자는 아닌가 봐' 하듯이, 내 꿈도 꿈이 아닐 거라고 단정 짓는다. 심지어 잘 다니던 회사도 단지 '가슴이 뛰지 않는다'는 이유만으로 그만두는 이들이 의외로 많다. 우리 주변에는 이런 꿈의 로맨티스트들이 넘친다.

　그러나 이건 엄청난 착각이다. 드라마 속에는 발에 차일 정도로 넘치는 왕자님들이 현실에서는 멸종한 것처럼 말이다. 그런 꿈은 애초에 지구상에 존재하지 않는다. 그건 TV와 신문, 자기계발서가 만들어낸 달콤한 환상에 불과하기 때문이다. '가슴 뛰는 일을 찾아라. 미칠 수 있는 일을 해라' 같은 그럴듯한 자기계발 구호에 속아 넘어가서는 안 된다.

　이 세상에 그 어떤 꿈도 24시간 가슴을 뛰게 하지는 않는다. 어떤 꿈도 늘 좋기만 할 수는 없다는 말이다. 가령 나에게 강사라는 일은 천직이다. 다시 태어나도 이 일을 하고 싶을 정도로 나는 강사라는 나의 일이 좋고, 평생 키워갈 내 꿈이라고 생각해왔다. 그러나 내 꿈이 늘 좋기만 한 것은 아니다. 하루에 강의가 서너 개씩 잡혀 동서남북을 종횡무진할 때, 교육 프로그램을 만든다고 밤새워 레퍼런스를 검토하고 직원들과 회의를 하면서도 강의를 쉴 수 없어서 하루 3시간밖에 못 잘 때에는 나도 너무 지치고 힘들다. 그렇게 좋아하는 강의지만 '강의 좀 그만했으면 좋겠다'는 말이 절로 나온다.

　'김종욱 찾기', '그날들' 등으로 한국 토종 뮤지컬 바람을 불러일으키고 2018년 평창동계올림픽 폐회식을 연출하기도 한 장유정 감독에게 뮤지컬은 꿈의 무대다. 그녀는 뮤지컬 자체를 사랑하고, 배우들, 스태프들과 함께 극장에서 일할 때가 가장 행복하다고 말한다. 자신의 일을 그토록 사랑한다고 말하는 그녀지만 24시간 내내 행복한 것은 아니다. 특히 창작할 때는 엄청난 고통이 수반된다.

언젠가 장유정 감독이 자신의 창작 노트를 살짝 보여준 적이 있는데, 거기에는 '슬프다', '나는 왜 이것밖에 안 될까', '바보' 등 자신을 비난하고 몰아세우는 단어들이 어지럽게 적혀 있어서 깜짝 놀랐던 기억이 있다. 대중에게 실력을 인정받으며 우리나라 최고의 연출자로 손꼽히는 그녀도 그렇게 산다. 아무리 자기 영역에서 잔뼈가 굵고 도가 트였다는 사람들도 실상은 '고통 반 행복 반'이다.

24시간 가슴을 뛰게 하고 도파민이 솟구치게 만드는 꿈은 없다. 다만 그 일을 10년 혹은 20년 이상 해보니 '결과적으로' 가슴 뛰는 일이었다고 말할 뿐이다. 상대적으로 다른 어떤 일보다 더 행복하고 가치 있는 일이었다는 정도로 해석하는 게 맞다. 감성적인 꿈의 레토릭을 100퍼센트 믿을 일이 아니라는 것이다. 처음부터 열정이 샘솟지 않아도 얼마든지 꿈일 수 있다. 중간에 지치고 힘들어도 충분히 꿈일 수 있나. 남자도 첫인상만 보고 성급하게 결정할 일이 아니듯이, 꿈도 겨우 몇 달 몇 년 해보고 판단할 일이 아니다.

가슴이 뛸 때까지 해봐야 꿈인 줄 안다

물론 꿈은 우리에게 열정을 준다. 그 열정으로 우리는 다시 힘차게 꿈을 밀고 나간다. 꿈을 이뤘다는 사람들이 미친 사람처럼 그 일에 몰두하는 시기가 있다. 사람이 자발적으로 자신의 열정을 모두 쏟아 뭔가에 집중하고 몰입하는 시점은 대부분 그 일이 100퍼센트 중에 70퍼센트의 임계점을 지난 후다. 그때 미친 듯한 열정이 나온다.

'한경희 스팀 청소기'로 가전업계의 일약 스타로 떠오른 한경희 대표는 우연히 집에서 청소를 하다가 스팀 청소기라는 대박 아이템을 떠올리고 직접 회사를 세워 성공시켰다. 여기까지만 들으면 한경희 대표는 무시무시하게 간 큰 주부거나 무지하게 운 좋은 아줌마 같다. 언론은 그녀가 주부였다는 점, 그리고 우연히 스팀 청소기를 발명하게 된 점을 강조한다. 그래야 '팔리는 스토리'가 되니까. 그러나 그녀가 스팀 청소기를 발명했을 때는 이미 꿈을 향해 오랜 세월 달려와 임계점 가까이에 다다른 시점이었다.

어렸을 때부터 사업을 하고 싶다는 생각을 막연하게 품고 있었던 한경희 대표는 대학을 졸업한 후 '사업을 하고 싶다'는 꿈의 단서 하나만 달랑 들고 미국으로 건너가 호텔, 부동산 회사, 유통 회사 등에서 일하면서 다양한 비즈니스 경험을 쌓았고, 그 과정에서 수많은 성공과 실패를 맛봤다. 호텔과 유통 회사에서 탁월한 실적을 올릴 땐 영업에 대한 자신감을 쌓았지만 의욕적으로 옮겼던 부동산 회사에서는 쓰디쓴 실패를 맛봤다. 그렇게 그녀는 10년 동안 여러 비즈니스에서 실전 데이터를 쌓아나갔고, 처음 품었던 꿈의 단서는 흔들림 없는 꿈으로 점점 더 단단하게 성장했다. 내 사업을 하는 것이 맞다는 확신, 그리고 그 꿈을 실행에 옮길 준비가 됐다는 자신감을 갖게 된 것이다.

한경희 대표는 귀국한 후 구체적인 사업 아이템을 고민하기 시작했다. 아이디어를 떠올리기 위해 뜬눈으로 밤을 새운 날도 많았다. 아이디어를 모으는 일은 그녀의 일상이 되었고, 덕분에 주위에서 '아이디어 뱅크'라 부를 정도로 수백 가지 아이디어를 가질 수 있었다. 조금이라도 실현 가능성이 있으면 물불을 가리지 않고 뛰어들었고, 그 과정에서 돈만 날린 적도 무수히 많았다.

스팀 청소기도 마찬가지였다. 하루에 수십 가지 아이디어를 썼다 지우기를 반복하면서 찾아낸 아이템이 바로 스팀 청소기였다. 지난 10여 년에 걸쳐 비즈니스 경험을 쌓아온 그녀가 아닌가. 이미 그녀는 꿈을 실행할 준비가 돼 있었다. 이런 까닭에 스팀 청소기에 대한 아이디어를 떠올리자마자 열정적으로 그 일에 매달릴 수 있었고 큰 성공으로까지 밀어붙일 수 있었다.

사람은 기본적으로 이성적인 존재다. 점쟁이도 아니고, 이것이 분명한 내 꿈인지 아닌지 확신이 없는 상황에서 무작정 매달리지는 않는다. 여자들이 연애할 때 이리저리 재다가 '이 남자가 내 남편감이야!' 하는 확신이 들면 더 열정적으로 변하는 것과 마찬가지다. 어느 정도 데이터가 쌓여 그 분야에 대해 파악하고 나면, 자신감도 붙고 내 꿈이라는 확신도 든다. 그러면 그제야 본격적으로 속도를 올려 질주한다.

나도 초보 강사 시절에는 가슴이 뛰기는커녕 매일 가슴을 졸였다. 강의가 안 잡힐 때는 강의를 잡느라 졸였고, 강의가 잡힌 뒤에는 강의를 망칠까 봐 애가 탔다. 강의에 대한 부담감 때문에 밤을 꼬박 새운 것도 한두 번이 아니었다. 심지어는 천재지변으로 물난리라도 나서 강의가 취소되길 바랄 만큼 겁도 먹었다.

내가 내 꿈에 대해 '가슴이 뛴다'고 말할 수 있게 된 것도 이 일을 시작한 지 10여 년이 지나서부터였던 것 같다. 내가 나다운 통찰로 명쾌한 강의 콘텐츠를 만들 수 있다는 자신감을 갖게 되면서부터. 콘텐츠를 자유자재로 가지고 놀 정도가 되니까 일이 더 재미있어졌고 열정이 더 커졌다.

열정과 더불어 성실성도 마찬가지다. 꿈만 생기면 저절로 성실해질 거라는 기대는 착각에 불과하다. '지금은 괜찮은 꿈을 못 만나 이렇게 대충 살지만 가슴 뛰는 꿈만 만나면 제대로 해보리라'라는 말은 허풍 중의 허풍, 전형적인 사기다. 돈으로 사기 칠 수는 있어도 꿈으로는 절대 사기 칠 수 없다.

가슴 뛰는 꿈이 열정과 성실함을 끌어내는 것이 아니라, 성실함이 열정을 만들어내고, 그 열정이 쌓여 가슴을 뛰게 만드는 것이다. 이 세상에 꿈 같은 일은 없다. 다만 평범한 일을 나만의 특별한 꿈으로 만들 뿐이다. 가슴을 뛰게 하는 일은 없다. 다만 가슴이 뛸 때까지 하는 것이다.

이 세상에 꿈 같은 일은 없다.
다만 평범한 일을
나만의 특별한 꿈으로 만들 뿐이다.
가슴을 뛰게 하는 일도 없다.
다만 가슴이 뛸 때까지 하는 것이다.

가슴이 보내오는
시그널에 따라라

 작곡을 공부한 내 첫 직장은 광고음악을 만드는 회사였다. 대학 졸업 직후만 해도 나는 '음악'을 빼고는 하고 싶은 일을 생각해본 적이 없었다. 그러다 보니 자연스럽게 음악과 관련된 직장에서 일을 시작하게 됐다. 사실 절실한 꿈이라고 하긴 어려웠다. 어렸을 때부터 잘해왔고 하고 싶은 일이라 생각했기에 음악 관련 일을 택했을 뿐. 딱히 취업을 하려고 노력한 것도 아니었다. 이제 와 고백하지만 광고회사의 간부로 있던 삼촌 덕을 보기는 했다.

 직원이 다섯 명인 작은 회사에서 내 역할은 CM송을 만드는 것이었다. 그러나 그 일조차 그리 오래가지 못했다. 이게 다 그룹 '부활'의 기타리스트 김태원 씨 때문이다. 그는 기억하지 못하겠지만 수십 년이 지난 지금도 내게는 너무나 생생하고 뼈아픈 경험이 있었다. 모 음료 광고였는데 광고 모델이 당시 최정상 인기 그룹인 '부활'이었다. 초짜 작곡가였지만 머리를 짜내고 짜내 만든 CM송이라 기대에 부풀어 광고 녹음실에 갔던 날, 내 자부심은 한순간에 무너졌다.

녹음을 하러 온 김태원 씨가 내가 만든 CM송을 듣고 고개를 갸우뚱하고 기타로 몇 번 변주를 해보더니 그 곡을 로큰롤 분위기의 신선하고 활기찬 CM송으로 금세 탈바꿈시킨 것이다. 한 시간도 채 안 되는 시간에 악보도 없이 기타 하나만으로 말이다. 역시 머리로 상상한 꿈과 지문이 다 닳도록 몸으로 익힌 꿈은 달랐다. 원곡자인 내가 들어도 그가 편곡한 음악이 훨씬 좋았다. 내 재능의 한계를 느낀 순간, 나는 아무리 노력해도 타고난 음악적 감성과 재능을 따라잡을 수 없다는 사실을 깨달았다.

'나는 작곡으로는 못 먹고 살겠다. 여기 있다간 쌀만 축내겠어.'

나는 어렵게 내 한계를 들여다봤다. 그러곤 결국 회사를 그만두고 피아노 레슨을 하기로 마음먹었다. 음악은 내가 좋아하는 것이니 일단 재미있을 것 같았고, 회사원으로서가 아니라 주체적으로 할 수 있는 일이니 그 또한 괜찮을 것 같았다. 대학 생활 동안 틈틈이 피아노 레슨으로 등록금과 용돈을 벌어본 터였다. 그 당시 레슨비가 한 달에 3만 원이었으니 열 명만 가르쳐도 25만 원 내 월급보다 많았다.

나는 사업계획을 치밀하게 세웠다. 따로 경영 공부를 하지 않았지만 주먹구구식으로는 그 어떤 일도 성공할 수 없다는 개념은 확실히 서 있었다. 지금이야 SNS 광고 만들고 온라인 카페나 플랫폼에 홍보물을 올렸겠지만, 그땐 디지털 시계나 있던 아날로그 세상이었다. 나는 가장 먼저 전단지를 만들어 전봇대며 아파트 입구에 붙이고 다녔다. 경비원 아저씨 눈을 피해가며 붙이는데 '부끄럽다'는 생각보다 '어떻게 하면 많이 붙일까?'라는 생각만 했다. 뼛속까지 에이는 엄동설한에 전단지 400장을 붙인 날에는 밤새 이불을 뒤집어쓰고 울었다. 서럽기도 하고 처절하기도 하고 오기가 나기도 했다.

하지만 그 눈물에 대한 보상은 생각보다 빨리 찾아왔다. 전단지를 붙인 몇 일 후부터 엄마들에게 전화가 오기 시작한 것이다. 그 전화를 받으면서 내가 그렇게 상냥하게 전화를 받을 수 있다는 사실도 알게 되었다. 회사에서는 무성의하게 "여보세요?"로 전화 응대를 하던 내가 하이톤으로 "네~ 김미경 피아노 교실입니다!"를 외치게 된 것이다. 목표를 가지고 덤벼들면 자신도 모르던 능력이 발휘되게 마련이다. 그렇게 하여 '김미경 피아노 교실'이 탄생했다.

실마리를 잡았다면 무조건 부딪쳐보자

집에 피아노 한 대를 두고 피아노 교실을 시작한 뒤 남편 아침식사 메뉴는 무조건 토스트였다. 국이나 찌개 냄새, 반찬 냄새가 나지 않게 하기 위해서였다. 집이지만 진짜 학원처럼 보이려고 부엌 전체를 커튼을 쳐서 가렸고, 옷도 회사에 출근하는 사람처럼 입었다. 그곳은 내 집일 뿐 아니라 나의 직장이었기 때문이다.

다행히 금방 입소문이 났다. 예측하지 못했던 기대 이상의 반응이었다. 레슨 받는 아이들이 60명으로 늘었고, 피아노 넉 대를 더 들여놓아야 했다. 좁은 신혼집에 피아노가 다섯 대라 잠은 피아노 다리 사이에 껴서 자야 했다. 피아노 연주곡이야 아름답지만, 레슨 중인 아이들이 내는 소리는 소음이나 마찬가지다. 한 건물에 사는 이웃 주민들에게도 죄송스러운 상황이었다.

더는 늘어나는 아이들을 집에서 수용할 수 없었다. 드디어 사업을 본격적으로 벌일 시기가 온 것이다. 나는 대출을 받아 동네 상가 건물 2층에 학원을 차렸다. 학원을 연 뒤로 새벽 6시면 학원에 나갔다. 내 노력으로 번듯한 학원을 차렸다는 것이 너무나 기쁘고 좋았다. 집에서 할 때보다 모든 면에서 더 잘하려고 노력했다. 새로 채용한 강사들의 인적 사항은 다 외웠고, 수강생들의 인적 사항도 모두 기억하려고 애썼다.

또 한 달에 한 번씩 아이 손에 학원비 봉투를 쥐어 보낼 때마다 일일이 한 달 동안 있었던 일을 글로 써서 보내주었다. 아이가 무엇을 배우고 있고 무엇을 잘하고 못하는지, 어떤 성향을 보이는지 써서 보냈는데, 엄마들에게 반응이 무척 좋았다. 틈틈이 사진도 찍어두었다가 꼭 두 장 정도를 인화해서 함께 보냈다. 그러자 그 사진은 바로 우리 학원 홍보로 이어졌다. 엄마들이 냉장고에 붙여둔 사진을 보게 된 이웃들이 자연스럽게 우리 학원에 관심을 보였고, 거짓말처럼 아이들이 몰려왔다.

모든 것이 고객 감동을 실천하는 과정이었고 그 열매는 달디달았다. 1년 만에 원생 200명을 확보했고, 강사는 열 명으로 늘어났다. 사업은 대성공이었다. 주어진 현실에 안주했다면 가능한 일이었을까? 못마땅한 마음에 눈살을 찌푸리면서도 눈치 없이 월급 받아가며 꾸역꾸역 회사를 다녔거나, 할 것 없고 자신감 없다며 전업맘으로 머물렀다면 내 이름을 딴 학원이 그토록 번창하는 모습을 지켜볼 수 있었을까?

그렇게 신이 나서 운영한 학원은 잘되었고 나는 항상 넘치는 열정으로 생기 있게 생활했다. 일이 많아 잠이 부족해도 언제나 활기가 가득 찼다. 아이가 피아노 치는 것을 좋아하게 되었다는 인사말이나, 원하던 예술중학교에 합격했다는 감사의 말이라도 듣게 되면 하루 종일 싱글벙글 웃음을 달고 다녔다.

그런데 그 기쁨과 보람은 유통기간이 그다지 길지 않았다. 피아노 학원을 시작한 지 3년쯤 지나자 갑자기 재미가 없어졌다. 시간이 지날수록 엄마들과 접촉하는 일이 적성에 그다지 맞지 않는다는 것을 깨달았다. 게다가 내가 하는 일이 기계적이라는 생각이 자꾸 고개를 쳐들었고 언제부터인가 알 수 없는 느낌이 자꾸 나를 잡아당겼다. 전처럼 신나지도 않았고 꼭 무엇을 놓치고 있는 듯한 허전한 기분이 들기도 했다.

그러던 어느 날이었다.

"차가 이렇게 늦게 오면 어떡해요? 이런 일이 자꾸 있으면 곤란하죠. 학원이 거기만 있는 게 아닌데."

전화를 건 아이 엄마는 학원 셔틀이 제시간에 오지 않는다며 찬바람 부는 목소리로 협박 아닌 협박을 했다.

"네네, 기사님한테 연락해볼게요. 기다리게 해서 죄송합니다, 어머니. 잠시만 기다려주세요."

솔직히 너무 늦게 도착한 것도 아니었다. 5분 정도는 도로 사정상 혹은 앞에서 타는 아이가 늦게 나오는 바람에 늦어질 수 있었다. 아이가 사정이 있어 늦게 나올 때는 '고작 몇 분'인데, 차가 오지 않을 때는 '몇 분씩이나' 늦는다고 말하는 게 엄마들이었다. 기사님께 연락해보니 예상대로 길도 막히고 두 아이나 늦게 나오는 바람에 늦어지고 있다고 했다.

전화를 끊고 나서 한동안 멍하니 앉아 있었다. 창밖은 화창한데 내 마음엔 우중충한 먹구름이 몰려왔다. 꼭 전화 때문만은 아니었지만 전혀 상관없다고도 할 수 없었다. 그 후에도 종종 알 수 없는 느낌에 쫓겨 밑도 끝도 없는 생각에 잠겨 있는 날이 많았다. 굳이 결정적인 계기를 찾자면 오랜만에 갖게 된 친구들과의 만남이었다.

*

꿈은 진화하고 바뀌는 것이다

대학 시절, 음대를 다녔으면서도 서클 활동 때문에 정외과나 신방과 친구들과 친했는데 그 친구들은 거의 직장 생활을 하며 나와는 전혀 다른 세상에서 살고 있었다. 한 번씩 친구들을 만나고 나면 그들이 사용하는 단어가 신기하고, 새롭고, 솔직히 부러웠다. 학부모들, 아이들만 상대하다 보니 자연히 친구들이 쓰는 비즈니스 단어들이 생소하기만 했다. 또 워킹맘이라 할지라도 피아노 레슨의 특성상 내 생활 범주는 동네에 한정될 수밖에 없었다. 말이 사회생활이지 결국 '우물 안 개구리'라는 생각이 몰려왔다.

그런데 그 무렵 내 일생에 가장 큰 영향을 끼칠 사건이 하나 일어났다. 피아노 학원이 승승장구하면서 학원협회에서 강의 요청이 들어온 것이다. 아니, 강사도 아닌 나한테 강의가? 주제는 간단했다. 20대 학원장이 어떻게 그 짧은 시간에 많은 학생들을 유치하면서 학원을 잘 운영하게 되었는지 노하우를 알려달라는 것이었다. 이미 동네에 알음알음으로 내 소문이 많이 난 모양이었다.

'강의라…. 그래, 어떻게 준비하고 어떻게 고객을 감동시켰고 어떻게 아이들을 가르쳐왔는지 내가 한 것만 정리해서 이야기하면 되겠지.'

지금 생각하면 참 배포도 크다. 생애 첫 강의인데 오히려 지금보다 더 떨지 않았으니 말이다. 그렇게 강의할 내용을 정리해서 협회 세미나에 참가하게 됐다. 막상 수백 명 앞에 서고 보니 조금 긴장도 됐지만 나는 담담히 강의를 시작했다. 어린 시절부터 친구들과 형제들을 모아놓고 실감 나게 이야기하는 데에는 선수인 나였다. 아버지와 두런두런 주고받던 충청도식 화법에서부터 우리 엄마의 구성지면서 직설적인 화법까지 동원해 어느새 나는 신나게 강의를 했다. 그런데 다음 강의를 맡은 강사가 제시간에 도착하지 않아 내가 시간을 더 메꿔야 할 상황이 왔다. 처음 강의란 걸 해본 사람에겐 당황스러운 상황이었지만 난 무려 3시간 동안 사람들을 웃기고 감동시키면서 강의를 무사히 끝냈다.

그날, 나는 내가 몰랐던, 아니 내가 미처 발견하지 못했던 나의 새로운 가능성을 알게 됐다. 피아노 학원을 하면서 절대 느껴보지 못한 신선한 자극에 심장이 마구 울렸다. 잠자리에 누워서도 몇 시간 전 강의의 여운을 느끼느라 밤잠을 설친 그날 이후 나는 중대한 결심을 하기에 이르렀다. 애초에 평생 피아노 레슨을 하며 살고 싶은 마음은 없었다. 내가 그나마 잘하는 일로 돈을 버는 과정이라고 생각했기에 그다음이 항상 궁금했던 찰나였다. 그런데 그간 뭔가 잃어버린 것 같던 허전함이 그날의 강의 한 번으로 가득 채워진 것이다.

그리고 나는 결심했다. 피아노 학원 원장이라는 타이틀을 버리기로. 사실 인기 학원이었기 때문에 수익은 좋은 편이었다. 하지만 돈이 내 인생의 가장 중요한 기준이 될 수는 없었다. 나 자신이 주체가 되어 살아갈 때 살맛 나는 내가 아닌가. 광고회사에서도, 피아노 학원에서도 느껴보지 못했던 '내가 내 삶의 주인'이라는 느낌이 강의 경험을 통해서 강렬하게 다가온 것이다.

그야말로 강사라는 직업은 나에게 '유레카!'를 외치게 만드는 신호이자 명확한 길이었다. 사람들에게 뭔가 알려주고 안내하는 역할, 그러기 위해 끊임없이 공부하고 자기계발을 해야 하는 직업, 리더십도 있어야 하고 말도 잘해야 하는 직업, 내게 딱 맞는 일이었고 어쩐지 내가 하면 아주 잘할 것 같다는 근거 없는 자신감도 생겼다.

당장 강사가 되는 길을 알아보기 시작했다. 정해진 방법은 따로 없었다. 요즘에야 나 같은 직업 강사가 꽤 있고 강사 양성 기관도 많지만 그 당시에는 배울 곳도, 가르쳐주는 곳도 마땅치 않았다. 그나마 회사나 단체에 나가서 강의하는 강사는 대부분 기업에서 교육 담당자로 오래 근무하던 사람들이었다. 그런 상황에서 음대 출신에 직장 경력도 없는 여자가 강사를 하겠다고 뛰어들었으니 말 그대로 '맨땅에 헤딩'하는 격이었다. 당연히 몇 배의 난관과 어려움이 진을 치고 있었다. 하지만 나는 '포기'라는 단어를 지우고 덤벼들었다.

딜을 해야 하는 순간에는 과감하게

나는 더 머뭇거리지 않고 학원을 친구에게 넘겼다. 그리고 당장 집에 벽 한 면을 가득 채우는 커다란 책장부터 샀다. 내 머리를 채울 책들로 이 책장을 가득 채우겠다는 생각이었다. 내 결심대로 책장은 이내 가득 찼고 나는 책을 엄청나게 읽었다. 학창 시절 내내 읽은 것을 모두 합해도 그때 읽은 책보다는 적을 것이다. 목적이 명확하니 오랜 가뭄 끝에 단비를 만난 것처럼 책 내용이 머릿속으로 쏙쏙 들어왔다. 자연스러운 몸짓과 흡입력 있는 스피치를 위해 독학도 했다. 마네킹을 사서 스카프와 모자를 씌워 놓고는 청중 앞에 선 것처럼 혼자 떠들고 웃고 방 안을 오가며 동선까지 연습했다.

나름대로 준비를 끝낸 다음, 2단계 행동에 들어갔다. 강의할 준비가 끝났다고 해도 누가 내게 강의를 의뢰하겠나? 우선 나부터 알려야겠다고 마음먹었다. 각 회사의 교육 담당 부서와 담당자를 알아내 일일이 메일과 편지를 동시에 보냈다. 대략 200군데였던 것 같다. 그럴

싸하게 프로필을 적긴 했지만 누가 봐도 무명의 초짜 강사였다. 어디에서도 회신이 오지 않았고 아무도 나를 찾아주지 않았다. 하지만 어쩌다 전화가 걸려 오면 직원인 것처럼 목소리를 바꿔 "김미경 강사님 사무실입니다!"라고 말하기도 했다. 메일을 보낸 지 한 달이 가까워질 무렵, 드디어 한 곳에서 연락이 왔다. 대우자동차에서 여직원을 대상으로 강의를 해달라는 것이었다. 그때 내가 느낀 환희는 이루 말로 다 표현할 수 없었다.

피곤한 몸을 이끌고 퇴근한 남편을 앞에 앉혀놓고 2주일 동안 맹렬하게 연습을 한 후, 첫 강의 때 내가 무슨 말을 하는지도 모르는 채 강의했다. 다행히 결과는 좋았고 다른 곳에서도 하나둘씩 강의 의뢰가 들어오기 시작했다. 강사 김미경의 시작은 그렇게 무모하고도 초라했지만 너무나 뜨거웠고 역동적이었다.

나는 예상보다 빨리 자리를 잡기 시작했다. A라는 강의를 맡으면 관련된 책과 영상, 자료는 모두 씹어 먹을 정도로 소화한 후에야 나만의 콘텐츠를 탄생시켰다. 무엇보다 청중과의 교감을 우선시했던 나는 같은 내용이라도 대상에 맞게 다시 자료를 수집하고 분석하고, 그들에게 걸맞은 새로운 에피소드를 찾아내기 위해 밤낮을 가리지 않았다. 하지만 전혀 지칠 겨를이 없었다. 아니 잠자는 동안의 시간이 아까워 엉덩이가 들썩일 정도였다.

이후 더 전문적으로 강의하기 위해 회사를 설립했고 강의처도 확대되어 삼성, LG, 포스코 등 대기업과 정부기관을 대상으로 강의를 했다. 그 뒤로도 나는 분야를 확장하고 쉼 없이 도전해갔다. 강의뿐 아니라 콘텐츠 연구, 마케팅, 컨설팅, 콘텐츠 사업, 강연 행사 기획, 온라인 교육회사와 유튜브 채널까지. 매 순간 시대가 변화하는 속도를 따라잡으려 했고, 그러기 위해 닥치는 대로 책을 읽고 전문가를 만났다. 그 과정에서 강사 김미경, 작가 김미경, 방송인 김미경, 경영인 김미경, 그리고 유튜버 김미경 등 다양한 타이틀을 얻었다. 이 모든 것은 내 마음속에서 울리는 신호에 귀 기울이며 한 발짝씩 걸어왔기에 가능했다.

　20대 후반, 나는 나라는 여자를 일찌감치 알게 되었다. 엄마, 아내 그리고 직장인 등 다양한 역할을 경험해보면서 그 타이틀 이전에 내가 무엇을 잘하고 좋아하는지를 알 수 있었다. 살림보다는 일을, 직장인보다는 남을 가르치는 일을, 안주하기보다는 도전하는 것이 더 어울리는 여자임을 알게 된 것이다.

＊

왜냐고 묻는다면, 내 몸이 답하게 하라

요즘도 나는 할 일도 많고 하고 싶은 일도 많다. 전국을 오가는 강의 스케줄 틈틈이 전문가 인터뷰와 영상 촬영 준비를 하고, 직원들과의 미팅 사이사이 아이들과 남편의 일과를 챙긴다. 해외 명사들과의 인터뷰를 위해 영어 수업도 듣고, 성경 공부도 빼놓지 않는다. 코로나 시국을 거치며 기술 변화에 눈이 뜨인 후로는 테크놀로지 전문가도 많이 만나고 요즘은 AI 공부에 푹 빠져 산다. 나는 부지런히 공부하고 채워야만 울타리가 더욱 튼튼해진다는 것을 30여 년 강사 생활을 통해 터득해왔다. 그렇게 채워진 콘텐츠들은 강의를 통해 사람들과 공유하고 책으로 다시 만들어진다. 강의든 공부든 책이든 결국 나를 자극하고 채우고 표현하는 일이다.

"왜 그리 열심히 사세요?"

가끔 사람들은 내게 이런 질문들을 한다. 답은 나도 모른다. 피아노 학원을 운영하던 20대 때에도 지금처럼 열심히 살았다. 그렇게 살지 않고선 내가 돈 벌 방법이 없었기 때문이다. 지금은 '왜'일까? 굳이 이유를 들자면 '습관' 때문이다. 50년 넘게 살면서 내 몸과 마음이 서로 버릇처럼 익숙해진 것뿐이다. 난 이제 더 이상 내가 왜 열심히 사는지 혹은 뭘 위해 사는지 궁금해하지 않는다. 아침에 일어나면 '왜'라는 물음표 대신 내 몸이 먼저 대답한다. 내가 '왜'를 떠올리며 굳이 답할 필요가 없다. 때로는 돈 때문에, 때로는 강사로 자리잡기 위해 열심히 살았던 시간들이 이제는 너무나 당연한 '열심히 사는 습관'을 만들어준 것이다.

"그런 열정이 어디서 나오세요?"도 자주 듣는 질문이다. 나 역시 열정은 필요한데 어디서 어떻게 끌어올려야 할지 모르던 꿈의 초보 시절이 있었다. 그럴 때 내게 열정의 스승 노릇을 해준 것이 바로 '책'이었다. 요즘은 먼 곳에서 찾지 않는다. 그저 어제 한 만큼 오늘을 살고, 어제 느낀 만큼 오늘에 반영한다. 어제도 열정적으로 살았기에 오늘도 그렇게 사는 것이다.

만약 내가 직장을 그만두고 전업맘으로 살았다면, 피아노 학원장에 머물렀다면 이런 질문을 들을 이유도 없었을 것이며 이렇게 답할 생각도 못 했을 것이다. 내가 도전하고 경험한 것들이 내게 나라는 사람을 제대로 써먹는 방법을 알려준 것이다. 이는 전업맘으로 살거나 학원 원장으로 일한 것이 지금보다 가치 없다는 뜻이 아니다. 하루하루 내 마음이 향하는 것을 위해 노력을 멈추지 않았기 때문에 더욱 행복할 수 있었다고 말하는 것이다.

꿈을 화석으로 만들지 않고 진화시켜나갈 때 사람은 살아 있는 맛을 느끼고 가치 있는 삶을 살게 된다. 꿈이 진화하려면 그 꿈을 꾸는 사람이 끊임없이 발전해야 한다. 꿈은 오늘을 산 나의 경험이 내일의 나로 밀어가 만들어내는 것이다. 그렇게 하루하루 연결되어 살아간 5년, 10년, 20년 후 꿈은 실체가 되어 나와 만난다. 꿈이 나에게로 다가온 것이 아니라 하루하루 열심히 산 에너지가 나를 꿈으로 밀어간 것이다.

꿈을 이루는 사람과 이루지 못하는 사람은 자신이 얼마나 순간에 집중했는지로 갈린다. 지금 이 순간, 그리고 오늘 하루 내 마음속 신호를 따라 어떻게 걸어가는지에 따라 꿈은 누군가에게는 실체가 되고, 누군가에게는 신기루가 된다.

Part 2

꿈의 발견

—

미래의 나를 먼저 만나는 법

꿈은 성공이 아니라 성장의 언어다

30년간 강의해오며 나는 늘 사람들을 만나 꿈에 대해 묻고 대화해왔다. 그중에는 사회적으로 성공한 이들도 있었지만 대부분은 평범한 사람들이었다. 원하는 취업이 안 돼 좌절한 20대, 결혼 앞 갈림길에 선 청년들, 아이를 키우며 일하는 여성들, 인생 후반전을 앞두고 고민이 많은 40대, 멋지게 나이 들고 싶어 하는 50~60대들까지. 그런데 그들과 인터뷰하면서 나는 의외의 사실을 하나 발견했다. 생각보다 많은 이들이 꿈에 대해 '불편한' 감정을 가지고 있었다. 30대 중반의 한 프리랜서 작가는 이렇게 말했다.

"꿈이 뭐냐는 얘기를 들으면 순간적으로 멍해져요. 그러고는 이 나이 되도록 내 꿈이 뭔지도 모르는 저 자신이 한심하게 느껴져요. 꿈만 생각하면 '밀린 숙제'처럼 불안하고 답답해요."

심지어 꿈에 냉소적인 사람도 적지 않다. 초등학생 아이를 키우는 마흔의 한 워킹맘은 이렇게 말한다.

"회사 다니고 아이 키우고 정신없이 바쁜데 '네 꿈이 뭐냐?'는 말을 들으면 신경질이 나요. 이만하면 충분히 열심히 살고 있는데 성공 못 했다고 책망하는 거잖아요… 이제 그런 것 좀 안 물어봤으면 좋겠어요."

그런데 한쪽에서는 꿈을 이뤘다는 사람들이 넘쳐난다. 자기 병원을 열어 개업의가 되어서, 주식으로 돈을 많이 벌어서, 가난을 딛고 회사 CEO가 되어서, 아파트를 몇 채 가져서, 경제적 자유를 얻어서… 과거에는 차마 대놓고 말하지 못했던 온갖 종류의 성공에 사람들은 '꿈을 이뤘다'는 꼬리표를 붙였다. 물론 많은 이들이 자신의 꿈을 이뤘다는데 거기에 딴죽을 걸 생각은 없다. 다종다양한 꿈 스토리가 사람들에게 용기와 희망을 주는 것도 사실이니까.

문제는 꿈을 이룬 사람들이 많아졌다는 게 아니라 꿈이 한쪽으로 쏠리기 시작했다는 것이다. 꿈은 개인의 사회적 성공을 의미하는 대명사가 되었다. 그런데 그 성공이라는 것의 폭이 좁아도 너무 좁다. 전문직, 부자, 명문대, 일정한 사회적 명예라는 요건을 갖춘 자에게만 우리는 꿈을 이뤘다고 말한다. 암묵적인 '꿈의 커트라인'이 생긴 것이다. 인간의 가장 내밀하고 독립적인 영역인 꿈마저 이제는 계급을 나누는 기준이 돼버렸다. 똑같은 꿈인데 어떤 꿈은 '용 꿈', 어떤 꿈은 '지렁이 꿈' 취급을 받는다. 꿈의 커트라인에 미치지 못하는 다수가 탈락할 수밖에 없는 필연적 구조. 우리가 꿈으로부터 느끼는 스트레스와 피곤함의 실체가 바로 이것이다.

그러나 이 같은 '성공 위주의 꿈'은 심각한 문제를 갖고 있다. 꿈과 성공을 동일시하면 결과가 중심일 수밖에 없다. 그래서 '나 자신'이 무언가를 성취하기 위한 '수단'이 된다는 게 문제다. 더 좋은 직장, 더 많은 연봉, 더 높은 지위가 인생의 중심이 되고, 나라는 존재는 그것을 이루기 위한 '도구'가 돼버리는 현실. 우리는 "좋은 회사에 취직해야 하니까 지금은 참고 공부하자" 혹은 "승진하려면 상사 비위 정도는 맞춰야지" 같은 이야기를 쉽게 한다. 좋은 회사에 들어가는 것, 승진해서 연봉을 올리는 것이 인생에서 중요한 숙제일 수는 있다. 문제는 최종 결과를 손에 쥘 때까지의 과정이 철저히 무시된다는 것이다.

다행히 원하던 결과를 얻으면 그 과정은 꿈을 키운 아름다운 시간이 된다. 그러나 얻지 못한다면? 그 모든 것이 '쓸데없는' 시간 낭비가 되고 만다. 그 과정에서 내가 얼마나 배우고 성장했는지는 하나도 중요하지 않다. 사정이 이러니 제대로 된 결과를 보여줄 때까지 현재는 늘 불안하고 답답하기만 하다. 나 자신과 꿈의 대화를 나누는 일이나, 어제보다 한결 성숙해지고 나아진 나를 지켜보는 일 역시 사치처럼 여겨진다. 그렇게 현재는 언제나 미래의 희생양이 될 뿐이다.

성공을 기준으로 꿈을 바라보기 시작하면 우리는 셀 수 없이 많은 패배감을 느낄 수밖에 없다. 나보다 잘난 사람은 세상에 차고 넘친다. 나보다 돈을 많이 번 사람, 더 유명해진 사람, 어제까지는 나랑 비슷했는데 갑자기 뜬 사람…. 이들과 비교하기 시작하면 내 꿈은 늘 초라해지고 위축된다. 이 때문에 내 꿈을 키워가기 위해서는 꿈과 성공에 대한 새로운 시각이 필요하다.

꿈은 목적지가 아니라 길 그 자체다

나는 꿈이란 평생 지속적으로 만들어가고 키워가는 것이라고 생각한다. 성공은 그 과정에서 아주 가끔 일어나는 흥미로운 이벤트일 뿐이다. 꿈과 성공은 서로 긴밀하게 연결돼 있기는 하지만, 둘은 엄연히 다른 별개의 것이다. 이 둘의 관계를 제대로 파악해야 헤매지 않고 꿈에 다가설 수 있다.

평생 춤으로 나다움을 완성해가고 있는 발레리나가 있다. 그녀가 서른다섯에 프리마돈나가 됐다면 그녀는 꿈을 이룬 것일까? 아니다. 프리마돈나는 그녀의 꿈이 성장해가는 가운데 아름답게 꽃핀 이벤트일 뿐이다. 그녀의 꿈은 서른다섯 살에서 끝나는 게 아니기 때문이다. 아마도 그녀는 발레리나로서, 이후에는 안무가나 코치로서, 죽을 때까지 그녀의 꿈을 진화해나갈 것이다.

많은 사람들이 나에게 '국민 강사'라고 부르면서 "꿈을 이뤄서 얼마나 좋으세요?"라고 묻곤 한다. 그런데 정작 나는 그런 말을 들으면 마음이 불편했다. 내 꿈의 주인은 난데 왜 본인들 마음대로 내가 꿈을 이뤘다고 단정하는지 모르겠다. 내 꿈은 지금 이 순간에도 살아 숨 쉬며 성장하는 중이다. 내가 오늘 만드는 꿈의 데이터들로 내일의 꿈을 차곡차곡 쌓아가고 있다. 다만 미디어에 자주 노출되고 그러다 보니 사람들이 나를 많이 알아볼 뿐이다. 나는 이런 종류의 이벤트를 감사해하며 기꺼이 즐긴다. 꿈으로 가는 길에 벌어진 작은 축제에서 트로피를 얻었다면 겸손하게 받으면 된다.

그러나 그 트로피 자체를 꿈이라고 생각하면 갑자기 길을 잃어버린다. 남들이 부러워하는 트로피를 가졌다는 이유만으로 교만해지기도 한다. 정점에 올라섰던 많은 사람들이 그렇게 바닥으로 한없이 추락했다. 작은 트로피를 꿈이라 착각하고 꿈꾸기를 멈추는 사람들도 부지기수다.

내가 아는 한 방송사 아나운서는 5년 동안이나 아나운서 시험 준비에 매달렸다. 하루에 3~4시간만 자며 열정적으로 시험 준비에 매달려 마침내 합격했다. 처음 몇 년은 마냥 행복했다. 그런데 시간이 지나 방송 업무에 익숙해지자 불안하고 답답해지기 시작했다. 스스로가 자신의 성장을 멈추게 만들었다는 것을 깨달았기 때문이다.

그는 지난 몇 년 동안 아나운서라는 꿈을 향해 달려왔기 때문에 목적지에 다다른 후에는 더 이상 꿈꿀 필요성을 느끼지 못했다. 그리고 처음 몇 년은 시험을 준비하면서 쌓은 밑천으로 버텼지만, 담는 것 없이 쓰기만 하니 시간이 갈수록 실력이 퇴보하는 것 같았다. 그는 요즘 불안한 마음에 또 다른 꿈을 찾고 있다고 했다.

과연 그에게 꿈이 있었을까? 그가 꿈이라고 생각했던 것, 즉 무엇이 되거나 무엇을 갖는 것은 작은 트로피일 뿐인데도, 작은 목표를 성취하는 것과 꿈을 이루는 것이 같다고 완전히 착각하고 있었던 것이다. 이런 까닭에 스스로를 평생 성장시켜야 할 꿈의 주인이 아니라 트로피를 향해 달려가는 게이머로 취급했다. 게이머는 한 가지 게임이 끝나면 또 다른 게임을 찾아 떠날 뿐이다. 실제로 많은 이들이 꿈이 아니라 게임을 찾아다닌다. 이길 수 있고, 이기고 싶은 게임 말이다. 이런 사람일수록 작은 꿈의 단서에 흥분해 지금까지 했던 일을 헌신짝처럼 버리고 훌랑 갈아탄다. 나무만 보고 숲을 보지 못하는 것이다.

그런 면에서 보자면 성공의 트로피를 일찍 받는 게 꼭 좋은 일이 아닐 수도 있다. 게임에서 한 번 이겼을 뿐인데 꿈을 이뤘다고 착각하는 순간, 결핍이 사라지면서 꿈의 연료가 바닥나기 때문이다. 트로피를 늦게 가질수록 꿈의 길에 더 오래 머무를 수 있다. 그러니 남들보다 느리게 가고 있거나, 트로피가 너무 멀다고 해서 지금 실망할 필요는 없다. 당신은 그들보다 꿈의 연료가 훨씬 더 많다는 얘기니까.

꿈은 성취가 아니라 성찰의 언어다. 성공이 아니라 성장의 언어다. 많은 사람들이 그렇게 현장에서 자신의 꿈을 키워간다. 프리마돈나가 되지 않은 군무 속의 발레리나들, 교장이 되기 전의 수많은 평교사들, 퓰리처상을 받지 않은 수많은 종군기자들은 지금 이 순간에도 자기답게 성장하고 있다.

지방에 가보면 문화 해설사, 숲 해설사로 일하는 강사들이 많다. TV에 나오는 강사들처럼 유명한 분들은 아니지만 자기 일에 대한 자부심과 애정은 누구보다 대단하다. 나로 인해 사람들이 자연과 문화와 역사에 한걸음 가까워지고, 작은 것 하나라도 배워 가는 걸 보면서 진심으로 행복해한다. 그분들을 유명 강사들과 비교해 서열을 매기는 것이 과연 의미 있는 일일까?

상을 받지 않았다고 해서, 혹은 유명해지거나 돈을 많이 벌지 않았다고 해서, 꿈이 없거나 실패한 것은 아니다. 단지 트로피가 많지 않았고 화려한 이벤트가 없었을 뿐이다. 꿈의 생명은 내가 매기는 꿈의 존중감과 비례한다. 지금 키워가는 내 꿈을 소중하게 여기면 조금 천천히 가더라도 불안하거나 초조하지 않다. 주변에서 아무리 샴페인을 터뜨려도 내가 초라해질 일이 없다. 반면에 아무리 멋진 금메달을 따더라도 내가 내 꿈에 대한 존경심이 없으면 금메달은 굴러다니는 쓰레기에 불과하다.

 진정으로 꿈을 이루고 싶다면 진지하게 고민해야 한다. 트로피를 사냥하는 게이머가 될 것인가, 성실하게 꿈을 키워가는 꿈의 주인이 될 것인가.

꿈이란 오직 '나다움'이다

"당신의 꿈이 뭐냐?"라고 물어보면 사람들은 이런 얘기를 가장 많이 한다.

"1년 안에 1억 원 모으기요."

"5년 안에 내 집 마련하는 겁니다."

"공무원 시험에 합격해서 정년퇴직할 때까지 일하는 거요."

그러나 내 생각에 이런 것들은 꿈이 아니다. 꿈으로 가는 과정에서 세우는 단기 혹은 장기 목표일 뿐이다. 목표를 꿈으로 착각하는 순간, 우리는 길을 잃는다. 1억 원을 모으고 나면, 내 집을 마련하고 나면, 공무원이 되고 나면 그다음에는 뭘 할 것인가? 막막해져서 어디로 가야 할지 알 수가 없다. 게다가 허무함마저 밀려온다. 내가 왜 그 고생을 하며 1억을 모았는지, 내가 왜 공무원이 되려고 했는지 자신에게 진지하게 물어본 적이 없기 때문이다.

어떤 아내들은 이런 꿈을 말한다. 가족들과 캠핑카로 세계 일주하기, 시니어 모델에 도전하기, 라틴댄스 대회 나가기…. 그러나 이 역시 꿈은 아니다. 이것들은 죽기 전에 하고 싶은 일들, 일종의 '버킷리스트'다. 하면 좋지만 바쁘면 굳이 안 해도 되는 일들이다. 버킷리스트는 꿈을 장식하는 데코레이션일 뿐이다. 꿈이 아닌 버킷리스트에만 집중하다 보면 중심을 잃고 샛길로 빠질 가능성이 높다.

마지막으로 이런 꿈을 얘기하는 아내들도 정말 많다.

"우리 아이 명문대 보내는 거요."

"남편이 정교수 되는 게 제 꿈이에요."

미안하지만 이런 건 꿈 축에도 못 낀다. 그건 당신의 꿈이 아니니까 전혀 상관할 필요가 없다. 내가 아닌 누군가의 꿈을 대신 얘기한다는 것은 자기 꿈이 없다는 고백과 마찬가지다. 내가 강의에서 이런 이야기를 하면 사람들의 표정은 충격을 넘어 허탈함에 가깝다. 자신이 생각해왔던 꿈을 부정당했기 때문이다.

*

나는 어떤 사람으로 평생 살아갈 것인가

그렇다면 도대체, 꿈이라는 건 뭘까? 꿈은 이 모든 것을 모아서 '나는 어떤 사람으로 평생 살아갈 것인가?'를 정하는 것, 즉 '방향성'이다.

여기 한 사람이 있다. 전업주부이자 독실한 기독교인인 그녀는 어렸을 때부터 착하다는 얘기를 많이 들었다. 성품이 워낙 사려 깊고 입도 무거워 많은 사람들이 그녀에게 아픔을 토로했다. 친구는 물론 엄마까지도 그녀에게만은 모든 문제를 털어놓았고 그녀와 대화를 하고 나면 한결 홀가분한 표정으로 돌아갔다.

"너랑 얘기하면 울다가도 웃게 돼. 마음에 평안이 생겨."

주변 사람들의 달라진 모습을 보면서 그녀는 자연스럽게 이런 고민을 시작하게 됐다.

'나는 주변 사람들에게 평화와 행복을 주는 사람으로 살고 싶어. 기왕 하는 김에 제대로 해볼 방법이 없을까?'

누구나 나이가 들면서 막연하게마나 '이런 사람으로 살고 싶다'는 방향에 대해 생각한다. 이렇게 살면 자존감이 넘치고 행복할 것 같다고 생각되는 방향 말이다. 그리고 그 방향에 걸맞은 세부 목표를 만들기 시작한다. 독실한 크리스천이었던 그녀는 전도사 공부를 시작했고 성경 말씀에 대해 묵상하는 '큐티(Quiet Time)' 모임을 만들었다. 그 모임을 통해 아픔을 가진 많은 사람들이 자가 치유를 하게 되면서 그녀는 어느덧 여러 교회에 다니며 큐티에 대해 강의하는 강사가 됐다.

꿈은 작은 목표를 달성하면 저절로 큰 목표로 전진하는 속성이 있다. 결국 그녀는 목회학 석사과정과 실천신학 박사과정을 밟은 뒤, 현재 교육 전문 전도사로 기독교 리더들을 키우고 있다. 바로 내 막내 여동생의 얘기다. 인생의 방향성을 알면 하위 목표가 점점 단계를 밟아가 자기에게 걸맞은 더 큰 꿈을 만들어낸다. 이것이 가장 건강하게 꿈을 진화해나가는 방식이다.

방향성이 분명하면 창의적이고 다양한 목표를 만들 수 있다. 그러나 꿈이 목표 자체가 되면 한 방향으로 통합되지 않고 따로 논다. 꿈의 시너지가 떨어지고 가끔은 회의감마저 든다. 왜 이렇게 바쁘게 사는지 자신도 모르기 때문이다. 그래서 꿈을 이뤄간다는 것은 가장 나다운 방향을 정해서 평생 그 길로 걸어가는 일이다. 물론 방향을 정하는 것은 어려운 일이다. 오랫동안 자기 자신과 대화를 나누고 성찰해보지 않은 사람은 결코 정할 수 없다. 수없이 고민하고 시행착오를 겪어야만 방향도 분명히 알 수 있다.

그래서 '나는 무엇이 되려고 하는 걸까? 평생 무얼 하면 좋을까?'를 질문하는 사람들이라면 자신이 이뤄냈던 것들, 그리고 이루고 싶은 것들을 열거해볼 필요가 있다. 버킷리스트건, 세부 목표건 몽땅 모아놓고 연구하는 것이다. 그중에는 그저 욕심에 불과했던 것도 있고, 이루고 나니 창피했던 것도 있을 것이다. 이 모든 것을 솎아내고 공통점을 분석해보면 방향성이 어렴풋이 보이기 시작하다.

내 경우는 그 방향성이 '남에게 좋은 영향을 주는 사람'이었다. 그리고 그 방향성을 담기에 제일 좋은 직업이 강사였다. 이 꿈 안에서 매년 새로운 목표들이 10개 이상 생겼다. 이런 목표들 덕분에 더 바쁘고 보람 있게 뛰어다닐 수 있었고, 그러다 보니 방향성은 작년보다 훨씬 더 분명해져 있었다. 더불어 자부심과 행복감도 자연스럽게 따라왔다. 이처럼 꿈은 방향성과 맞닿을 때 가장 건강하게 진화한다.

꿈은 자기만의 그림을 완성해가는 일

방향성의 관점에서 나는 꿈에 대해 이렇게 정의한다.

'강한 동기로 실현하는 나다움.'

꿈을 이뤄간다는 것은 나를 가장 나답게 키워가는 일이다. 그렇다면 '나답다'는 말은 대체 뭘까? '나'와 '나다움'은 완전히 다르다. 사람은 태어날 때 누구나 '나'로 태어난다. 당연한 얘기다. 하지만 '나다움'은 검증된 나, 축적된 나다. '내'가 하얀 캔버스라면, '나다움'은 그 위에 내가 그리는 그림이다. 잠재돼 있던 나의 실체가 드러나는 것이다. 세상을 만나고 타인들과 교류하면서 나만의 밑그림을 그리고 색깔을 칠해간다. 재미있는 이야기로 친구들을 울리고 웃기는 재주, 어떤 사람과도 스스럼없이 친해지는 친화력, 대학 때부터 돈을 벌게 만들었던 가난과 결핍 등등 내가 평생 쌓아왔던 데이터들이 누적되어 나다움을 만들어낸다.

물론 여기서 말하는 나다움은 '편집된' 나다. 세월이 길든 짧든 우리는 지금까지 살아오면서 수없이 좌절하고, 도망치고, 후퇴하기를 반복했다. 지금의 '나'는 그런 모든 실패와 성공의 데이터가 복합된 불완전한 존재다. 그러나 '나다움'은 내가 만든 가장 미래 지향적인 데이터들만 모아놓은 것이다. 내가 가진 것들 중에서 가장 괜찮은 것, 언젠가는 꼭 그렇게 되고 싶은 나의 모습인 것이다.

그래서 꿈은 '나다움'이다. 바깥에 있는 거창하고 화려한 것이 아니다. 선망하는 멘토나 롤모델도 아니고, 신과 같은 절대적인 존재도 아니다. 멀지 않은 미래의 내 모습, 조금만 더 노력하면 가능해질 것 같은 나 자신일 뿐이다. 이런 까닭에 나다움은 고정된 것이 아니다. 오늘 내가 쌓은 데이터에 따라서 시시각각 변화하고 성장한다.

오늘은 어제까지 누적된 나다움으로 살고, 내일은 오늘까지 누적된 나다움으로 살아나간다. 이처럼 나다움은 현재 내가 살고 있는 매초, 매시간과 밀접하게 연결돼 있다. 그러니 나다움이 멈췄다는 것은 오늘 내가 누적한 게 없다는 얘기다. 반면에 매일매일 데이터를 누적한 사람은 끝없이 성장한다. 인간의 꿈이야말로 가장 변화무쌍하고 위대한 가능성을 가졌다. 비슷한 환경에서 성장해도 50년 후, 꿈과 함께 성장한 사람과 아닌 사람의 차이는 실로 어마어마하다. 꿈을 스승 삼아 뚜렷한 목적의식을 가지고 자기 자신을 갈고닦은 사람은 결국 누군가의 꿈을 키우는 스승이 된다.

사람들은 모두 '나'라는 '숙제'를 가지고 태어난다. 나는 어떤 사람일까, 나는 뭘 좋아할까, 나는 어떤 가치를 실현하고 싶을까 등 누구나 자기 자신에 대해 본능적으로 궁금해한다. 그러나 사람마다 숙제를 대하는 태도는 제각각이다. 누군가는 자신의 문제를 푸는 것도 모자라 남의 것까지 대신 풀어준다. 반면에 누군가는 자기 숙제조차 제대로 풀지 못하면서 남이 문제를 잘 푸나 못 푸나만 감시한다. 평생 누군가의 꿈을 지켜보는 구경꾼으로 남는 것이다. 결국 꿈은 내 숙제를 가장 낮은 곳에서 성실하고 고독하게 풀어가는 사람만 얻을 수 있다.

세상은 우리에게 쉴 새 없이 말한다.

"꿈을 이루고 싶어? 성공한 저 사람들을 봐. 스티브 잡스처럼, 워렌 버핏처럼, 일론 머스크처럼. 저렇게 뛰어야 해."

그러나 꿈이 트로피가 아니라 나다움이 되는 순간, 우리는 이 지긋지긋한 경쟁의 매트릭스에서 벗어날 수 있다. 꿈은 그저 내가 원하는 모양, 색깔, 속도대로 그려가는 나만의 그림이기 때문이다. 비교할 수도 없고 비교할 필요도 없는 각자의 그림. 꿈을 이뤄간다는 것은 '나다움'이라는 자기만의 그림을 완성해가는 일이다.

인생이라는 길 위에서
자기만의 그림을 완성해가는 일,
그것을 우리는 꿈이라 부른다.

꿈이란 성공이 아니라 성장이다.
목적지가 아니라 길 그 자체다.
내가 이렇게 살고 싶다는 방향성이며,
나를 이해하고 사랑하는 과정이다.

결핍이 가리키는 방향으로 가라

 꿈이 '나다움'이라면 나다움을 만드는 데 구체적으로 어떤 재료가 필요할까? 나는 첫 번째 재료가 '결핍'이라고 생각한다. 결핍이란 쉽게 말해 '현재의 나'와 '희망하는 나' 사이의 간극이다. 그 간극이 클수록 개인이 느끼는 결핍은 커진다. 결핍은 바깥에서 들어오는 외부적 결핍과 스스로 만들어내는 내부적 결핍으로 나뉜다. 이 중에서 고난과 위기로 표현되는 외부적 결핍은 더 막강한 힘을 가진다.
 꿈을 꾼다는 것은 어제와 다른 오늘을 살겠다는 결단이다. 수십 년간 살아온 관성의 법칙을 깨야 하기 때문에 웬만한 힘으로는 어림도 없다. 익숙함과 편안함으로 무장한 일상을 부수려면 엄청나게 강한 동기가 필요하다. 그래서인지 일찍부터 꿈에 다가가기 위해 노력한 사람들은 하나같이 인생의 초반부인 10~20대에 고생을 많이 한다.

그중 가장 흔한 것이 '청소년기에 아버지 사업 망하기'다. 이 사건으로 철모르던 그들은 한순간에 소녀 가장, 소년 가장이 되거나 거리로 나앉으며 부족함을 절실히 깨닫는다. 이처럼 결핍을 '세게' 겪으면 부족함을 인지하는 결핍 센서가 활성화되면서 생전 안 쓰던 에너지를 쓰게 된다. 누군가에게 먼저 다가가는 용기, 아닌 것은 아니라고 말하는 배짱, 죽기 살기로 일단 뛰어드는 도전…. 게다가 결핍의 상황에서는 선택의 폭이 극도로 제한되기 때문에 한 우물만 파는 끈기도 저절로 생긴다. 그야말로 결핍은 꿈에 필요한 다양한 재료를 만들어내는 원천 에너지인 셈이다.

결핍이 자산임을 일찍 깨달은 사람들

가끔 웬만큼 산다는 부모들을 만나며 꼭 빠지지 않는 얘기가 있다.

"요즘 애들은 고생을 안 해봐서 그런지 아무 생각이 없어. 보고 있으면 속이 터진다니까."

아이러니하게도 요즘 부자들이 자식들에게 가장 부족하다고 느끼는 게 바로 '결핍'이다. 모자람 없이 키우다 보니 절실함이 없다는 것이다. 그래서 생각 있는 부자들은 함부로 '군 면제'를 시도하지 않는다. 어떤 재벌들은 좀 더 조직적이다. 그들은 인생을 살아나가는 데 있어서 결핍이 얼마나 중요한 자산인지 잘 안다. 그래서 일부러 없는 결핍을 만들어서라도 준다.

동원그룹을 창업해 세계적인 원양기업으로 키워낸 김재철 명예회장은 아들 김남구 회장을 입사시키기 전 6개월 동안 참치잡이 배에 태웠다. 통신업체 에릭슨이나 가전업체 일렉트로룩스 등 스웨덴의 굵직굵직한 대기업을 소유한 발렌베리 가문은 지주회사의 최고경영자를 뽑을 때 '부모 도움 없이 혼자 해외 유학을 다녀올 것', '해군 장교 복무를 마칠 것'이라는 엄격한 기준을 적용한다.

미국 '포브스' 지의 조사에 따르면 미국의 100대 부자 가운데 자수성가한 사람의 비율은 무려 91퍼센트가 넘는다. 부모가 물려준 돈이 아니라 스스로의 힘으로 일어난 사람들이다. 내 주변을 살펴봐도 자수성가한 사람들은 하나같이 어릴 때 집안 형편이 썩 좋지 않았다. 무슨 공식(?)처럼 한 집 건너 하나씩 아버지가 사업에 실패했다. 유복했던 집이 한순간에 풍비박산 나 빚더미에 올라앉은 경우가 허다하다. 왜일까? 도대체 어떤 비밀이 숨겨져 있기에 꿈을 이룬 사람들은 하나같이 결핍의 가치에 대해 칭송하는 것일까?

*

나를 포기할 것인가, 살릴 것인가

앞서 말한 것처럼 결핍이란 현재의 나와 희망하는 나의 차이다. 그 간극이 크면 클수록 개인이 느끼는 결핍의 강도는 세진다. 때로는 좌절과 열등감으로 표출되기도 한다. 물론 결핍의 종류는 사람마다 천차만별이다. 가장 많은 사람들이 느끼는 결핍은 돈이다. 또 누군가는 권력에서, 누군가는 재능에서 결핍을 느낀다.

결핍에는 두 가지 종류가 있다. 바깥에서 들어오는 외부적 결핍과 스스로 만들어내는 내부적 결핍이다. 대표적인 외부적 결핍이 고난이다. 사업이 부도를 맞거나 회사에서 해고되거나 사고를 당하는 등 내 의지와 상관없이 갑작스럽게 벌어지는 일이다. 어제까지 당연하게 여겼던 것들이 순식간에 사라지는 악몽을 경험한다.

고난에 처했을 때 많은 사람들이 좌절에 빠진다. 사업에 실패했다는 이유로 평생 술주정뱅이가 되거나 가족에게 분풀이를 하는 사람들도 있다. 그런 배짱도 없는 사람은 우울증에 걸려 자포자기 상태로 스스로를 고립시키기도 한다. 이들은 하나같이 말한다.

"누구나 나 같은 상황이 되면 이렇게 될 수밖에 없을 거야. 나한테는 선택의 여지가 없었어."

그러나 모든 것을 잃은 상황에서도 단 한 가지의 선택은 남아 있다. '나를 포기할 것인가, 살릴 것인가.' 아무리 벼랑 끝에 내몰렸다 해도 우리에게는 마지막 카드가 남아 있다. '이대로 바닥으로 굴러떨어질 것인가, 아니면 죽기 살기로 뚫고 나갈 것인가.'

결핍의 첫 번째 비밀이 바로 여기에 있다. 사람은 여간해서는 삶의 방식을 바꾸지 않는다. 어제 살던 대로 오늘도 살게 돼 있다. 그런데 예기치 못한 고난이라는 것은 외부에서 가해지는 엄청난 충격이다. 이 충격이 그동안의 관성을 깨부수고 삶을 뒤흔든다. 여기서 살아남아야겠다고 결심하는 순간, 결핍 센서가 작동하기 시작한다.

사람이 부족한 것을 채우려면 그전에 반드시 그것을 인지해야 한다. 배가 고프다고 느껴야 밥을 먹고, 소변이 마렵다고 느껴야 화장실에 간다. 결핍도 마찬가지다. 사람은 결핍을 느껴야 그것을 채우기 위해 노력하기 시작한다. 부족한 게 없으면 결핍 센서가 제대로 작동하지 않는다. 그러나 일찌감치 고난을 만난 사람들은 나이와 상관없이 고도의 결핍 센서가 작동한다. 강도가 높은 결핍일수록 내 안에 존재하는 강력한 능력 상자들이 열린다. 평소에는 거의 쓸 일이 없었던 도전과 용기 같은 것 말이다. 그러면서 삶의 방향이 바뀌기 시작한다.

*

고난과 역경과 가난이 당신을 키운다

결핍 센서가 가진 놀라운 점은 진화가 가능하다는 것이다. 외부적인 결핍으로 결핍 센서가 한번 제대로 활성화되면 그다음부터는 내부적 결핍도 에너지로 활용할 줄 알게 된다. 밖에서 오는 고난이 없어도, 누가 시키지 않아도, 스스로 결핍을 만들어 뛰게 되는 것이다.

'내 이름을 걸고 하는 일인데 만족스럽지 않아. 완성도를 더 높여야겠어'라든가 '남들이 그만하면 됐다고 말해도 내 눈에는 부족해. 조금만 더 연습하자'처럼 결핍을 에너지로 달리는 것이 습관화된 사람은 어제 뛰었던 힘으로 오늘도 뛴다. 또한 결핍으로 뭔가를 이뤄본 사람은 몰입하면 할수록 얼마나 많은 것을 이룰 수 있는지 정확히 안다. 결핍을 에너지로 바꿔 쓰는 데 달인이 되었기 때문이다.

그러나 고난과 역경 없이 처음부터 내부적 결핍을 에너지로 쓰는 것은 쉽지 않다. 결핍을 느끼는 강도와 지속 가능한 시간에서 확연히 차이가 나기 때문이다. 예컨대 영어를 잘하는 사람을 보면서 느낀 내부적 결핍은 작심삼일에 그칠 가능성이 높다. 성공한 사람의 강연을 보면서 느꼈던 열등감도 며칠만 지나면 사라진다. 그러나 당장 영어를 안 하면 생존에 위협을 받는 절박한 상황이라면? 무조건 뛰게 돼 있다.

꿈은 '강한 동기'가 필요하다. 강한 동기만이 쳇바퀴 돌듯 살아왔던 삶의 관성을 깰 수 있다. 벼랑 끝에 몰려야 꿈에 도전할 수 있다. 작심삼일에 그치지 않으려면 딴 데 한눈팔지 말고 내 꿈 하나만 붙잡고 오랫동안 달려야 한다. 결핍이야말로 꿈을 만들고 실행시키는 가장 원초적인 에너지, 꿈의 밥이다. 그래서 결핍이 없는 자는 제 영혼이 허기져 있다는 사실조차 모른 채 굶주려 죽어간다.

그래서 나는 '개천에서 용난다'라는 말이야말로 동서고금의 진리라고 믿는다. 꿈이라는 것은 참으로 오묘해서 가진 게 많을수록 꿈의 원동력은 떨어진다. 반면에 못 가진 자일수록 꿈을 먹일 밥은 풍족하다. 어떤가? 이만하면 해볼 만한 싸움이 아닌가? 포기하지만 않는다면, 고난 앞에서 나를 버리지만 않는다면, 오래 버틸수록 유리한 것은 오히려 결핍한 자들이다.

꿈을 만들려면 지금 당신의 결핍 센서가 제대로 작동하고 있는지부터 확인해야 한다. 아직 활성화되지 않았다면 스스로에게 결핍 센서가 작동할 수 있는 환경을 만들어줘야 한다. 어느 정도의 외부적 결핍을 자발적으로 세팅할 수도 있고, 결핍을 느끼게 해줄 만한 사람들을 많이 만나는 것도 방법이다. 이렇다 할 외부적 고난이 없는 사람은 어떻게 자신의 내부적 결핍을 찾아서 꺼내 쓸 수 있을까? 내부적 결핍은 '지금 나에게 가장 부족하다고 느끼는 것은 무엇인가?'라는 질문 속에 숨어 있다.

나는 20대 때 피아노 학원을 경영하면서 강렬한 결핍 한 가지를 느꼈다. 바로 스승으로서의 자존감이었다. 수개월 혹은 수년 동안 열심히 가르쳐서 이제야 피아노를 좀 치게 된 녀석들이 이런 말을 휙 던지고 사라졌다. "엄마가 오늘부터 학원 끊으래요." 학부모들은 찾아오는 건 고사하고 전화 한 통 없었다. 그 아이에게 나는 스승이 아니라 아무 때나 잘라낼 수 있는 학원 선생일 뿐이었다. 그때마다 나는 자존감이 와르르 무너져 내렸고 참을 수 없이 화가 나고 속이 상했다. 그런데 신기하게도 그것이 오랫동안 누적되자 내 꿈을 만드는 양질의 재료가 됐다. 자존감이라는 결핍을 채우기 위해 강사라는 꿈을 만들었으니까.

당장 꿈의 방향을 잡기 힘들다면 먼저 내 안의 결핍부터 찾아보자. 오랜 시간 당신을 괴롭혔던 결핍, 그것이야말로 가장 소중한 꿈의 원동력이니까.

새벽 4시 30분의 힘이
꿈을 키운다

나는 평생 꿈이라는 것은 상상 속에서 이루는 것이 아니라 몸으로 이뤄야 한다고 믿으며 살아왔다. 아무리 꿈의 자원이 풍부하다 해도 꿈을 현실로 만들려면 '실행력'이 반드시 따라와야 한다. 모든 꿈은 현실 속에서 도전하고, 부딪히고, 발로 뛰어야만 실체가 드러난다.

휘발유가 아무리 많아도 엔진이 없으면 차가 달릴 수 없듯이, 결핍이라는 에너지원으로 꿈을 현실로 만들려면 실행력이라는 엔진이 반드시 필요하다. 그런데 실행력이라는 것은 꿈을 이루는 데만 필요한 게 아니다. 꿈을 만들고 발견하는 단계에서도 가장 중요하고 필수적인 자원이다.

국내 최대 규모의 PR 회사, 프레인글로벌의 창업자 여준영 대표는 실행력으로는 국가대표 급이다. 단돈 2천만 원으로 창립한 프레인은 현재 850억 매출의 업계 1위 PR 기업이다. 여준영 대표는 22년 동안 여덟 개 사업을 연쇄적으로 창업했고 부업만도 열 가지가 넘는다. 스티키몬스터라는 캐릭터 콘텐츠 사업도 하고, 연예 매니지먼트 회사도 운영하며, 직원들을 위한 수트와 구두를 직접 만들기도 한다. 개업한 식당도 성업 중이고, 와인과 영화도 수입한다. 그야말로 생각으로 돈을 버는 데 도가 트인 사람이다. 도대체 그 많은 아이디어를 어디서 얻느냐고 물어봤더니 그의 대답이 걸작이다.

"좋은 생각은 앉아서 억지로 쥐어짜는 게 아니라 뛰다 보면 저절로 나오는 경우가 대부분입니다. 좋은 아이디어가 생각날 수 있는 일부터 먼저 벌이는 것이 중요하다는 얘기죠. 얼마 전에 일본에 갔는데 거리를 걷는 내내 정신없이 아이디어가 생각나더군요. 걸으면서 보이는 식당 간판과 광고물들, 영화 포스터, 디스플레이된 캐릭터, 들리는 음악까지 제가 하는 일이랑 관련 없는 게 하나도 없으니까요."

좋은 생각이 실행을 만드는 게 아니라, 실행이 좋은 생각을 만든다는 대답이 참 그답다. 꿈도 마찬가지다. 좋은 꿈이 실행을 만드는 게 아니라 실행이 좋은 꿈을 만든다. 만일 '지금은 내가 이렇게 빈둥대고 있지만 두고 봐, 꿈만 생기면 누가 말려도 정말 열심히 뛸 테니까' 하고 생각하고 있다면? 그런 일은 어지간해서는 벌어지지 않는다. 실행력이 없으면, 꿈을 이루는 것은 고사하고 꿈을 만들기조차 어렵다. 사람은 어제 뛰었던 힘으로 오늘을 뛰기 때문이다.

새벽 4시 30분의 염원

많은 사람들이 내게 어떻게 피아노 학원을 경영하다가 강사가 됐느냐고 묻는다. 지금 생각해보니 결정적인 원동력은 실행력에 있었다. 내 인생 첫 강의는 고작 스물일곱의 나이로 200명 원생을 모은 피아노 학원 운영 사례를 학원 원장 세미나에서 발표한 거였다. 나는 이 강의에서 별다른 비법이랄 것도 없는 솔직한 이야기를 털어놓았다. 굳이 이름을 붙이자면 '새벽 4시 30분의 비밀'이다.

사실 이건 원래 엄마의 비법이었다. 엄마는 살면서 뭔가 어려운 일이 생길 때면 늘 새벽 4시 30분에 일어나서 새벽 기도를 올렸다. 내가 고3일 때도 엄마는 늘 새벽 4시 30분에 일어나 기도를 했다. 하루도 빠짐없이, 비가 오나 눈이 오나 엄마의 기도는 계속됐다.

'하나님, 우리 미경이가 죽어도 연세대에 가겠다네요. 1등 말고 꼴찌로 붙여주세요.'

나중에 엄마에게 왜 꼴찌로 붙여달라고 기도했느냐고 물어봤더니 대답이 기막혔다.

"그래야 하나님이 붙여주는 겨. 교만하게 기도하면 안 들어주셔. 딴 사람들은 다 1등으로 붙여달랠 거 아녀? 그래서 난 특이한 기도를 드린 거지."

난 엄마의 영특하게 포장된 '기도발'로 대학에 들어갔다. 새벽 4시 30분의 강력한 염원 덕이다. 그래서 내게는 '살다가 안 풀리는 문제가 있으면 무조건 새벽 4시 30분에 일어나라. 그러면 다 해결된다'는 막연한 믿음이 있었다. 그걸 처음 적용해본 게 바로 피아노 학원이었다.

어린 나이에 대출까지 얻어 차린 피아노 학원은 내게 공포 그 자체였다. 마흔 넘은 학원 버스 운전기사 아저씨를 다루는 것도, 깐깐한 건물주를 상대하는 것도 무척 버거운 일이었다. 나보다 열 살 많은 엄마들, 내 자식이 최고라고 믿는 엄마들을 상담하는 것 역시 쉬운 일이 아니었다. 월세며 대출이자가 나가는 날에는 아예 잠을 못 잤다. 너무 어린 나이에 사장이 된 것이다.

당시 내가 할 수 있었던 일은 새벽 4시 30분에 어김없이 학원으로 나가는 것밖에 없었다. 깜깜한 학원에서 스탠드 불을 밝히고 가만히 앉아 원생들 출석 카드를 뚫어지게 보고 있자면 불현듯 머릿속에서 신의 계시(?)가 들렸다. '얘 오늘 학원 끊~는~다~.' 한마디로 직관과 통찰의 음성이다. 그런 음성을 들으면 나는 그날로 즉시 그 학생과 어머니를 학원으로 오라고 해서 '폭풍 서비스'를 한다. 아이에게 특별 레슨을 해주고, 2시간이고 3시간이고 다과를 대접하며 어머니 얘기를 미주알고주알 다 들어준다. 그러면 결과는 백전백승! 학원 문을 열고 나갈 때쯤이면 엄마는 아이의 등짝을 찰싹 때리며 이렇게 말한다.

"앞으로 선생님 말씀 잘 듣고 피아노 열심히 배워!"

이런 솔직한 얘기로 사례 발표를 하자 주변에서 강연을 더 해달라는 요청이 들어왔다. 그러면서 점차 내 마음속에 강사의 꿈이 싹트기 시작했다. 하지만 내가 강사가 되고 싶다고 말했을 때 주위 사람들은 약속이라도 한 듯이 두 팔을 걷어붙이고 말렸다. 그러나 난 분명히 할 수 있을 것 같았다. 피아노 학원처럼 하면 될 것이라는 확신이 있었기 때문이다. 나는 나의 실행력에 대한 무한한 신뢰가 있었다.

'나는 뭐든지 하면 미친 사람처럼 몰입해서 해. 그러니까 이것도 학원처럼 4시 30분에 일어나서 공부하고 노력하면 무조건 성과가 있을 거야.'

새벽 4시 30분은 강력한 염원의 시간이다. 그 시간에는 목사, 스님, 귀신, 그러니까 진짜 귀신이거나 귀신과 비슷한 사람만 깨어 있다. 보통 사람은 깨어 있기 힘든 시간이라는 말이다. 뭔가 이루고 싶은 절박한 것이 없는 사람은 절대 4시 30분에 눈이 번쩍 떠지지 않는다. 그것도 규칙적으로 매일 말이다. 그렇게 매일 새벽에 일어나는 나 자신을, 나는 낮에도 밤에도 믿을 수 있게 됐다.

그렇게 나는 '새벽 4시 30분의 힘'을 믿고 강사의 길에 뛰어들었다. 지금도 나는 가끔 이런 생각을 한다. 내가 만약 학원 경영을 통해 내 실행력에 대해 검증하고 신뢰할 기회가 없었다면, 아니 실제로 내 실행력이 부실하고 모자랐다면 '강사라는 일에 뛰어들자'라는 전략적인 기획을 할 수 있었을까? 분명 못 했을 것이다. 혹여 누군가 해보라고 권유했더라도 오히려 질겁했을 일이다. 그렇게 많은 사람들이 꿈을 만들 기회를 놓쳐버린다.

해보지 않으면 나다움을 알 수 없다

사실 우리가 경험하는 일상의 모든 것은 기회가 될 수 있다. 같은 상황을 맞아도 어떤 사람에게는 지나가는 일상이고, 어떤 사람에게는 기다려왔던 기회가 된다. 중요한 것은 실행력의 데이터다. 뭔가 해낸 데이터가 많은 사람은 사소한 일상에서 기회를 쉽게 발견한다. 때로 그것은 꿈이 될 수도 있다. 어쩌면 기회는 오는 것이 아니라, 우리 곁에 늘 있는 것인지도 모른다. 다만 실행력이 부족한 사람은 그것을 볼 수 있는 눈이 없고, 가까이 다가와도 무심하게 흘려보낼 뿐이다.

꿈의 방향을 결정하는 '나다움' 역시 실행력이라는 기준이 있어야만 분명히 판단할 수 있다. 실행력으로 데이터를 쌓지 않은 나다움은 검증되지 않은 나다움이다. 사람은 누구나 머릿속에 자신의 재능과 적성, 가치관에 대한 나름의 판단 기준을 가지고 있다. 그러나 막상 현실에서 부딪쳐보면 자신의 판단과 다른 경우가 많다. 대인관계가 원만해 영업이 적성에 맞을 거라고 생각했는데 막상 해보니 영 아닐 수 있다. 피아노에 재능이 있다고 생각해 배웠는데 해보니 피아니스트가 될 정도의 재능이 아닌 경우도 허다하다. 아픈 할머니를 잘 모셔서 사회복지사가 됐더니 다른 집 할머니들 모시는 건 영 힘들고 싫을 수도 있다.

'이것이 진짜 나다운 일인지 아닌지'를 확인하려면 방법은 오직 하나. 직접 경험해보는 수밖에 없다. 실행 데이터를 하나하나 쌓아가면서 나에게 맞는 것과 아닌 것을 골라내는 것 외에는 방법이 없다. 나 역시 강사가 나다운 일이라는 것을 알게 된 것은 일단 강의에 도전했기 때문이다.

아직도 꿈 찾기가 막막하다면 이것저것 경험해보면서 틀린 답을 지워나가는 것이 좋다. '이 일은 내 적성이 아니구나.' '이 일은 내 가치관에 맞지 않는구나.' 많이 지우면 지울수록 서서히 내 꿈의 실체가 명징하게 드러난다. 반면에 실행력이 받쳐주지 않으면 막연히 좋아하고 잘할 수 있을 것 같은 일에 대한 로망(?)만이 미련으로 남아 평생 괴로울 수도 있다. 꿈에 대한 다양한 변수를 없애고 하나를 선택해 '올인'하는 것도 결국 실행력이 있어야 가능하다는 얘기다.

우리는 가끔 술자리에서 남들의 성공에 대해 이러쿵저러쿵 쉽게 말한다. 나도 똑같은 아이디어를 생각했는데 먼저 치고 나가는 바람에 놓쳤다는 식으로. 그러나 모든 꿈의 주인은 그것을 떠올린 자가 아니다. 직접 발로 뛰며 내 것으로 만드는 자다.

실행력을 높이는 것도 전략이 필요하다. 특히 실행력의 초보들은 자신과의 싸움에서 실패 데이터가 아닌 성공 데이터를 많이 쌓는 것이 절대적으로 중요하다. 실패한 데이터는 많으면 많을수록 위험하다. 꿈의 뒷다리를 붙잡기 때문이다. 나 자신과의 약속을 지키지 못했다는 자괴감은 꿈을 죽이는 독이 된다.

그래서 처음부터 원대한 목표를 세우기보다는 스스로에게 단기 목표를 주는 것이 좋다. 수개월 혹은 수년 걸리는 장기 프로젝트가 아니라 일주일 혹은 보름 단위로 뚜렷한 결과가 나오는 도전 과제를 주는 것이다. 일주일 동안 새벽 6시에 일어나기, 일주일 동안 매일 30분씩 달리기 등 나 자신과 약속한 작은 목표부터 성실히 지켜나가는 것이 중요하다.

그렇게 해서 어느 정도 자신감을 회복하고 실행력을 축적했다면 난이도를 좀 더 높여도 좋다. 경험 중에서도 고급 경험은 '문제 해결' 경험이다. 나에게 벌어진 여러 가지 문제들, 예를 들면 대출받은 돈, 난이도가 높은 업무 프로젝트, 배우다가 실패한 중국어 등 문제 해결이 필요한 일들에 도전해보는 것이다.

많은 사람들이 '실행'은 굉장히 지루하고 재미없는 과정이라고 생각한다. 물론 그런 경우가 많은 건 사실이다. 하지만 나만의 창의적인 생각과 노력이 들어가면 문제 해결도 다르게 해볼 수 있다. 남보다 한 시간 더 하는 것, 한 페이지 더 써내는 것, 남들이 찾지 않는 것을 찾는 것 등 남과 다른 것을 해내야 실행력에 자신감이 생긴다. 다른 사람이 한 만큼만 하면 안도감이 생길 뿐, 자신감이 커지지는 않는다. 0.1퍼센트라도 남과 다른 노력이 추가되어야만 그것이 모였을 때 남보다 더 많은 데이터, 더 양질의 데이터를 쌓을 수 있다. 그리고 결국 그 데이터를 재료 삼아 가장 나다운 꿈을 만들 수 있다.

실행은 꿈의 기초 체력이다. 결핍이라는 밥을 아무리 많이 먹어도 체력이 저질이면 아무 소용 없다. 나다움이 앞에서 방향을 알려줘도 체력이 없으면 중간에 쓰러진다. 게다가 체력이 아예 바닥나면 방향 감각을 잃고 계속 같은 자리만 빙빙 돈다. 반면에 체력이 좋으면 밥을 조금 먹어도, 혹은 방향감각이 남보다 둔해 멀리 돌아가더라도 기어이 꿈을 향해 끝까지 갈 수 있다. 그렇게 보자면 실행력이야말로 꿈을 현실로 만드는 '거의 모든 것'이라고 해도 과언이 아니다. 꿈은 똑똑한 머리가 아닌 성실한 두 발로 키워나가는 것이기 때문이다.

인생 최고의 스승을 만나라

나는 한 달에도 수십 통씩 DM을 받는다. 예전에는 이메일로 그렇게 오더니 요즘엔 메일보다는 DM 양이 많아졌다. 그렇게 받아온 게 스무 해 정도 되었으니 대충 세어봐도 지금까지 수천 통 넘는 연락을 받아온 셈이다. 지금껏 받은 연락들을 다 모아보니 보내는 사람은 제각각인데 신기하게도 내용은 비슷했다. 이른바 '멘토 신청서'다.

'MKTV를 보고 무척 감동을 받았고 강사님 덕분에 꿈을 갖게 됐습니다. 제 꿈을 이룰 수 있도록 멘토가 돼주세요.'

얼마 전에는 30대 후반의 여성이 회사로 찾아와 대뜸 나에게 "멘토가 돼달라"고 말했다. 그러면서 자신이 지금껏 얼마나 많은 유명인들을 만났고, 어떻게 그들이 자신의 멘토가 되었는지를 구구절절 설명하기 시작했다. 거기까지는 참고 들어줄 만했다. 그런데 그녀의 마지

막 말이 내 성질을 확 돋웠다.

"성공한 분들을 많이 만났지만 아직까지 저한테 딱 맞는 멘토는 없었어요. 그런데 선생님이야말로 제가 찾던 멘토이신 것 같아서요. 저에 대한 조언 좀 부탁드릴게요."

그녀는 전형적인 '멘토 수집가'이자 '꿈의 약골'이었다. 멘토만 잘 고르면 그가 내 꿈의 길을 조목조목 알려줄 거라고? 이건 마치 손 안 대고 코를 풀겠다는 심보다.

∗

멘토는 꿈의 과외 선생?

내가 '멘토'에 허탈해하는 이유가 이 때문이다. 왜 멘토를 '꿈의 과외 선생'으로 취급하는지 모르겠다. 중고등학교 때처럼 꿈도 족집게 과외를 해달라는 식이 아닌가? 그런데 아무리 유능한 족집게 과외 선생이라도, 최소한 학생이 스스로 뭐가 문제인지를 파악해야 할 것 아닌가. 삼각함수를 못하는지, 미적분을 못하는지, 계산 능력이 떨어지는 건지, 아니면 수학 자체가 싫은 건지.

기본적으로 자신의 문제를 알고, 그 문제에 대해 나름대로 치열하게 고민했지만 정말로 안 풀려서 나를 찾아왔다면 오케이. 나도 그 진심과 정성을 인정할 수 있다. 그런데 그녀는 바쁜 나를 앉혀두고 다짜고짜 조언을 해달란다. 문제까지 찾아서 분석해달라는 식이다.

솔직히 이럴 땐 정말 화가 나고 어이가 없다. 적지 않은 사람들이 꿈을 '프리패스'로 생각한다. 꿈이라고 말하면 다 되는 줄 안다. '내가 이루고 싶은 숭고한 꿈이 있다는데, 당신이 기꺼이 도와줘야 되는 거 아니야?' 이럴 때 꿈은 거의 기부 활동이나 공익 활동과 동격이다. 기부를 안 하면 나쁜 사람이 되는 것처럼, 멘토가 되어주지 않아도 나쁜 사람이 된다. 그래도 나는 나쁜 사람으로 남기로 했다.

"당신의 꿈이 꼭 이루어지길 바라고 응원할게요. 하지만 나는 멘토가 되지는 못할 것 같아요. 그 대신 이 얘기는 잘 생각해봤으면 좋겠어요. 앞으로는 멘토 찾아다닐 시간에 자신과 대화를 좀 더 해보세요."

그녀는 충격을 받은 듯한 얼굴로 돌아갔다. 그러나 그것이 내가 해줄 수 있는 최선의 멘토링이었다. 그녀는 멘토를 '수집'하느라 정작 자기 자신에게 집중하지 않고 있었다. 게다가 멘토마다 해주는 조언이 조금씩 다르다 보니 어떻게 해야 할지 혼란스러워했다. 진짜 멘토링을 받을 준비가 아예 안 돼 있었던 것이다.

*

나다운 꿈이 아니면 평생 '짝퉁' 소리만 듣는다

꿈은 목소리와 같다. 세상에는 수많은 사람들이 살고 있지만 나와 100퍼센트 똑같은 목소리는 없다. 비슷할 수는 있지만 혹은 성대모사로 어느 정도 따라 할 수는 있지만, 완전히 똑같은 소리는 없다. 왜일까? 사람마다 몸의 생김새가 천차만별이기 때문이다. 간, 심장, 폐 등 몸속 장기의 크기도 다르고, 성대의 모양도 제각각이다. 하나의 소리가 나오기까지 수많은 변수의 영향을 받는 것이다.

  꿈도 마찬가지다. 우리의 몸이 제각각인 것처럼 꿈을 만드는 각자의 재료 역시 천차만별이다. 자라온 환경, 성격, 기질, 재능, 경험, 가치관 등 수많은 변수가 조합되어 하나의 꿈이 만들어진다. 성공한 사람들의 꿈은 가장 그다운, 또한 그에게 최적화된 꿈이다. 이런 까닭에 이 세상에 같은 꿈은 없다. 디자이너, 가수, CEO 등 직업이나 사회적 역할만 따지면 비슷해 보일 수 있다. 그러나 자세히 들여다보면 각자 다른 자신만의 장르, 콘텐츠, 색깔, 히스토리를 갖고 있다. 똑같은 가수라도 '유희열처럼 되고 싶다'와 '싸이처럼 되고 싶다'는 전혀 다른 얘기다.

  그러나 꿈의 초보자들은 이를 구분하지 못하고, 겉으로 드러난 직업이 그를 빛나게 해준다고 착각한다. 그래서 너무도 쉽게 "내 꿈은 바로 저거야!"라고 단정 짓는다. 이는 누군가의 목소리를 부러워하고 모창하려 애쓰는 것과 똑같다. 내가 본래 가지고 있던 목소리가 어떤 소리를 낼 수 있는지 테스트도 제대로 하지 않은 채 말이다. 그러나 분명한 사실은 그의 목소리를 100퍼센트 똑같이 흉내 낼 수는 없다는 것이다. 비슷하게 따라 할 수 있을지는 모르지만, 모창은 절대 오리지널을 넘어설 수 없다. 평생 누군가의 '짝퉁' 소리를 들어야 한다.

  나는 강사 일을 처음 시작할 때 누구처럼 돼야겠다는 롤모델이 전혀 없었다. 그저 시간당 3만 원 받는 강사에서 시간당 5만 원, 10만 원 받는 강사가 되기 위해 열심히 뛰었을 뿐이다. 나다운 적극성으로 강의 때마다 청중을 미리 인터뷰하고, 나다운 열정으로 매일 공부하고 연습했다. 또한 나다운 분별로 당시 여성 차별 색채가 강했던, 커피 잘 타기, 미소 잘 짓기 위주의 직업 교육을 거부하고 여성 리더십 강의를 만들었다. 그렇게 하루에 0.1센티씩 자라서 마침내 지금의 나를 만들 수 있었다.

그러니 꿈을 만들 때 처음부터 화려한 꿈의 롤모델이나 멘토를 설정하는 것은 무의미한 일이 될 수도 있다. 나다움을 찾아 하루에 0.1센티씩 꿈을 키워가다 보면 어느 순간 처음과는 완전히 다른 방향으로 가고 있는 나를 발견하는 경우도 있기 때문이다.

멘토에 열광하는 이들은 무의식적으로 이 모든 과정을 최대한 단축시키고 싶어 한다. 멘토의 족집게 과외를 통해 꿈으로 가는 최단 거리, 직선 도로를 찾으려는 것이다. 내 힘으로 하루에 0.1센티 자라는 것보다는 누군가의 도움으로 1미터씩 점프하길 원한다. 그러나 부모라면 모를까, 그렇게 일일이 인생 기출문제를 대신 풀어줄 과외 선생은 어디에도 없다. 만약 그런 사람이 있다면 문제는 더 심각해진다. 과외 선생이 없어지고 나면, 나머지 인생 문제들은 무서워서 어떻게 혼자 풀겠는가.

'꿈은 내가 내 힘으로 만들어가는 내 작품이다.'

이와 같은 분명한 '꿈의 주체성'이 없다면 멘토는 차라리 없느니만 못하다. 오히려 불안을 키우고 헷갈리게 만들 뿐이다. 스스로 준비되지 않으면 누굴 만나도 그를 스승으로 삼을 수 없다. 누구나 인생의 커다란 문제에 봉착하면 아무것도 아닌 드라마에 눈물이 난다. 목사님이 지나가듯 던진 말에도 눈이 번쩍 떠진다. 자기 문제에 대해 분명하고도 절실한 이해가 있어야만 세상만사 모든 것으로부터 깨닫고 배울 수 있다. 그것이 바로 지혜다.

멘토는 '지식'이 많은 사람이 아니라 '지혜'가 많은 사람이다. 사람들이 멘토에 열광하는 이유 또한 지식이 아닌 지혜를 얻기 위해서다. 그러나 지혜는 지식과 달리 전수가 불가능하다. 지혜는 혹독한 실패의 눈물과 열정적인 실천의 땀이 농축된 한 방울의 '엑기스'이기 때문이다. 결코 한두 시간의 멘토링으로 가르쳐줄 수 있는 게 아니다. 오직 몸으로 정직하게 깨져본 자만이 구할 수 있는 게 지혜다.

내 꿈을 만들고 오랫동안 관리하려면 지혜를 스스로 구하는 '셀프 멘토링 시스템'이 있어야 한다. 내가 나 자신의 스승이 되는 것이다. 과정은 만만치 않지만 누구나 연습하면 스스로 멘토가 될 수 있다. 내 꿈의 방향과 목표를 가장 잘 알고 있는 나 자신이 멘토가 된다면 얼마나 효과적인 멘토링이 가능해질까? 꿈을 이룬 모든 이들의 주변에 좋은 멘토가 있었던 것은 아니다. 다만 그 스스로 멘토가 됐을 뿐이다. 100명의 멘토보다 내 안의 스승 한 명을 만나는 것이 더 소중하다. 내가 죽을 때까지 믿고 의지할 스승은 내 안의 스승, 내 꿈뿐이기 때문이다.

*

내 꿈의 목소리를 들어라

국내 최대의 PR회사 프레인글로벌의 여준영 대표가 이런 글을 올린 적이 있다.

인생은 길고 우리는 모두 작은 티스푼을 하나씩 들고 있다. 그 티스푼으로 물을 퍼서 커다란 수조로 옮기게 되어 있다. 남들이 퇴근한 다음에 내가 열 스푼 더 퍼 날랐다면 그냥 그날 좀 더 고생하고 마는 게 아니라 내 수조에 열 스푼 분량의 물이 더 들어가 있다. 수조가 워낙 넓어 당장 몇 시간 더 일해봐야 표도 안 나서 조바심이 나겠지만, 그 물은 어디로 새지 않는다. 내가 보장한다. 인생은 종량제다. 하나님이 인생을 무한대로 고생하게끔 고약하게 설계하신 게 아니라서, 지금 조금 더 한 것은 나중에 딱 그만큼 덜 하게끔 되어 있다.

이 글을 보면서 생각했다. 어쩜 이렇게 내 생각과 똑같을까. 나 역시 강의 때마다 '진짜 실력은 퇴근 후에 큰다'고 얘기해왔다. 어느 정도 꿈의 경지에 오른 '꿈의 선수'들은 놀라울 정도로 생각이 비슷하다. 꿈을 꾸는 사람들을 만나면 분야가 다르고 표현은 다를 뿐 본질적인 내용은 결국 같은 경우를 종종 발견하곤 한다. 그래서인지 나는 이들과 한두 시간 만에 친해지는 경우가 많다. 같은 유전자를 타고난 같은 종류의 인간들이니까. 이들은 다들 일에 미쳐 있다. 그것도 짧게는 십여 년, 길게는 수십 년째 지치지도 않고. 게다가 눈빛이 다들 장난이 아니다. 꿈을 얘기할 때면 눈에서 불길이 뿜어져 나오는 듯하고, 입을 열면 한마디 한마디가 명언이다. 고난을 뚫고 나온 한 줄은 장인의 경지에 이른 통찰의 언어이기 때문이다.

그런데 왜 하필 꿈이 '시키는' 일을 하는 사람일까. 꿈은 내가 만든 일종의 스승이자 또 하나의 분신이다. '가장 나답게 성장한 미래의 나'

인 셈이다. 그래서 모든 면에서 나보다 낫다. 통찰력도 더 있고, 인내심도 더 강하고, 나를 끌어갈 만한 리더십도 있다. 내 안에 꿈이 자라기 시작하면 나와 꿈은 치열하게 서로 묻고 답한다. 때론 싸우기도 하고 등 돌리기도 한다. 그러나 이기는 쪽은 언제나 내가 아니라 꿈이다. 꿈이 시키는 대로 하면 잘못될 일이 없으니까. 그래서 하기 싫어도 꿈이 명령하면 무조건 하는 것이다.

평범했던 사람이 꿈을 만나는 순간, 그는 다시 태어난다. 누가 시키지 않아도 꿈이라는 내 안의 스승이 새벽마다 나를 깨우는 하루를 맞게 되는 것이다.

언젠가 큰딸이 내게 물었다.

"엄마는 왜 그렇게 힘들게 살아?"

잠도 제대로 못 자고 늘 바쁘게 뛰어다니는 나를 보고 하는 소리다.

"응, 누가 시켜서…."

"누가?"

"엄마 꿈이."

딸은 할 말을 잃었는지 고개만 끄덕였다. 그런데 큰딸이 갑자기 나보다 더 바빠졌다. 전화를 해도 늘 바빠서 같이 밥 한 끼 먹을 시간조차 없단다.

"나 오늘부터 행사 때문에 지방 가야 돼. 그 뒤엔 세미나가 있고, 전시회에도 가야 해서 당분간 엄마 못 볼 거야."

"요즘 왜 그렇게 바쁘니? 잠도 제대로 못 자고… 얼굴이 그게 뭐야…."

"응, 누가 시켜서…."

"누가?"

"누구긴 누구야, 내 꿈이지."

순간, 나도 할 말을 잃었다. 동시에 떨 듯이 기뻤다. 철모르던 우리 딸이 자기 꿈이 시키는 일을 하는 기특한 인간이 됐다니 횡재도 이런 횡재가 없다. 자녀가 꿈을 가졌다는 것은 부모에겐 엄청난 횡재다. 이제 부모 도움 없이, 스스로 알아서 성장한다는 뜻이기 때문이다. 혹시라도 내게 무슨 일이 생겨 이 세상을 뜬다 하더라도 우리 딸은 무조건 잘 크게 돼 있다. 꿈이 스승이 된 이상, 부모도, 다른 스승도 더는 필요 없으니까.

꿈은
허공에 떠 있는 것이 아니다.
내 손과 발로 땀 흘리며
땅속에서 캐내는 것,
진지한 농부의 마음이 아니면
손에 넣을 수 없다.

꿈은 나를 사랑하는 최고의 방법

"사람이 행복하면 그만이지 굳이 꿈이 있어야 돼?"

가끔 내 또래 남자들과 꿈에 대해 얘기하다 보면, 절대 빠지지 않는 레퍼토리다. 그들이 말하는 행복이란 대체로 이런 것이다. 퇴근 후에 친구들과 '치맥' 한잔하기, 하루 종일 소파에 누워서 넷플릭스 보기, 지인들과 어울려 골프 치기, 가족들과 해외여행 가기 등등.

언제부터 '행복'이 '휴식'의 동의어가 됐을까. 많은 사람들이 일할 때보다 쉴 때 더 큰 행복감을 느낀다. 그들에게 행복은 자신을 괴롭히지 않는 것, 결핍과 스트레스 상황에 자신을 내몰지 않는 것, 용기를 내야 되는 상황이나 짜증 나는 상황에 처하지 않는 것이다. 그렇게 따지면 행복이라는 것은 어쩌면 '아무 일도 일어나지 않는 것'인지도 모른다.

그런 사람들은 안쓰러운 눈으로 나를 쳐다보며 이렇게 묻는다.

"주말도 없이 그렇게 24시간 뛰는데, 행복하세요?"

물론 나도 인간인지라 일주일 내내 전혀 쉴 시간이 없으면 지칠 때도 있다. 그러나 남들이 보기에 워커홀릭으로 사는 보통의 일상은 대체로 행복하다. 직원들과 다음 강의 콘텐츠를 준비할 때가 가장 재미있고, 그렇게 준비한 강의를 무대에서 신나게 할 때 나는 살아 있음을 느낀다. 내 강의를 듣고 많은 것을 느끼고 배웠다는 사람들을 만날 때면 가슴이 벅차오른다. 내가 느끼는 행복은 이런 것이다. 앉아서 느끼는 것이 아니라 뛰면서 만들어가는 것.

TV를 보거나 지인들과 술 한잔 마시는 것은 언제든지 가질 수 있는 행복이다. 별다른 노력 없이도 시간만 내면 된다. 물론 이런 행복도 나쁘지 않다. 그러나 행복도 종류와 차원이 다양하다. 땀 흘리면서 맛보는 적극적인 행복도 있다. 나에게는 후자가 훨씬 더 고차원적인 행복과 만족을 준다. 이런 종류의 행복은 꿈의 세계에 발을 들여놓은 자만이 누리는 일종의 '특권'이다. 그리고 한번 맛을 들이면 지금까지 행복이라 여겨왔던 것들과 비교조차 불가능하다. 마치 이제 막 설레는 마음으로 연애를 시작했을 때 느끼는 행복감을 그 무엇과도 비교할 수 없듯이.

✻

사랑과 닮은 폭풍 같은 열정

꿈은 여러모로 사랑과 닮았다. 첫눈에 반하는 사랑도 있고 처음엔 별로였다가 정드는 사랑도 있는 것처럼 꿈도 마찬가지다.

　가야금 명인 황병기 선생은 남녀의 사랑을 '거친 들판에서 두 마리 야수가 확 엉겨 붙는 것'이라고 표현했다. 그가 가야금을 처음 만났을 때도 그랬다. 중학교 때 우연히 듣게 된 가야금 선율에 혼이 빨려 들어가는 듯한 충격을 받았다. 그러나 이렇게 꿈과 운명적인 사랑에 빠지는 경우는 그리 흔치 않다. 총각네 야채가게의 이영석 대표도 꿈과 데면데면하게 만났다. 그나마 밑천이 제일 적게 들 것 같아서 선택한 것이 야채 행상이었다. 첫 만남은 꽤 다른 두 사람이었지만 모두 꿈을 자신의 조강지처 삼아 평생 함께 성장해왔다.

　사랑은 반드시 폭풍 같은 열정을 동반한다. 밤새도록 통화하고, 밤늦게 그 남자가 집 앞으로 오면 새벽 1시라도 달려 나간다. 옆에서 아무리 뜯어말려도 소용없다. 모든 것을 가진 사람도 사랑하는 사람을 잃으면 세상이 암흑천지다. 꿈도 똑같다. 한 설치미술가에게 물었다. 하루에 작업을 몇 시간씩이나 하느냐고. 그녀가 대답했다.

　"질문이 이상하네요. 남자와 사랑에 빠지는 데 시간을 정해놓나요? 심지어 꿈에서도 그리워하잖아요. 내게 작업은 그런 거예요."

　그래서 꿈과 사랑은 동의어다. 꿈을 가진 사람은 지금 당장 가난해도 좌절하지 않는다. 평생 사랑하고 함께할 꿈이 있기 때문이다. 동반자가 있는 것처럼 든든하고 자신감이 넘친다. 미래에 자신이 어떻게 될 것이라는 희망찬 예언으로 가득하다. 하지만 꿈이 없는 사람들은 지금 내가 살아야 할 이유, 앞으로 내가 살아가야 할 이유를 모른다. 돈이 아무리 많아도 아침에 눈 떠서 '오늘 뭘 해야 되지?' 하고 고민하는 사람들은 하나같이 우울하다.

  우리가 사랑을 하는 이유는 뭘까? 미친 듯이 사랑에 빠져들고, 사랑할 때 이전과는 차원이 다른 행복감을 느끼는 이유는 무엇일까? 그것은 바로 타인을 통해 나의 가치를 인정받기 때문이다. 내가 충분히 매력적이고, 사랑받을 만한 사람이라는 사실을 가장 강력하게 확인시켜주는 것이 바로 사랑이다. 연애할 때 남녀는 서로가 얼마나 소중한 존재인지를 늘 확인시켜준다. 로맨틱한 대화로, 정성스러운 선물로, 뜨거운 입맞춤으로. 심지어 주변 사람들이 그에 대해 키가 작다느니, 얼굴이 안 생겼다느니, 돈이 없다느니 하는 조건을 따져도 나만은 이렇게 말한다.

  "됐거든! 내 눈에는 이 남자가 현빈이고 차은우거든!"

나의 가치는 세상이 아니라 내가 정한다

꿈도 똑같다. 사람은 꿈을 통해 가치를 인정받는다. 국제사회복지사로 활동하고 있는 김해영 씨는 척추장애 때문에 키가 134센티에서 멈췄다. 태어난 지 며칠도 되지 않은 핏덩이를 아버지가 술김에 던졌기 때문이다. 그러나 이는 시작에 불과했다. 어렸을 때부터 그녀는 지독한 가난과 가정불화, 시도 때도 없는 어머니의 폭력에 시달려야 했다. "너 같은 건 태어나지 말았어야 했어!"라는 얘기를 귀에 못이 박히도록 들었다. 열다섯 살 때는 정신이 온전치 못했던 어머니가 식칼을 들고 그녀에게 달려들었다. 졸지에 가출 청소년이 되어 거리를 헤매던 그녀는 어느 한의원에 식모로 들어갔다. 그때까지만 해도 세상이 매긴 그녀의 가치는 형편없었다. 척추장애를 가진 가난하고 갈 곳 없는 어린 식모.

그러나 30년 후, 그녀는 미국 컬럼비아대학 석사 출신으로 전 세계에 희망을 나누는 국제사회복지사가 됐다. 그 길고 긴 세월 동안, 그녀를 살려내고 키워낸 것은 오직 그녀의 꿈이었다. '나도 가치 있는 인간이 되고 싶다'는 꿈이 그녀를 최고의 편물 기술자로 키웠고, 아프리카 보츠와나의 직업학교로 떠나게 했다. 그곳에서 그녀는 아이들로부터 처음으로 "예쁘다"는 찬사를 들었다. 한국에서는 수많은 편물 기술자 중 한 사람이었지만 보츠와나에서는 오직 한 명뿐인 편물 선생님으로 존경과 사랑을 한 몸에 받았다. 그녀가 TV에 나와 한 이 말을 나는 잊지 못한다.

"사람은 누구나 저마다의 값어치가 있습니다. 태어날 때는 자신이 얼마만큼의 값어치인지 아무도 모릅니다. 그러다 보면 사람들이 '너는 천 원짜리야!', '너는 만 원짜리야!' 하고 가격표를 붙이죠. 그러면 남들이 붙여놓은 가격이 자기 값어치인 줄 압니다. 하지만 시장에서 물건 가격을 정하는 것은 손님이 아니라 주인입니다. 여러분의 값어치를 정하는 것도 세상이 아니고 여러분 자신입니다."

사람들은 자신이 태어날 때부터 가진 몇 가지 조건으로 스스로의 값을 매긴다. 집안, 부모의 경제력, 외모 같은 것들로 손쉽게 나와 남을 저울질한다. 그러나 내 가치는 얼마든지 내가 만들어갈 수 있다. 타고난 조건보다 내가 땀 흘려 만들어낸 가치가 더 강력하고 위대하고 오래간다.

  가장 중요한 것 한 가지를 잊어서는 안 된다. 내가 만든 가치는 타인에 의해 함부로 흔들리지 않는다는 것. 사랑은 위대하지만 한 가지 허점이 있다. 상대방의 마음까지 내가 어찌할 도리가 없다는 것이다. 내가 아무리 그를 사랑한다 해도 그의 마음이 식으면 어쩔 수 없다. 처음에는 뜨거웠던 사랑도 언젠가는 식는다. 사랑이 떠나가는 동시에 자존감까지 함께 무너지는 사람이 얼마나 많은가.

  실제로 우리나라 주부의 45퍼센트가 우울증에 시달린다. 사랑해서 결혼했지만 그 사랑은 언젠가 평범한 일상이 돼버린다. 내 존재의 소중함을 확인해줄 사람이 없어져버린 것이다. 그러나 꿈은 사랑이 떠나도 남는다. 내 주변의 수많은 사람들이 나의 가치를 인정해주고, 무엇보다 내가 나를 인정한다. 내가 나를 아끼는 마음만 있다면 사랑이 떠나도 여전히 열정적으로, 또 다른 행복을 맛보며 살아갈 수 있다.

  꿈은 나를 온전히 도와주는 동반자다. 가난과 결핍에 허덕이던 해영 씨를 구해준 것은 그녀의 꿈이었다. 아무리 비참한 상황에서도, 아무리 혹독한 장애가 있다고 해도, 결코 포기하지 않고 끝까지 나 자신을 돕는 것이 바로 내 꿈이다.

  끊어질 듯한 허리 통증으로 '이놈의 세상, 콱 죽어버려야겠다'고 좌절하던 그녀였다. 하지만 그런 그녀에게 '몸도 아픈데 마음까지 아프게 하지는 마'라고 하며 다독였던 것은 해영 씨 자신이었다. 그렇게 수천 번도 넘게 스스로를 일으켜 세웠던 그녀이기에 아프리카에서 수많은 사람들을 도울 수 있었다. 결국 스스로를 돕는 자만이 남도 도울 수 있다.

내가 가진 가난과 결핍, 고난과 역경은 나만 해결할 수 있다. 아무리 사랑하는 연인이라도 내가 짊어진 인생의 짐을 대신 들어줄 수는 없다. 오직 내 꿈만이 나를 끝까지 지탱해주는 평생의 연인이다.

꿈 없이 살아갈 수 있을까? 물론 가능하다. 사랑을 하지 않고도 살 수 있는 것처럼. 내 주변에는 서른여덟에 이혼하고 10년째 혼자 사는 싱글남이 있다. 주변에서 연애 안 하느냐고 물어보면 대답이 늘 똑같다.

"사람 비위 맞춰가며 사는 것도 피곤하고, 문자가 오네 안 오네 따지는 것도 다 귀찮아요…."

그는 몇 번의 경험으로 안다. 사랑에 얼마나 많은 시간과 정성이 필요한지를. 그럼에도 불구하고 사람들은 사랑을 원한다. 세상이 모두 내 것 같았던 그 설렘과 열정, 행복감을 느끼고 싶어서다. 자신이 가진 모든 것을 바쳐서라도 말이다.

꿈도 마찬가지다. 꿈 없이도 얼마든지 살 수 있다. 그러나 마음 한쪽에서는 꿈을 열망한다. 내가 얼마나 가치 있는 인간인지, 어디까지 성장할 수 있는지 뜨겁게 확인하고 싶기 때문이다.

첫사랑이 주었던 행복과 열정만큼 꿈도 나에게 과분한 사랑을 준다. 게다가 배신하지도 않고, 지속적인 성장이 가능하니 이거야말로 연인보다 낫지 않나? 그래서 내가 만난 꿈의 대가들은 하나같이 말한다. 사랑 없이는 살아도 꿈 없이는 못 산다고. 꿈과 동행하는 것은, 나 자신을 사랑하는 최고의 방법이라고.

Part 3

꿈의 비전

나답게 벌고 나답게 사는 법

일하는 엄마,
당신 잘못이 아니다

나는 스물세 살에 직장 생활을 시작했다. 아이 낳을 때 쉰 기간 잠깐을 빼고는 35년 넘게 쉬지 않고 일한 셈이다. 나처럼 아이 낳고 가정을 꾸리면서 쉬지 않고 일하려면 여자들은 남자라면 넘지 않아도 되는 산을 무려 네 번이나 넘어야 한다.

첫 번째 산은 사회생활 초기에 만난다. 직장을 2~3년 다니다 보면 이유 없이 싫어질 때가 있다. 학교를 졸업하고 취업에 성공한 기쁨도 잠시 민끽하지만 막상 다녀보니 일이, 회사가 나한테 맞지 않는다는 생각이 든다. 하는 일에 소질이 없는 것 같기도 하고, 상사나 동료들은 마음에 안 들고, 월급도 적고 비전도 잘 보이지 않는다는 핑계를 대며 직장을 그만둘 이유를 찾는다.

대안이 없어 눌러앉거나 이직이라도 해 간신히 이 산을 넘고 나면 두 번째 산과 마주하게 된다. 대개 결혼 시기와 맞물려 만나는 산이다. 월급쟁이 생활도 할 만큼 했으니 모아둔 돈으로 혼수 장만해서 결혼하고, 남편이 벌어다 주는 돈으로 알뜰하게 살림하면서 살고 싶은 마음이 슬며시 든다. 요즘은 결혼 후에도 일을 지속하는 여자들이 많지만 내 또래 여자들 대다수는 결혼하면서 일을 그만두었다.

이 산을 잘 넘어 회사에 남더라도 세 번째 산이 우리를 기다리고 있다. 바로 임신이다. 여자가 임신하면 호르몬이 변해 육체적으로나 정신적으로 매우 힘들어진다. 해본 여자라면 알겠지만 아이가 생기면 무척 졸리다. 이때 여자들은 화장실 변기 뚜껑 덮고 앉아 졸면서까지 버틴다. 요즘처럼 저출산 시대에 임신을 하면 마땅히 축하받을 일이지만 '임신해서 일 소홀히 하는 거 아니야?'라는 눈총을 받기가 싫어서 자랑도 하지 못하고 쉬쉬한다.

그렇게 겨우 출산까지 마치고 복직하고 나면 그다음 가장 높고도 무시무시한 네 번째 산이 우리를 기다리고 있다. 바로 '육아'라는 산이. 일하는 엄마들이 육아 때문에 겪는 이야기를 들어보면, 전쟁이 따로 없다. 아침에 어린것을 깨우는 것부터, 안 간다고 떼쓰는 아이를 둘러업고 애 머리도 산발, 엄마 머리도 산발한 채 놀이방에 데려다 놓은 뒤 헐레벌떡 출근, 퇴근 시간에 딱 맞춰 겨우 회사를 나와 애를 찾아와야 한다. 어떤 날에는 가지 말라고 등에 쫙 달라붙어서 떨어지지 않는 애를 확 집어던지고 출근하면 지하철 안에서 '내가 몇 푼이나 번다고 이 짓을 하나?' 하는 생각이 안 들 수 없다.

아이가 초등학교에 입학하면 한시름 놓을 것 같지만 그렇지도 않다. 참관 수업, 선생님 상담, 각종 학교 행사에, 학교는 애가 다니는데 엄마가 불려 다니는 횟수도 만만치 않다.

스트레스는 한 편의 추억이 된다

우리나라에 일하는 여성이 얼마나 될까. 2024년 기준 여성 경제활동 참가율은 약 56퍼센트, 맞벌이 인구는 약 48퍼센트가 넘는다. 외벌이 혹은 한부모가정까지 합한다면 기혼 여성 둘 중 하나는 일을 하면서 아이를 어린이집, 유치원과 학교에 맡기느라 매일매일 스트레스를 받는다.

일하는 엄마가 세상에서 가장 무서워하는 것이 또 있다. 바로 학교에서 날아오는 알림장이다. 일하는 엄마는 늘고 있는데 알림장은 내가 아이를 키운 그때나 지금이나 달라진 것이 없다. 부모 가운데 한 사람이 애들 알림장을 확인하고 준비물을 챙겨서 가방에 넣어줘야 다음 날 학교 교육이 돌아간다는 건 심각한 문제가 아닐 수 없다.

나도 알림장 때문에 무서웠던 경험이 있다. 큰애가 초등학교 1학년 때였다. 한번은 애가 메모지에 준비물을 적어 화장대 거울에 붙여놓은 적이 있다.

"엄마, 이거 꼭 준비해줘. 오늘은 나만 안 가지고 갔어. 내일도 안 가지고 가면 진짜 혼나."

그런데 그날은 색종이, 가위, 풀도 아니고 엄청 무서운 게 적혀 있었다.

'요구르트병 10개, 우유팩 3개, 빨대 6개.'

그날따라 늦은 퇴근에 도대체 그걸 어디 가서 구해야 하나 싶었다. 아파트 재활용함을 다 뒤졌는데도 찾을 수 없었다. 결국 다음 날 아침 7시에 딸을 깨워서 동네 슈퍼로 끌고 갔다. 메모지에 적혀 있는 대로 요구르트 10개, 우유 3개를 샀다. 그러고는 그냥 버리기 아까워 아이와 둘이 앉아서 그걸 다 나눠 마셨다.

"학교 가서 깨끗하게 씻어. 선생님한테 혼나지 말고."

그렇게 애를 학교에 보내고 출근을 하는데 얼마나 속이 상하던지, 회사에서 눈물이 찔끔찔끔 나면서 '나 왜 이러고 살까? 이러고 살면 행복해지는 거 맞아?'라고 백 번을 되물었다. 유산균이 잔치를 벌였는지 뱃속은 부글부글 끓고, 머리는 스트레스로 터질 것 같았다.

그런 날에는 스트레스 풀 상대가 딱 한 사람 있다. 바로 남편이다.

"오늘 좀 일찍 들어와."

퇴근해서 멀뚱히 앉아 있는 남편을 속사포 쏘듯 심문한다.

"당신 회사 다니지? 나도 회사 다니지? 그런데 왜 나만 애 보고 그래야 해? 당신은 아빠 아니야? 애랑 상관없는 사람이야? 이번 주에 나 바쁘다고 도와달라고 했지? 출장도 있으니까 애 알림장 당신한테 꼭 챙겨달라고 부탁했잖아. 왜 안 챙겼어?"

남편은 미적미적 미안하다는 듯한 표정으로 대꾸했다.

"그게 아니고…."

"뭐가 맨날 그게 아니고야? 도대체 왜 안 챙겼냐고?"

"아니 부장님이 갑자기 술 마시자고 해서…."

"부장이랑 술 마시는 게 애 학교보다 중요해?"

목소리가 좀 더 격해지자 남편도 할 말이 있다는 듯 좀 전과는 다른 목소리로 내뱉는다.

"아니, 애 알림장 챙긴다고 집에 간다고 하면 뭐라고 하겠어? 그러면 직장 생활 못 해."

왜 남자들은 이리도 다 똑같이 말할까? '내가 마시고 싶어 마시냐? 너도 사회생활 해봐라' 이거다. 그러면서 아내가 늦게까지 회식하고 술 마시고 오는 건 또 싫어한다. 하여간 여자로 살다 보면 속 뒤집어질 일이 인생 전반에 걸쳐 널려 있다. 이건 마치 산맥을 이루는 산마루 같은 것들이다. 넘어도 넘어도 그 너머가 보이지 않는다. 나도 숱한 산마루를 넘고서야 이런 세상 속에서 일하는 여자로 어떻게 살아야 할지 생각을 정리할 수 있었다. 나는 일하면서 애들 키우고 울고불고 하는 내 삶을 한 줄로 정리했다.

'스트레스는 추억이다.'

매일매일 종류도 가지각색인 스트레스를 받으면서 '나 일해야 해, 말아야 해?' 물은 끝에 스스로 내린 결론이다. 사람이 살면서 남는 건 추억뿐이다. 그때는 죽을 것만 같았던 일도 지나고 나면 모두 추억이 된다. 추억은 인간이 인간다울 수 있는 기본적인 감성을 제공한다. 부모님이 돌아가시면 왜 까무러칠 만큼 눈물이 날까? 왜 기절했다가 또 울고, 멍하니 하늘을 보다가 또다시 울고 할까? 바로 추억 때문이다.

나와 우리 아이들은 추억이 많다. 초등학교 1학년이던 큰애가 그날 가져간 우유팩과 요구르트병, 빨대는 기차가 되었다. 집에 가보니 자고 있는 아이 머리맡에 기차가 줄지어 서 있었다. 우유팩은 기차 몸통이 되어 있고, 요구르트병은 기차 바퀴가 되어 있고, 빨대는 바퀴를 연결하고 있었다. 미술 시간 전까지 우유팩을 씻어서 준비하느라 혼자 마음 졸였을 아이 모습을 떠올리니 눈물이 왈칵 쏟아졌다. 큰애는 대학생이 된 지금도 가끔 그때 이야기를 한다.

"엄마, 그날 생각나? 나 초등학교 1학년 때 엄마랑 나랑 슈퍼 앞에서 우유랑 요구르트 다 마신 거?"

왜 생각이 안 날까. 그 생각만 하면 아직도 미안한 마음에 괜히 잠든 아이의 머리를 쓰다듬는다. 내가 죽고 나면 큰애는 그날의 추억만 떠올려도 몇 날 며칠을 울고도 남을지도 모른다. 지나가다 우유팩만 봐도 눈물이 나겠지. 그렇게 나는 아이들의 추억 속에서 영원히 엄마로 살겠지.

나는 다시 태어나도 엄마로 살고 싶다. 엄마 노릇, 아내 노릇, 직장 생활의 삼중고로 힘들어 스트레스로 죽을 것 같을지라도 여자로 태어날 것이다. 스트레스는 한 편의 진한 추억이 될 테니까.

엄마처럼 살지 않겠다고?
나는 엄마만큼만 살고 싶다

지금껏 정신없이 살아왔지만 도망가지 않은 것은 어쩌면 내가 세상에서 가장 존경하는 사람에게서 보고 배운 것일 수 있다. 우리 엄마 '홍순희' 여사 말이다. 나는 우리 엄마를 정말 대단한 사람이라고 생각한다. 청주에서 여상을 졸업했던 엄마는 외할아버지에게 대학에 보내달라고 했다가 된통 혼이 났단다. 그 시절, 여자가 고등학교만 나와도 많이 배운 건데 대학까지 간다니 꼬장꼬장한 외할아버지가 가만두셨을 리 없다.

시집가는 거 이외엔 그 어떤 길도, 꿈도 허락되지 않던 시절, 엄마는 뭔가 '해보고' 싶어 하는 이상한 여자였다. 혼자 힘으로라도 할 수 있는 무엇이건 해서 망해가는 집안을 일으켜보겠다며 엄마는 공부 대신 기술을 택했다. 청주와 서울을 오가며 양재 기술을 배웠고, 할아버지 집 작은 방에 양장점을 차렸다. 간판엔 작은 백합을 그려 넣고 '리리양장'이라고 썼다.

20대 시절을 온전히 친정아버지의 빚 갚기와 남동생들 뒷바라지로 보내니 당연히 결혼도 늦어졌다. 노처녀 소리를 듣기 지칠 무렵 엄마는 당시 군복무 중이었던 아버지와 결혼했다. 그 뒤 언니가 태어나고 2년 뒤 내가 태어났다. 나보다 두 살 아래인 여동생을 낳고 연년생으로 또 여동생을 낳은 뒤 7년 동안 공들여서 아들을 막내로 낳았다. 늦게 결혼해서도 다섯 남매를 낳아 길렀으니 그것도 대단하다.

그 후로도 스물네 살에 시작한 양장점을 일흔네 살까지 운영하며 자식들 뒷바라지와 친정 부모, 시부모 부양까지 해냈다. 내가 태어나 경험한 엄마는 언제나 밤늦도록 재단대 앞에서 일하는 엄마였고, 늘 손님들에 둘러싸여 있는 여자였다. 그런 엄마를 보고 산 딸의 몸과 정신에 '홍순희식' 삶의 태도가 은연중에 배어 있다는 것을 부정할 수 없다. 삶이 녹색불일 때는 무엇을 보고 자랐는지 잘 드러나지 않는다. 그러나 인생에 빨간불이 켜지면 신기할 만큼 엄마에게서 보고 자란 방법으로 그 위기 상황을 극복해내곤 했다. 몸에 새겨진 스승, 그것이 바로 엄마가 아닐까?

*

일하는 엄마를 향한 철없는 딸의 복수

그러나 철없던 시절에는 일하는 엄마가 야속했던 적이 한두 번이 아니었다. 초등학교 4학년, 소풍날이었다. 아침에 일어나 보니 엄마가 김밥은 안 싸놓고 빨간 바지를 수북이 쌓아놓은 채 다림질하느라 땀을 뻘뻘 흘리고 계셨다. 6학년인 언니와 1, 2학년 여동생 둘까지 우리 네 자매는 모두 한 초등학교를 다니고 있었다. 그런데 하필 우리 소풍날이 동네 아줌마들이 설악산으로 단체 관광을 떠나는 날과 겹친 것이다. 단체로 옷을 해 입어야 때깔도 나고, 멀리서도 서로 한눈에 알아볼 수 있다는 엄마의 기막힌 아이디어로 동네 아줌마들은 '홍순희표' 빨간 바지를 함께 맞춰 입고 가기로 했다.

소풍 가는 날이면 김밥을 싸 올 수 없는 아이들이 3분의 1 정도가 될 만큼 먹고살기 힘든 시절이었다. 그래서 소풍 며칠 전이면 담임 선생님이 김밥을 싸 오지 못하는 아이들을 위해 두 명 몫의 김밥을 싸 올 아이들을 선발했다. 우리 집은 엄마가 양장점을 하시니 그런대로 쌀밥을 좀 먹고 살았기에 나는 자진해 손을 번쩍 들었고 그날 하나도 아닌 여섯 명의 몫을 싸 가겠다고 약속한 터였다. 그런데 정작 엄마는 김밥도 안 싸고 빨간 바지 수십 벌을 다리느라 정신이 없었다.

"엄마, 우리 소풍 가는데 김밥 안 싸?"

"어머, 어떡하니. 내가 또 까먹었네, 까먹었어."

그러며 부엌으로 가더니 달걀프라이 하나에 단무지 하나 얹은 도시락을 네 자매에게 각각 챙겨주었다. 그리고는 당신도 뭔가 부족하다 싶었는지 구멍가게에서 과자와 사이다를 사 와서 우리 배낭에 쑤셔 넣었다. 아니 김밥 없이 어떻게 소풍을 떠나라는 것인가. 우리는 도무지 발길을 뗄 수 없어 엄마를 애처로운 눈길로 쳐다보았다.

"엄마, 이거 들고 어떻게 소풍 가?"

"굶는 애들도 있어. 어서 가."

그렇게 등 떠밀려 내쫓기듯 집을 나오긴 했지만 심란한 심정은 이루 말할 수 없었다.

'아, 어쩌지? 애들이 나 때문에 떼로 굶게 생겼네. 손이나 들지 말걸. 선생님이랑 친구들한테 무슨 망신이야.'

한참 걸어가다 보니 같이 가야 할 여동생들이 보이지 않았다. 화들짝 놀라 언니와 집으로 되돌아갔더니 어린 동생들이 양장점 바닥에 개구리처럼 딱 붙어서 김밥을 싸달라고 떼를 쓰고 있는 게 아닌가.

"아니, 큰 애들 너희 뭐 하는 거야. 작은 애들 빨리 끌고 가. 정신없어 죽겠어. 엄마 이 바지 얼른 다려서 아줌마들 설악산 보내야 해."

첫째와 둘째가 셋째와 넷째를 바닥에서 뜯어내 학교 앞까지 왔을 때 언니가 말했다.

"너희, 언니 말 잘 들어. 도착해서 보물찾기 시작하면 다 산으로 올라와. 딴 애들 김밥 먹는데 옆에서 칭얼대지 말고."

옛날에는 학교에서 걸어서 1~2시간 거리로 소풍을 가서 밥 먹기 전에 보물찾기를 하는 게 코스였다. 보물찾기를 시작하자 언니가 시킨 대로 산으로 올라갔다. 동생들도 먼저 와 있었다.

"언니, 우리 이제 밥 먹어?"

"먹지 말고 다 내놔봐."

언니는 우리 도시락을 각각 네 등분 하더니 4분의 1씩만 먹으라고 했다.

"다 먹고 가면 엄마가 좋아하잖아. 항의 표시로 조금만 먹고 남겨 가자."

그날, 언니의 계획대로 엄마는 4분의 3씩 남은 도시락을 보고 엄청 우셨다고 한다. 네 자매가 염장을 지르다 못해 가슴팍까지 콕콕 쑤셔 버린 것이다.

또 한번은 셋째가 옆집 애와 싸움이 붙었다. 꼬맹이 둘이서 30분 내내 머리카락이 한 움큼 빠질 만큼 심하게 싸웠다. 그때 옆집 아줌마가 뒤늦게 나와 내 동생 등짝을 휘어잡고 찰싹찰싹 때리기 시작했다.

"너 안 떨어져? 아까 네가 우리 딸 먼저 건드리는 거 다 봤어!"

그걸 본 언니도 혼자 힘으로 옆집 아줌마를 말릴 수 없어 나한테 엄마를 불러오라고 시켰다. 엄마 양장점에서도 잘 보이는 마당이라서 나는 큰소리로 엄마를 부르려고 양장점 쪽을 향해 몸을 돌리는 찰나, 이게 웬일인가? 엄마가 가게로 후다닥 들어가는 것이었다. 엄마가 동생이 맞고 있는 걸 보다가 내가 부르려는 것 같으니 못 본 척 가게 안으로 들어가버린 것이다.

내가 후다닥 달려 양장점 문을 열고 들어가니 손님 세 분이 계셨고, 그중 한 분이 옷을 맞추고 있었다. 양장점에서는 줄자로 재면 얘기가 끝나는 상황인데, 마침 그때 엄마가 손님 등을 줄자로 재면서 "아유~, 등이 넓으시네요" 하려는 찰나였다. 내가 "엄마! 엄마!"를 외치면서 가게로 들어가니 엄마는 웃는 얼굴로 손님 어깨에 줄자를 대면서 입 모양으로만 '빨리 나가!'라고 했다. 나는 결국 찍소리도 못 하고 엄마 가게를 나왔다. 결국 언니는 길길이 날뛰는 옆집 아줌마에게서 겨우 동생을 잡아 끌어내곤 우리에게 산으로 숨자고 했다.

"내가 뭐랬니? 울 엄만 계모라고 했지? 다 나 따라와!"

우리 엄마 같은 사람은 골탕을 먹어봐야 한다는 것이었다. 언니 말이 맞는 것 같았다. 계모가 아니고서야 딸이 옆집 여자한테 맞는데 어찌 모른 척할 수 있을까. 그날 밤 우리는 자정까지 칠흑같이 깜깜한 산에 숨어 있었다. 어린 동생 둘이 내려가겠다고 보채는 걸 말리면서까지 버티다 내려오니 양장점에 불이 환하게 켜져 있었다. 딸 넷이 동시에 없어졌으니 엄마가 동네방네를 얼마나 찾아다녔을지 불 보듯 뻔한 일이었다. 우리가 양장점에 들어가자마자 엄마는 대나무 곱자로 네 딸을 돌아가며 피가 날 정도로 때리셨다.

"아주 애들이 정신이 나갔구나, 나갔어! 산에서 아주 살지 여긴 왜 기어들어 와!"

잔뜩 혼이 난 우리가 벌벌 떨며 쪼르르 방에 들어갔는데 엄마가 방문을 벌컥 열고선 연고를 던져주셨다. 넷이 돌아가며 연고를 바르고 나선 밤새 따가워 잠을 설쳤다. 나는 원래 형제들 중에서도 잠이 없는 편이라, 그날도 새벽에 눈을 뜨니 어디선가 덜그럭덜그럭 소리가 났다. 무슨 소린가 확인하고 싶은 마음에 문을 열고 마루로 나갔더니 어둠 속에서 웅크리고 있는 한 여자가 보였다. 엄마인가 싶어 다가갔는데 가까이서 보니 귀신인 듯 낯선 여자였다. 나는 너무 놀라 그대로 기절하고 말았다.

5분이 지났을까. 정신을 차리고 보니 희미하게 엄마의 얼굴이 보이기 시작했다. 귀신이라고 생각했던 그 낯선 여자는 우리 엄마가 맞왔다. 엄마가 이불을 뒤집어쓰고 밤새도록 울어서 코끼리처럼 얼굴이 퉁퉁 부었던 것이다.

"내가 미쳤지, 미친년이지. 양장점은 뭐하러 해가지고, 애새끼들 집 밖으로 내몰기나 하고…."

원래 엄마 성격 같으면 당장 쫓아가 옆집 여편네 머리끄덩이를 잡고 흔들어야 직성이 풀렸을 텐데 그러지 못한 것이 분하고 억울하셨던 것이다. 증평에 양장점이라고는 우리 집 하나. 싸움 구경하던 동네 사람들도 다 엄마 손님이고, 동생을 때렸던 옆집 여자마저도 엄마 손님이니 어떻게 엄마 마음대로 할 수가 있었을까? 먹고살기 위해서 딸들 마음을 헤아리지 않은 건 엄마의 어쩔 수 없는 선택이었던 것이다.

엄마는 자식의 아픔을 고스란히 자신의 것으로 품고 살지만, 자식은 엄마의 아픔을 조금도 품어낼 수가 없다. 그것이 낳은 자와 태어난 자의 차이인 것 같다. 그래서 자식은 죽었다 깨어도 엄마의 마음을 모른다. 나도 엄마가 걸어온 삶을 따라서 수십 년 걸어온 후, 나이 오십이 넘어서야 겨우 조금 엄마의 마음을 알게 되었다.

엄마만큼 살기도 참 어렵다

엄마가 소풍 김밥 대신 수십 벌 만든 빨간 바지는 우리의 등록금과 옷값, 용돈이 되었고, 동생을 때렸던 옆집 아줌마에게 복수는 못 했을지언정 다섯 자식을 배불리 잘 키워주셨다. 당장은 자식들에게 얄미운 엄마로 찍혀도 엄마는 엄마 식대로 선택하고 인생을 조율하며 그 세월을 감내하셨다.

나 역시도 애들에게 한때 세상에서 가장 미운 엄마였다. 아이들 소풍이며 운동회 대신 강의장으로 달려가는 엄마를 애들이 이해할 리 없었다. 비 오는 날, 엄마가 가져다주는 우산 한 번 써본 적 없는 아이들이 어린 마음에 얼마나 서럽고 얼마나 내가 미웠을까.

하지만 아이들이 커가면서 엄마이자 '김미경'이란 사람을 이해해줄 때, 나는 내가 그리 나쁜 엄마는 아니었다는 위안을 받는다. 내 경험으로는 아이들이 엄마의 삶을 이해해주지 못하는 것은 딱 고등학교 때까지다. 스무 살이 넘어가면서 아이들은 엄마의 운명을 읽기 시작한다. 게다가 조금씩 엄마라는 사람을 한 사람의 여자로서 들여다보며 엄마의 운명과 꿈, 힘겨웠던 진심을 알아챈다. 그러면서 오래된 오해는 이해로 바뀌고, 불만은 존경이 된다.

지금 일하면서 아이를 키우고 있는 엄마들이라면 20년을 어떻게 견디나 싶겠지만, 그 지루한 세월은 눈 깜짝할 사이에 지나간다. 일주일 전 유치원에 다니던 딸이 갑자기 스무 살이 되어 '엄마 힘들었지?'라며 위로할 날은 생각보다 빨리 온다.

나는 다시 태어나도 엄마로 살고 싶다.
엄마 노릇, 아내 노릇,
직장 생활의 삼중고로 힘들어
스트레스로 죽을 것 같을지라도
여자로 태어날 것이다.
오늘의 스트레스는
한 편의 진한 추억이 될 테니까.

꿈의 합리주의자는
돈에서 꿈을 배운다

꿈에는 나이 제한이 없다. 열 살 아이부터 여든 살 노인까지 꿈을 만드는 데 나이는 그야말로 숫자에 불과하다. 꿈에 대해서만큼은 너무 이른 나이도, 너무 늦은 나이도 없다. 철저하게 각자의 선택일 뿐이다.

그러나 꿈꾸기 좋은 '최적의 타이밍'은 분명히 존재한다. 싱글인 20대 때다. 행동반경에 제한이 없으니 꿈꿀 수 있는 범위가 한결 넓다. 집이 가난해서 부모를 부양해야 할 상황이 아니라면 나 혼자만 먹고 살면 된다. 매일 밤새 배우고 일하는 것도 가능하고, 오로지 나에게만 집중할 시간이 차고 넘친다. 혹시 실패하더라도 혼자만 딛고 올라서면 되니까 무엇이든 도전하고 테스트 해볼 수 있다.

그러다 30대에 접어들어 가정을 꾸리면 소중한 가족을 얻는 동시에 자유를 잃는다. 시간과 돈이 모두 결혼이라는 틀 안에 묶인다. 만약 꿈꿔왔던 해외연수 기회가 주어지더라도 마냥 좋아할 수만 없다. 아이가 있다면 부담은 더 늘어난다. 내 꿈에 누군가의 희생이 절대적으로 필요해지니까.

한 남성복 브랜드에서 40대 남자들을 대상으로 재미있는 설문조사를 발표한 적이 있었다. '20대로 돌아가 찾고 싶은 것이 무엇이냐?'는 질문에 가장 많이 나온 답이 '꿈'이었다. 무려 26퍼센트가 꿈을 선택해 2위인 첫사랑보다 10퍼센트가량 더 많았다. 심지어 사랑보다 꿈이 먼저라는 것이다. '지금 가장 큰 고민거리가 무엇이냐?'라는 질문에도 '회사를 그만두고 내가 하고 싶은 일을 할 것인가'가 28퍼센트로 1위에 올랐다. 40대도 20대 못지않게 꿈에 대한 열망이 간절하다는 것이다.

비단 남자들이 이런데 일과 가사, 육아를 병행하고 있는 여자들은 어떻겠는가. 과거보다 나아졌다고는 하지만 아내들의 가사노동 시간이 남편보다 세 배 가까이 많고, 아이들 중에는 엄마 껌딱지는 많아도 아빠 껌딱지인 경우는 드물다. 상황이 이렇다 보니 아내들의 꿈앓이는 길도 없는 맹지에서 농사를 짓는 것과 같다. 새로운 꿈을 꾸려면 밭을 가는 것은 물론 도로까지 직접 내야 한다.

남편의 돈벌이가 적거나 없어서, 혹은 남편보다 능력이 좋아서 가정경제를 책임지는 아내들, 가장 역할을 하는 엄마들이라면 더 말할 것도 없다. 당장 눈앞의 생계를 간신히 붙들고 있는 이들에게 꿈이란 그림의 떡일 뿐이다. 가끔 강의에서 만난 생계 부양자형 아내들은 내게 '먹고살기도 팍팍한데 꿈이라니 배부른 소리 아니냐'는 항의성 눈빛을 보내기도 한다.

생계가 없으면 꿈도 없다

하지만 꿈을 이룬 사람들을 보면 꿈 때문이 아니라 먹고살기 위해 뭔가를 시작한 사람이 많다. 위기에 빠진 나와 가족을 위해 돈을 벌다가 자연스럽게 꿈의 세계로 들어간 것이다. 나는 돈과 꿈 사이의 갈림길 앞에 선 사람들에게 무조건 꿈을 좇으라고 말하지 않는다. 당장 기초 생계가 어려운 상황에서는 돈이 먼저다.

자본주의 사회에서 꿈은 자본과 밀접하게 맞닿아 있다. 생계를 유지할 정도의 자본이 없으면 당연히 꿈도 유지가 안 된다. 누가 속박해서가 아니다. 스스로 돈 때문에 옴짝달싹 못 하게 되는 것이다. 꿈은 나 자신이다. 내가 자신감이 생기면 꿈도 자신감을 얻고, 내가 굶으면 꿈도 같이 굶어 죽는다. 꿈을 지속시키려면 나 자신을 먹여 살릴 능력부터 가져야 한다.

그러나 꿈을 외면하고 돈부터 번다고 해서 억울해할 필요는 없다. 돈과 꿈은 결국 연결돼 있기 때문이다. 생계를 위해 뛰다 보면 꿈도 상당 부분 해결된다. 돈은 상상 속의 꿈을 현실로 만드는 법을 가르쳐주는 최고의 스승이다. 실제로 돈과 꿈은 성분이 비슷하다. 돈을 버는 과정에는 결핍을 채우기 위한 노력이 가해진다. 그리고 돈을 벌기 위해 내 안의 능력을 꺼내 쓴다.

꿈도 마찬가지다. 강렬한 결핍이 동기로 작용해 나다운 재능과 적성을 꺼내 쓴다. 결국 내용 면에서 보자면 돈을 위해 꺼내 쓰는 것이

나 꿈을 위해 꺼내 쓰는 것이나 똑같다. 돈을 벌기 위해서인가, 꿈을 이루기 위해서인가라는 지향점이 다를 뿐. 돈과 꿈은 같은 과목이라서 돈을 많이 벌어본 경험은 꿈을 만들고 이루는 예습이나 마찬가지다. 예습을 끝냈으니 남들보다 훨씬 더 빠르게 꿈도 이룰 수 있다. 돈을 뚫고 나온 꿈이야말로 가장 실용적인 꿈, 현실과 맞닿은 꿈이다.

나는 생계 부양형 아내들에게 돈 중에서도 '나다운 돈'을 버는 데 집중하라고 조언한다. 나다운 돈이란 곧 나를 '지속적으로' 성장시키는 돈이다.

평소 친하게 지내는 제조업체 사장이 있다. 그야말로 맨주먹으로 시작해 자수성가한 분인데 30년 전, 인생에서 가장 중요한 선택을 하게 됐다. 당시 그에게는 9천만 원이라는 돈이 있었는데, 부동산업을 하던 친구가 그에게 솔깃한 제안을 해왔다. 재개발을 앞둔 아파트를 사면 꽤 큰 돈을 벌 수 있다는 제안이었다. 하지만 그 돈은 원래 회사에 투자할 종잣돈이었다. 직원들 급여로, 원자재로, 시설로 들어가니 언제 회수될지도 모르는 돈이었다. 엄청나게 고민한 끝에 그는 결론을 내렸다. '나다운 곳에 투자하자.' 그래서 결국 9천만 원을 회사에 투자했다.

낯 년 동안은 속이 좀 쓰리긴 했다. 친구의 말처럼 집값이 가파르게 올라 1년도 안 되어 친구가 1억 넘는 큰돈을 벌었기 때문이다. 그러나 10년이 지나자 상황은 완전히 달라졌다. 그의 회사는 9천만 원의 종잣돈으로 성장을 거듭해 자산가치만 500억 원이 넘는 회사로 성장했다.

이처럼 돈이라고 해서 다 똑같은 돈이 아니다. 속성을 따져보고 나를 지속적으로 성장시키는 돈을 벌어야 한다. 그러나 때때로 우리는 흔들린다. 주로 주변에 부러운 누군가가 생겼을 때다. 하지만 부러운 마음에 꿈과 전혀 상관없는 곳에 돈을 두면 결국 내 성장도 멈추게 돼 있다. 나 역시 지금까지 주변에서 함께 사업을 하자는 제안을 여러 차례 받았지만 거절했다. 그중에는 내가 하면 정말 돈이 될 것 같은 사업도 있었고, 그 사업으로 돈을 많이 벌었다는 사람들을 보면 부럽기도 했다. 하지만 그건 전혀 나답지 않은 일이었다. 그 일을 한답시고 몇 달 혹은 몇 년 동안 집중하면 반짝 큰돈을 벌 수 있을지도 모른다. 하지만 그동안 강사로서의 나는 성장이 멈출 수밖에 없다.

돈을 버는 것은 꿈과 마찬가지로 지름길이 없다. 느리더라도 확실한 돈, 30년 이상 함께 성장할 수 있는 돈이 최고다. 돈이 꿈을 키우고 다시 꿈이 돈을 키우는 선순환 구조를 만들어야 한다. 그러나 모두가 처음부터 이런 선순환 구조를 가질 수 있는 것은 아니다. 돈이 되는 일은 나를 성장시키는 일보다 소모시키는 일이 더 많기 때문이다.

자기계발서 분야의 베스트셀러를 내는 것이 꿈인 작가가 있다. 그런데 처음부터 내 책을 쓸 수는 없으니 성공한 사람들의 자서전을 쓰는 일을 시작했다. 그렇게 7년간 자서전으로 돈을 벌면서 글 쓰는 실력이나 통찰이 몰라보게 늘었다. 이제는 그동안 갈고닦은 실력으로 자기 책을 쓰고 싶은데 시간이 없다. 자서전을 써달라는 의뢰가 계속 들어오고 있기 때문이다. 이제는 몸값도 많이 올라서 책 한 권을 쓰면 반년은 돈 걱정 없이 살 수 있을 만큼 번다. 그래서 막상 거절하자니 너무 아깝다는 것이다.

그러나 이렇게 버는 돈은 더 이상 나를 성장시키는 돈이 아니다. 지금까지는 돈도 벌고 나도 성장할 수 있었지만, 한 단계 더 도약할 때 발목을 잡으면 그것은 꿈이 아닌 돈이 시키는 일이다. 이런 돈에 익숙해지면 평생 꿈 근처에도 못 가보고 돈이 시키는 일만 해야 한다.

돈도 꿈만큼이나 훌륭한 스승이다

돈에도 쉬운 돈과 어려운 돈이 있다. 지금까지 해온 경험과 능력으로 쉽게 벌 수 있는 돈만 벌면 성장이 멈춘다. 더불어 돈도 끊긴다. 나는 지금까지 해왔던 강의 콘텐츠만으로도 기업 교육으로 충분히 돈을 벌 수 있다. 그럼에도 나는 내 돈을 들여 전문가를 만나 인터뷰하고 새로운 콘텐츠를 만들어 사람들과 소통한다. 덕분에 직원들과 밤마다 모여서 한 달 내내 공부하고 회의한다. 그러나 이렇게 어렵게 버는 돈이 결국 나를 지속적으로 성장시킨다는 걸 나는 알고 있다. 요즘처럼 트렌드와 기술이 급변하는 시기에는 더욱더 쉬운 돈만 벌다가는 얼마 못 가 그 돈도 벌기 힘들어진다.

물론 그렇다고 해서 당장의 생계를 무시하고 나를 성장시키는 일만 할 수는 없다. 그래서 돈과 꿈의 적당한 밸런스를 찾는 꿈의 합리주의자가 되어야 한다. 꿈이 시키는 일만 할 수 있을 때까지는 돈이 시키는 일도 병행하는 합리성을 장착해야 한다. 그렇게 그 분야에서 무르익어가다 보면 꿈이 시키는 일만 해도 되는 날이 온다. 돈에서 완전히 자유로워지는 것이다.

중요한 것은 그 시점이 올 때까지는 기다려야 한다는 것이다. 꿈은 10년 이상 계속되는 마라톤이다. 빨리 가려는 욕심에 처음부터 무리하면 페이스 조절에 실패해 중간에 기권하는 사태가 벌어진다. 돈과 꿈이 멋진 선순환을 그릴 때까지 기다리자. 꿈보다 돈을 먼저 해결해야 할 순간이 온다면 울지 말고 돈에서 배워라. 돈도 꿈만큼이나 훌륭한 스승이다.

번아웃 없이 오래가는 엄마의 인생 조율법

엄마이자 아내들을 만나 대화하다 보면 생각지도 못했던 의외의 공통점 하나를 발견하게 된다. 직업이 있든 없든, 나이가 적든 많든 '엄마'라는 역할을 가진 사람이라면 입을 모아 이야기한다.

"너무 우울했어요."

차마 '우울증'이라 말하지 못했지만 그들은 하나같이 '우울'한 시기를 거쳤거나, 혹은 그 시간을 지나가는 중이었다. 그리고 그 우울한 시기는 대부분 아이를 출산한 후에 찾아왔다. 아이를 낳고 나서 '내가 이 아이의 인생을 책임져야 하는 건가, 이제 나란 존재는 묻어둬야 하는 건가'라는 질문이 '모성'과 '희생'이라는 키워드와 맞물려 혼란을 빚기 시작한다.

불현듯 앞으로 살아갈 날들이 두렵고 부담스러워지면서 30여 년간 쌓아왔던 인생에 대한 자신감마저 고개를 숙인다. 그러다 보니 아이란 존재가 마냥 예뻐 보일 리가 없다. 남편은 내 인생을 망친 악연 같기만 하고, 이제 자신은 사라진 것만 같다.

"둘째를 출산한 후에 아이들을 키우는 데만 전념했어요. 일할 때 만나던 사람들은 딱 끊고 한동안은 집 밖에 나가지도 않았어요. 그랬더니 살도 너무 찌고, 십수 년 동안 일하며 살았는데도 이제 내가 뭘 할 수 있을까, 자신감도 떨어지더라고요. 내가 왜 결혼해서 애까지 낳아 이렇게 살아야 하지, 그런 생각에 결혼마저 후회되고요."

우울함을 겪는 과정에서 더 안타까운 건 스스로를 '나쁜 엄마', '나쁜 아내'라 칭하면서 자신의 모성을 의심하고 자신의 자질을 의심한다는 점이다. 가족이라는 안정된 울타리가 나를 옭아매는 족쇄가 되고, 아이와 남편은 방해물, 그러면서도 나 자신은 죄책감만 지게 되니 뭐 하나 만족스럽지 못한 상태가 되고 만다.

*

엄마가 되자 찾아온 우울감

그런데 이건 어찌 보면 당연한 결과다. 이제껏 살아온 세상과 아이가 태어난 후의 세상은 천지차이기 때문이다. 그 이질감이 크면 클수록 심각한 고민이 생긴다. 과연 내가 이 세계에 맞는 사람인지, 행복도 못 느끼고 의미도 잃어버리면서 우울함이 밀려온다. 아이를 키우고 살림만 하고 살자니 나를 잃어버리는 것 같고, 워킹맘으로 살아가자니 집에서도 부실한 엄마, 밖에서도 부실한 직장인인 것 같아 이중으로 고민에 시달린다.

엄마로, 아내로 태어나는 여자는 없다. 결혼과 출산을 거치며 겪는 변화의 과정일 뿐인데 우리는 스스로의 자질과 가치관을 의심한다. 생각해보면 우리는 20~30년을 누군가의 딸로 살면서 내 꿈, 내 미래를 그리며 살아온 사람들이다. 어느 날 갑자기 그 본성이 사라지지 않는 것은 너무나 자연스러운 이치다.

나도 마찬가지였다. 20대에 결혼과 출산을 거치며 숱하게 고민하고 또 고민했다.

'아이만 키우면서 살 수 있을까?'

'나는 과연 어떤 사람일까?'

'일하면서 아이는 어떻게 잘 키우지?'

내 꿈이 무엇인가를 물을 때보다 머릿속이 훨씬 복잡했고 그 실마리를 찾기가 어려웠다. 오직 나와 내 꿈만을 놓고 그림을 그리는 행복한 고민은 이미 결혼 전의 이야기다. 결혼 후 '내가 하고 싶은 일을 하면서 살고 싶다'는 이 심플한 희망은 육아, 살림, 시간적 제약, 죄책감, 두려움 등의 줄에 포박당한 느낌이었다. 나 역시 어떻게 이 포박을 한 가닥씩 풀어나갈 수 있을까를 고민했다.

그때 떠올린 단어가 '조율'이었다. 인생의 주체가 '나'이듯이 결혼의 주체 역시 '나'다. 내가 결혼을 선택한 것이지, 결혼이 날 선택한 것은 아니다. 그렇다면 주도하는 것 역시 나 자신이 되어야 한다.

'조율'이라는 건 내가 조율할 대상과 연결되어 팽팽히 그 줄을 쥐고 있다는 것을 뜻한다. 그건 내 꿈일 수도 있고, 남편이나 아이일 수도 있다. 그 줄들은 한 가닥 한 가닥 내 선택으로 놓이고 얽힌 것들이다. 어느 하나라도 줄을 놓는 순간, 나라는 존재는 공중 분해된다. 내 선택들, 혹은 내가 과거에 쟁취한 그것들이 있기에 나 또한 존재한다.

내 꿈이라는 줄, 남편, 아이, 그리고 가족이라는 줄이 하나씩 늘어날 때마다 조율법도 복잡해진다. 그렇다고 하나라도 놓을 수는 없다. 때론 느슨해질 때도 있지만 세상 여자들은 그렇게 여러 개의 줄을 조였다 풀었다 하며 살아간다. 그 과정에서 나만의 조율법도 하나씩 생겨난다. 물론 힘겨운 고통이 따르기도 하고 갈등도 일어난다.

조율은 고정되어 있으면 진행할 수가 없다. 흔들려야 가능하다. 흔들리고 갈등하고 있다는 것은 이미 조율되고 있다는 증거다. 때로는 피 흘리는 전쟁을 거치며 협상도 해야 하고, 머리를 조아리며 통사정도 해야 하고, 뇌물을 바쳐가며 상대의 마음을 얻는 방법도 구사해야 한다.

이런 면에서 내게 깊은 인상을 준 분들이 있다. 한 분은 공기업의 단체장으로서 평생 교육계에 몸담아오다 정부 관리직까지 오른 분이다. 그런데 이분은 내가 아는 그 누구보다 김치도 잘 담그고 요리도 잘한다. 김치를 수십 년을 담아오면서 한 번도 김장을 남의 손에 맡긴 적이 없다. 심지어 직원들 먹일 김치까지 담글 정도다. 이분에게는 철칙이 있다. 주방만큼은 자신의 성역이라 생각한다는 점이다. 그 철칙 때문에 일하는 엄마라 해도 그녀는 주방의 권력을 쥐고 놓지 않았고, 일하면서도 가정을 조율할 수 있는 자신만의 시스템을 세팅했다.

외국계 기업의 홍보 담당 상무로 일하고 있는 분도 있다. 홍보 일이란 게 밤낮없이 기자들을 만나야 하고 각종 미팅과 술자리가 끊이지 않는 일이다. 하지만 그녀는 자신만의 철칙을 세웠다. 모든 약속은 일체 점심으로 돌려놓는다. 혹여나 늦는 일이 있어도 남편과의 합의를 통해 부부 중 한 명은 꼭 아이들이 학교가 끝난 후 집에서 공부를 봐준다는 것이다. 두 분 모두 한 번도 일을 쉬지 않은 워킹맘 20~30년 차의 베테랑들이다. 그녀들은 사회에서 커리어를 쌓아가며 아이들도 큰 문제 없이 잘 키워왔다.

*

나다운 엄마로 인생을 조율하자

우울함은 내가 내 삶의 주체가 되지 못할 때 찾아온다. '나는 나쁜 엄마일까?'를 고민하기 전에 '나는 어떤 사람일까?'를 고민하는 것이 필요하다. 그리고 어느 정도 나라는 사람에 대해 확신이 든다면, 나답게 사는 방법을 고민해야 한다. 그리고 가족들에게 도움을 요청하면서 내가 중심이 되는 삶을 조율해가는 것이 필요하다.

집에서 살림만 해서 우울하다면 일하면서 가족들과 조율해가는 삶의 방법을 고민해야 할 것이고, 직장에서 '뭐 하려고 이러고 사나'라는 자괴감만 든다면 육아와 집안일에 잠시 기대어 쉬어가는 것도 나쁘지 않다. 무얼 선택하든 그 기준이 나에게 걸맞은 것인지, 그 선택 후에 내가 잘 조율해갈 수 있을 것인지를 고민해야 한다.

어쩌면 어느 정도의 우울함은 나를 찾아가는 과정에 꼭 필요한 요소일지도 모른다. 다 포기하고 하나의 줄만 선택해야 하는 서러움 대신, 여러 개의 줄을 조율해보라는 신호일 수도 있다. 각자의 선택에 우선순위를 매겨가며 하나씩 조율해나가다 보면 내가 쥐고 있는 여러 줄들이 언젠가는 제자리를 찾고 제 소리를 내게 된다. 그렇게 아내의 꿈은 아름다운 선율이 되어간다.

인생의 주체가 '나'이듯
결혼과 출산의 주체 역시 '나'다.
내가 결혼을 선택한 것이지
결혼이 날 선택한 것은 아니다.
그래서 주도하는 것 역시
나 자신이 되어야 한다.

가계부가 아니라
CEO 다이어리를 써라

요즘 시대에 남녀차별 얘기를 하면 촌스럽다지만 세상에는 아직 남녀차별이 존재한다. 특히 가정 안을 들여다보면 더욱 그렇다. 집안일은 여전히 여자들 몫인 집이 많다. 남자들은 가끔 생색내면서 '해주는 것'이지만, 여자들은 안 하면 직무 유기처럼 욕을 먹는 것이 집안일이다.

맞벌이 부부라면 상황이 달라야 하지만 반드시 그렇지만도 않다. 최근 조사 결과만 봐도 그렇다. 부부가 같이 직장 생활을 할 경우에도 여성의 가사노동 시간이 여전히 남성보다 세 배 이상 많다. 그러니 맞벌이 아내의 경우 그야말로 슈퍼우먼 역할이 강요되는 상황이다. 그렇지만 슈퍼우먼이 되기 어디 쉬운 일인가. 맞벌이 여성은 한 치만 삐끗해도 자기밖에 모르는 이기적인 여자, 아이들을 제대로 먹이지도 입히지도 못하는 엄마, 남편에게도 인색하고 불성실한 아내가 된다.

그런데 남들의 그런 평가 때문에 내 꿈과 인생을 저당 잡힐 필요는 없다. 이러쿵저러쿵 아무리 떠들어대도 결국 그들이 내 인생을 대신 살아주는 것은 아니다. 눈치 안 보고 당당하게 내 행복을 만들어가기 위해서는 사회가 요구하는 아내의 역할에 집착하지 말아야 한다.

*

살림에 올인한 날들, 왜 나는 허무했을까

나도 큰애가 네다섯 살 때까지는 살림에 목숨을 건 듯 집착한 적도 있었다. 양장점 집 딸이라 손재주가 좋았는지 결혼 이후 줄곧 이것저것 직접 만들어 집을 꾸미고 쓸고 닦으며 잠시도 가만히 있질 않았다. 행주도, 티셔츠도 각 맞춰서 갰다. 예쁜 그릇도 엄청나게 사들였다. 그런데 어느 날, 살림에 몰두하는 것은 내가 투자한 시간이나 노력에 비해 생산성이 낮다는 깨달음이 왔다. 커튼을 손수 예쁘게 만들어서 달았을 때 투자한 엄청난 시간과 노력에 비해 기쁨이나 만족감을 즐기는 시간은 너무 짧았다. 그것을 즐기는 대상도 가족이나 이웃 몇몇에 한정될 뿐이었다.

그런 깨달음이 왔을 때가 강사 일을 본격적으로 시작해서 바빠질 무렵이었다. 어차피 살림에 정을 떼야 할 때였다. 한꺼번에 손을 놓을 수는 없으므로 집안일을 하나씩 떼내기 시작했다. 나는 제일 먼저 집이 언제나 번쩍번쩍 윤이 나야 한다는 강박관념에서 벗어나려고 노력했다.

나는 원래 싱크대 위에 물건이 놓인 꼴을 보지 못했다. 수저통, 그릇 등 주방 일을 하다 보면 자연스레 싱크대 위에 무언가 올라오게 마련인데도 편안함을 포기하고 보기 좋은 것을 택하는 쪽이었다. 그러나 시간이 지나자 저절로 필요한 것들이 싱크대 위로 올라왔다. 시간이 없으니 보기 좋은 것을 챙길 겨를이 없었고, 살기 편안한 쪽으로 자연스럽게 바뀌기 시작했다.

살림을 덮어두거나 포기하라는 말이 아니다. 가족이 먹고사는 데 불편하지 않고, 집에 들어오면 그래도 마음 편히 휴식을 취할 수 있는 수준은 되어야 한다. 집이 지나치게 지저분하거나 먹는 것이 형편없다면 그것 자체가 스트레스가 되고, 그런 스트레스는 역시 살림에 집착하는 것만큼 사람을 비생산적으로 만들고 스트레스도 심해질 것이다.

가장 먼저 해야 할 것은 살림 콤플렉스에서 벗어나는 일이다. 이건 전업맘도 마찬가지다. 많은 여성들이 살림을 잘해야 한다는 압박감을 조금은 가지고 산다. 누가 시키지 않았는데도 잘하고 싶다는 욕심을 스스로 만들어내기도 한다. 그런데 완벽한 살림꾼이라는 말은 어떤 면에서 보면 실속 없는 꼬리표에 지나지 않는다. 사람이 살면서 먹고 입고 치우는 일은 끊임없이 벌어지게 마련이다. 그런데 그게 왜 아내가 전적으로 담당해야 하는 일이란 말인가.

집은 사람이 살 수 있을 만큼만 깨끗하면 된다. 아니 오히려 적당히 어질러져 있어야 한다. 지나치게 깨끗하게 꾸며놓아도 편치 않고 스트레스가 될 수 있다. 그 상태를 유지하기 위해 더 많은 공을 들여야 하고, 다른 가족들에게도 강요하게 되니 서로에게 스트레스가 아닐 수 없다. 티끌 하나 없이 깨끗하면 그것은 집이 아니라 모델하우스이 거나 화보용 스튜디오다.

가수 이적이 방송에 나와서 이런 이야기를 했다. 자기네 집이 친구네 집에 비해 너무 지저분해서 엄마한테(그의 엄마는 유명한 여성학자 박혜란 선생님이시다) 집안 좀 치우며 살자고 했다 한다. 그러자 어머니께서 이렇게 말씀하셨다고 한다. "먼지에게 시간을 줘라." 먼지는 굴러다니다 스스로 뭉치게 마련이고 자동 청소가 된다는 말씀이었다.

그런데 말이 쉽지 주부들이 살림에 신경쓰지 않는 것이 쉬운 일인가. 나 역시도 살림 콤플렉스에서 벗어나는 데 시간이 꽤 걸렸고, 어려움도 있었다. 살림 콤플렉스에서 벗어나려면 일단 내가 살림하지 않으면 우리 집이 엉망이 될 것이라는 착각에서 벗어나야 한다.

집안일도 위임하고 양도하라

모든 것을 다 직접 하려고 할 필요도 없다. 가족이 할 수 있는 일이라면 각자 담당을 정해서 넘기는 것이 좋다. 또 사정이 된다면 전문가에게 위임하는 것도 좋은 방법이다. 나는 일주일에 사나흘 정도는 가사도우미에게 집안일을 맡긴다. 요즘처럼 모바일 플랫폼이 발달해 몇 분 안에 일을 위임하고 양도하는 게 쉬워진 세상에 '내 일'이라고 붙들고 있는 것만큼 어리석은 일도 없다.

살림 때문에 스트레스 받고 자신이나 가족을 괴롭힐 것이 아니라 살림을 시스템화해 다른 이의 도움을 받아서 해결하면, 지금 당장은 돈이 들더라도 나중에는 정서적인 측면은 물론 경제적인 측면에서도 훨씬 낫다.

회사 CEO가 자신이 하지 않아도 되는 일까지 하면 오히려 그 회사는 망해가게 된다. 가정도 마찬가지다. 육아든 집안일이든 일정 부분 맡아줄 사람의 도움을 받으면 되는데, 눈앞의 돈이나 사람들의 이목이 걱정스러워 모든 걸 혼자서 끌고 가다가 가정이라는 울타리 자체가 흔들리는 경우도 생긴다.

사람에게는 능력이나 체력의 한계가 있다. 일은 눈에 보이는데 혼자 다 할 수 없으니 짜증이 나고, 결국 다른 가족에게 짜증 내며 강요할 수밖에 없다. "넌 이걸 하고, 당신은 이거 해." 살림이 시스템화되지 않으면 아내는 아내대로 일이 많아 짜증을 내고, 가족은 가족대로 만족스럽지 않아 불만을 터뜨리니 결과적으로 가족 모두 불행해지는 것이다.

그런데 살아 보니 그럴 필요가 없다. 집안일을 시스템화해서 50퍼센트 정도는 다른 사람에게 맡기면 우리 가정도 좋아지고, 더불어 그 일을 맡은 사람의 가정도 좋아진다. 우리 집에서 번 돈으로 그 가족이 또 먹고살기 때문이다.

✻

지금의 100만 원은 미래의 300만 원이다

직장 다니던 여성들이 직장을 그만두는 가장 큰 이유가 바로 육아 때문이다. 아이를 어느 정도 키워놓고 다시 일을 하리라 생각하지만 그 또한 쉽지 않다. 아이들은 나이별로 보호자의 손길이 필요하기 때문이다. 가까이 살면서 아이를 봐주실 부모님이나 친척이 있는 사람은 행운아다. 그렇다고 베이비시터나 놀이방에 맡기자니 배보다 배꼽이 크고, 애도 떨어지기 싫어해서 포기하는 경우가 허다하다. 그런데 여기서 '배보다 배꼽이 큰 이유', 즉 돈이라는 이유에 대해서는 반드시 짚고 넘어갈 필요가 있다. 많은 여성이 이렇게 말한다.

"애 그 고생을 시키고 내 마음 아파하면서 이거 벌려고 다니다니, 내가 잘하는 짓인지 모르겠어."

"내가 번 돈으로 애 놀이방비 내고 차비며 점심값이며 내고 나면 남는 게 없어. 그런데도 다닐 필요가 있을까?"

이런 생각이 드는 순간에 결정을 잘해야 한다. 좀 더 강해지고 좀 더 멀리 봐야 한다는 말이다. 그렇게 배보다 배꼽이 커지는 상황이라도 당연히 직장을 다닐 필요가 있다. 그 상황에서 포기하는 바람에 얼마나 많은 여성이 가정에 발목을 잡혔는지 생각해보라. 개인적으로나 사회적으로도 얼마나 많은 인력의 낭비를 가져왔나.

내가 버는 돈과 가사나 육아에 드는 돈이 '똔똔'이더라도 돈을 들여서 가사나 육아를 다른 사람에게 맡기고 일을 해야 하는 이유는, 당장은 버는 게 없는 것처럼 보이지만 시간이 지나면 달라지기 때문이다. 지금 당장 눈에 보이지는 않지만 커리어라는 가치는 굉장히 크다. 지금은 '똔똔'이어도 육아나 가사 때문에 공백기를 가진 뒤 벌 수 있는 돈과 커리어를 계속 쌓아나가 나중에 벌 수 있는 돈을 비교해보라. 지금은 내가 100만 원 벌어서 100만 원이 다 아이한테 들어갈지 모르지만, 그동안 나는 200만 원, 300만 원을 벌 능력을 갖추게 된다. 그렇게 되면 아이 양육비 때문에 포기했던 100만 원은 그냥 100만 원이 아니라 200만 원, 300만 원인 셈이다.

집안일은 물론 중요하다. 집이 가족 모두의 충전소이기 때문이다. 하지만 그 충전소가 충전소답기 위해 한 사람에게만 희생을 강요해서는 안 된다. 필요하면 돈을 써서 아내를 대신할 인력을 사용하고, 이때 쓰는 돈을 아깝다고 생각하지 말아야 한다. 그 돈은 멀지 않은 미래에 자신과 가족의 만족도라는 형태와 직접적인 돈의 형태로 다시 돌아올 거라는 생각을 끊임없이 해야 한다.

나는 살림 콤플렉스를 집어던지고 나서부터는 평생 우리 집을 사람이 살 수 있을 만큼만 해놓고 살았다. 그렇다고 부끄럽게 생각하거나 후회하지는 않는다. 그건 잘하는 분이 담당하면 되고 나는 내가 잘하는 일을 하면 되는 것이다. 만약 내가 살림에도 시간과 에너지를 투자했다면 오늘의 '김미경'은 없었을 것이다.

Part 4

꿈의 운명

—

삶이 당신을 시험에 들게 할지라도

운명이 장난칠 때를 대비하는 악재테크

제아무리 출판계가 불황이라 해도 서점에 가면 절대 빠지지 않는 제목의 서적들이 있다. 바로 재테크 책들이다. 언제부턴가 우리는 돈을 잘 벌고 모으는 법만 배웠지 인생을 살면서 일어나는 여러 가지 일들을 잘 모으고 다루는 법은 배우지 않았다. 돈만 모은다고 부자가 되는 게 아니다. 진짜 부자는 호재를 살리고 악재를 잘 다루는 사람이다.

나는 인생에 필요한 '재테크'로 두 가지를 든다. 하나는 '호(好)재테크'이다. 미련하게 모으기만 할 것이 아니라 지혜롭게 기술적으로 잘 모아서 더 많은 재산으로 만들자는 것이다. 다른 하나는 '악(惡)재테크'. 빚이나 보증, 파산, 뜻하지 않은 실직 등으로 난관에 처한 것들을 역으로 이용해 인생의 재산으로 만드는 것이다.

이 둘 중 내가 더 중요하게 여기는 것은 '악재테크'다. 호재테크는 잘하지 못한다 해도 삶이 엉망이 되진 않는다. 하지만 악재테크는 영향력이 크다. 잘하지 못하면 삶이 돌이킬 수 없을 만큼 엉망이 되기 때문이다. 악재테크를 한마디로 설명하면 '나쁜 일이 생겼을 때 잘 극복하여 전화위복의 기회로 삼을 수 있는 기술'이라고 할 수 있다.

우리네 삶에는 현명한 악재테크가 꼭 필요하다. 어느 삶이든 좋은 일만 있을 수도 없고, 탄탄대로로만 이루어져 있지도 않기 때문이다. 자본주의 세상에서 사는 이상, 살다 보면 돈 때문에 죽고 싶을 때가 한두 번이 아니다. 실제로 돈 때문에 목숨을 끊는 안타까운 일이 종종 일어난다. 돈은 인생을 최고로 만들기도 하지만 최악으로도 만드는 요물이다.

*

하늘이 무너져도 빛줄기가 되어준 긍정 마인드

나처럼 가난한 남자와 결혼한 친구가 있다. 두 몸 겨우 누일 정도로 조그만 반지하 월세방, 그곳이 친구 부부의 첫 신혼집이었다. 둘은 맞벌이로 열심히 산 덕에 결혼 3년 만에 14평짜리 연립주택 전세로 이사해 지상으로 입성했고, 10년째에는 무려 49평짜리 아파트를 분양받게 되었다. 아파트에 입주한 첫날, 14평짜리 살림살이를 49평 아파트에 갖다 놓으니 어색하기 이를 데 없었다.

"미경아, 어제까지 멀쩡하던 TV며 냉장고가 왜 그리 작아 보이니?"
물건도 사람처럼 어울리는 장소가 있다는 생각이 든 친구는 현금을 긁어모아 혼수 마련하듯 살림살이를 싹 다 새로 장만했다. 그리고 새 아파트에서 첫 저녁식사를 하는데 새 숟가락에 새 밥그릇, 새 식탁, 친구는 자신도 모르게 눈물을 쏟았다. 감동으로 펄떡펄떡 뛰는 가슴을 손으로 누르며 남편에게 말했다.

"여보, 이 집에서 낯익은 건 우리 셋밖에 없다, 그치?"

오죽 집이 좋았으면 친구는 한동안 집 밖으로 나오지 않았다. 어쩌다 한번 만나는 친구들 모임도 마다하며 그 먼 신도시로 놀러 오라고 성화였다. 49평 새 아파트는 그녀 인생 최고의 자랑거리이자 기념비였다.

하지만 인생 최고의 호재는 그보다 더한 악재로 한순간에 뒤덮여 버리고 말았다. 미국발 금융위기가 터지더니 연쇄적으로 한국도 불황이 닥쳤고, 금융회사에 다니던 친구의 남편이 하루아침에 직장을 잃었다. 회사 노조에서는 다 같이 힘을 모아야 한다며 부부 동반으로 시위에 참여하라는 통보를 해왔다. 고심하던 친구는 결단을 내렸다.

"여보, 우리 여기서 새출발 하자. 시위한다고 해결될 문제가 아니야. 이걸 터닝포인트로 삼자. 당신 그동안 고생 많았어. 10년 일했으니 1년 정도 쉬어도 돼."

내 친구지만 참 멋있었다. 보통의 아내들이라면 남편 옆에서 통곡을 하고 있었겠지만 친구는 냉철히 상황을 내다보고 남편에게 충전의 기회로 삼자고 했다. 여기서 그치지 않았다. 기왕 충전하는 거 남편의 소원이라도 들어주자 싶었다. 평소에 1년 정도 어학연수를 하고 싶다고 노래를 불러온 남편이었다.

"이번에 받은 퇴직금 가지고 호주로 가자! 거긴 따뜻하잖아. 한 1년 충전하는 셈 치고 다녀오자. 그러고 나면 다시 시작할 수 있을 거야."

이렇게 멋진 말을 해줄 아내가 얼마나 있겠는가! 하지만 남편의 대답은 예상 밖이었다.

"미안해, 여보. 나 퇴직금 없어. 중간 정산해서 주식 했는데… 다 날렸어."

중간 정산? 주식? 이게 뭔 말인가. 정신이 혼미해진 친구는 잠시 멍하니 있다가 다시 말을 꺼냈다. 이렇게 된 이상 퇴직금이 대순가.

"그럼 호주는 못 가겠네. 괜찮아. 우리 식구 누울 집이 있으니 그게 어디야. 1년 정도 쉬면서 새로 할 일을 찾자."

그런데 감격에 겨워야 할 남편의 표정이 점점 이상해졌다. 말도 없이 눈까지 벌게지더니 남편은 친구를 와락 껴안으며 말했다.

"내 말 잘 들어. 여보, 내가 있잖아…."

"있잖아, 뭐?"

"그게… 집은 내가… 꼭 다시 사줄게!"

아뿔싸, 남편의 대책 없는 2단 콤보 사고였다. 주식에 눈이 먼 남편이 아내 몰래 집까지 저당 잡혀 날려 먹은 것이다. 친구가 들뜬 마음으로 살림살이까지 싹 다 새 것으로 채워 넣은 그 아파트, 집이 너무 좋아 집순이를 자처했던 그 아파트였다.

호주는 물 건너갔고, 1년 충전은 언감생심, 당장 빚 갚고 이사부터 해야 할 처지였다. 이제 남아 있는 돈은 거의 없었다. 가지고 있던 현금도 살림살이 사느라 새 나간 지 오래였다. 계산기를 두드려보니 남는 돈이 딱 600만 원. 아파트를 팔아 주식으로 진 빚을 다 갚고 남는 액수였다. 49평 꿈 같은 아파트 생활은 단 9개월로 막을 내렸다. 친구는 담담히 마음먹으려 했지만 이사하기 전날, 밀려오는 속상함을 참아낼 수 없었다.

'이렇게 살아서 뭐해. 차라리 죽어버리자. 그래, 이 집에서 내가 죽으면 죽었지, 나갈 수는 없어.'

친구는 술이나 마시고 죽어버리잔 생각에 마트로 향했다. 속에서 천불이 나 거칠게 카트를 밀고 가는데 일곱 살짜리 딸이 친구의 옷자락을 잡아끌면서 말했다.

"엄마, 근데 아빠 되게 불쌍하다, 그치? 백수는 불쌍한 거지? 엄마, 아빠 불쌍하니까 우리 선물 하나 사다 주자."

절망감으로 가득 찬 친구는 딸아이의 말을 못 들은 척 소주 열 병을 카트에 담았다. 그런데 딸아이는 곧 죽겠다는 엄마 속도 모르고 계속 졸라댔다.

"엄마, 아빠 뭐 사줄까? 응? 저거? 아니면 저거?"

"알겠어. 근데 엄마 돈 없으니까 싼 거 사자."

그런데 막상 선물을 고르려니 사줄 만한 것이 없었다. 백수 남편에게 넥타이, 와이셔츠, 손수건… 그딴 게 뭔 소용이겠는가. 하지만 딸아이의 기대를 저버릴 수도 없어 이것저것 고르다 '백수 2종 세트'인 추리닝 바지와 슬리퍼를 골랐다. 그래도 선물이라고 딸아이는 리본까지 예쁘게 묶었다. 그제야 흐뭇한 미소를 짓던 딸이 이번에는 카드까지 쓰겠다고 나섰다.

"아..빠... 백수.. 추..카..해...요. 엄마, 이것 봐! 예쁘지?"

백수의 의미가 뭔지도 모르는 딸아이가 아빠 이야기를 할 때마다 혀를 끌끌 차는 어른들의 추임새 덕분에 '백수=불쌍하다'라는 생각을 하게 된 모양이었다. 하지만 남들이 아빠를 불쌍하다 생각해도, 평소 얼굴 보기 힘들었던 아빠가 매일 집에 있는 것이 아이에겐 축하할 일이었는지 '아빠의 백수'를 축하하는 카드를 썼다.

그런 딸을 보며 친구는 자기도 편지를 써야겠다고 마음먹었다. 축하할 마음도, 위로할 마음도 없었지만 막상 편지지를 앞에 두고 보니 원망이 봇물처럼 쏟아져 나왔다. '어떻게 나한테 이럴 수 있어? 퇴직금이며 집까지 어떻게 날 속여? 그러고도 당신이 사람이야?' 하지만 쏟아져 나오는 말들을 끝내 글로 옮기지는 않았다. 굳이 원망 가득한 편지를 쓸 생각은 없었다. 그렇게 고심 또 고심해서 고쳐 쓴 친구의 편지는 본래 그녀 성격답게 씩씩한 내용으로 채워졌다.

"여보, 참 신기한 거 알아? 옛날에 우리 결혼할 때 들고 시작했던 돈이 600만 원이었잖아. 그런데 이제 우리한테 남은 돈이 또 600만 원이네? 10년 전엔 그 돈으로 뭐든지 다 할 수 있을 거 같았는데 왜 지금은 휴지 조각처럼 느껴질까? 돈은 안 변했는데 우리 둘만 너무 못되게 변했어. 여보, 기왕 이렇게 된 거 옛날처럼 다시 기운 내서 다 같이 노력해 잘 살자. 어차피 시작이랑 같으니 줄어든 건 없잖아?"

쭉쭉 써 내려가다 보니 어느새 아홉 장을 빼곡히 채우게 됐다. 편지를 접어 봉투에 넣으니 돈봉투마냥 빵빵해졌다. 집으로 돌아온 친구는 남편에게 '백수 2종 세트'와 딸아이의 카드, 그리고 자신의 편지가

든 편지봉투를 내밀었다.

"이게 뭐, 뭔데?"

"보면 몰라? 편지잖아, 읽어봐."

남편은 처음에는 손을 덜덜 떨면서 받지도 못하더니 편지를 들고 베란다로 나갔다. 남편이 편지를 읽는 동안 친구는 이삿짐을 싸기 시작했다. 한참 짐을 싸다가 시계를 보고는 깜짝 놀랐다. 짐을 싸기 시작한 게 저녁 7시였는데 어느새 자정이 다 되어가고 있었다. 시끄러운 마음을 내려놓고 짐을 싸다 보니 시간 가는 줄 몰랐던 것이다. 그런데 이런! 남편이 보이지 않았다. 순간 친구는 깜짝 놀랐다. 당시 유행처럼 번지던 베란다 투신자살이 떠올라 후다닥 베란다로 나갔는데 세탁기 앞에서 이상한 소리가 났다. 불을 켜고 가보니 남편이 머리를 두 손으로 감싼 채 꺽꺽거리며 울고 있었다. 그 아홉 장의 편지에 미안함과 자책감, 고마움이 한꺼번에 밀려온 것이다. 친구는 아무 말 없이 다가가 남편을 꼭 껴안았다. 그리고 둘이 부둥켜안은 채 한참을 울고 또 울었다.

"살면서 그날처럼 마음 아픈 날은 없었어."

요즘도 친구는 그날을 떠올리면 눈가가 촉촉해지곤 한다.

만약 우리의 수명이 5년 정도라면 악재테크는 필요 없다. 하지만 요즘 같은 120세 시대에는 살면서 어떤 악재에 언제 부딪힐지 모르는 일이다. 마치 지뢰밭처럼 불의의 사고나 예측 못 한 불행이 인생 어디에 숨어 있을지 모른다. 지금 당장 여유롭다고 해서 앞으로의 인생에 돈에 발목 잡히는 힘든 상황이 절대 오지 않을 거라고 장담할 수도 없다. 친구 역시 마찬가지였다. 고생 끝에 넓은 집에 살게 된 후 남은 것은 풍요롭고 행복하게 사는 것뿐이라 생각했을 때 그런 일을 당한 것이다.

악재테크 능력이 인생의 반전을 만든다

눈물의 이사 후 친구네 가족은 11평짜리 반지하 셋방에서 다시 시작했다. 10년 동안 가족은 늘었는데 10년 전 신혼 방보다 더 초라한 곳에 살게 된 것이다. 이사를 하고 한 달이 지났을까. 연락이 없던 친구에게서 전화가 걸려 왔다.

"미경아, 있잖아. 다 잃은 줄 알았는데 가진 게 두 가지나 있더라?"
"그래? 그게 뭔데?"
"돈을 벌어야겠다는 욕구랑 시간."

역시 그녀다웠다. 반지하 방에서 한숨과 눈물만 지을 그녀가 아니었다. 자본주의 사회에서 최고의 자산은 재산도, 재테크 능력도 아닌 돈을 벌고자 하는 마음과 시간, 이 두 가지다. 하지만 사람들은 이 두 가지를 잘 합치지 못한다. 돈을 벌겠다는 마음은 있어도 핑계가 여러 가지 붙곤 한다.

'남한테 아쉬운 소리를 어떻게 해….'
'벌면 얼마나 벌겠어. 가만히 있는 게 돈 버는 거지.'
'살림만 해봤지, 돈 버는 재주는 없어서….'

그러다 보니 욕구와 시간이 따로 놀아 점점 돈에서 멀어지게 된다.

그러면서 '역시 내 팔자엔 돈이 없나 봐'라며 우울해진다. 하지만 친구는 이 두 가지를 합칠 줄도 알았고 끈기도 있었다. 11평 셋방살이 시작 후 6여 년, 미친 듯이 노력했다. 솔직담백한 성격 탓에 싹싹함과 거리가 멀었던 친구가 잘 웃고 잘 받아치며 남들에게 아쉬운 소리도 척척 해내게 됐다. 거북이 등껍질처럼 학습지를 싸맨 채 영업을 다닐 때도 친구는 얼굴 찡그리는 법이 없었다.

"호호호, 어머님. 구독 안 하셔도 되니까 그냥 읽기만 해주세요~."

영업을 하면서 아이들의 교육 문화에 눈을 뜨게 된 후부터는 사이버 대학에 입학해 교육학을 공부했다. 학습지 영업에 주말 파트타임 백화점 일까지 투잡, 쓰리잡을 마다하지 않은 탓에 졸업까지는 근 6년이 걸렸다. 지금은 초등학생 전문 종합학원을 운영하며 학부모들 사이에서 명성이 자자하다. 그사이 셋방을 벗어나 31평 아파트도 장만했고, 눈물 많던 남편은 그녀와 함께 학원 경영 관리를 하며 잘 살고 있다.

재기를 넘어 인생을 업그레이드한 친구는 악재테크를 잘한 케이스다. 악재를 잘 다루고 잘 받아들인 탓에 그녀의 인생 자산은 보란 듯이 늘어났다. 호재테크는 조금만 신경 쓰면 누구나 잘할 수 있다. 도와주는 전문 기관도 많다. 그러나 인생에 악재가 닥쳤을 때는 다르다. 이를 어떻게 슬기롭게 넘어서 인생의 최저점에서 치고 올라가느냐가 중요하다. 바닥을 쳐야 올라갈 곳도 있다. 바닥 아래 땅만 파고들어봤자 결국은 흙에 묻히는 수밖에 없다. 친구는 손발이 닳도록 바닥에서 위로 뜀질을 한 덕분에 새로운 세상을 만날 수 있었다.

신기하게도 여자의 운명은 결혼 후에 본격적으로 작동하기 시작한다. 결혼 전까지만 해도 고여 있던 운명이 결혼 후에 휘몰아치는 경우가 대부분이다. 결혼 전에 가난하던 시댁이 결혼 후 갑자기 부자가 되었다는 말은 별로 들어본 적이 없다. 부자인 줄 알고 시집갔는데 3년 만에 쫄딱 망했다는 원망은 서넛만 모여도 듣게 되는 이야기다. 그만큼 사람이 모여 가족을 이루고 산다는 건 녹록지 않은 일이다. 우리 집만 운이 없어 악재가 넘치는 것이 아니다. 어느 집이나 크고 작은 악재가 있다.

여자는 결혼 후 아내가 되고 엄마가 되어야 인생을 살아내는 진짜 실력이 나오게 된다. 그저 여자라면 절대 해내지 못했을 일을 엄마니까 아내니까 해낼 수 있다. 악재테크의 실력을 쌓아가며 아내는 반전의 주인공이 되어간다.

불황 때 나를 살리는
자기 회복 시스템

우리 아파트 꼭대기 층에 사시는 분이 있다. 30년간 사업을 해오신 엄청난 자산가이신데 놀이터에서 노는 동네 아이들한테 가끔 아이스크림을 돌리는 소탈한 아저씨라서 엄마들 사이에서도 인기가 많다. 나와도 출퇴근길에 종종 인사를 나누고 담소를 주고받는 분이다. 그런데 최근에 그분을 뵈니 얼굴에 수심이 가득하셨다. 무슨 일이 있으신가 싶어 조심스럽게 인사를 건넸더니 이분이 갑자기 나를 잡고 하소연을 시작하셨다.

"아우, 요즘 진짜 힘들어요. 불황도 이런 불황이 없네요. 30년째 사업하는데 IMF 때보다 더한 것 같아요. 선생님은 괜찮으세요? 저는 처음으로 직원을 줄였어요. 상황이 얼마나 나빠질지 짐작도 가질 않아요."

요즘 만나는 사장들마다 아우성이다. 펜트하우스 사는 대기업 임원이든, 큰돈을 투자받은 스타트업 CEO든, 상가에서 장사하는 자영업자든 한목소리로 죽는 소리를 한다. 나라고 상황이 좋을 리 없다. 강의도 좀 줄었고 유튜브 수익도 예전만 못하다. 또다시 불황이다. 그런데 요즘 불황에는 붙는 수식어가 하나 있다. '역대급 불황.' 코로나 때도 가겟세를 밀려가며 버티던 소상공인들의 폐업률이 사상 최고치를 찍었고, 나이 든 사람들도 입을 모아 IMF 때보다도 더 힘들다고 말한다.

저성장, 저소비, 높은 실업률과 고위험이 정상이라는 뜻의 뉴노멀(New Normal)이라는 단어가 나온 지 10년도 더 지났는데, 여전히 길을 잃은 채 우왕좌왕한다. 공포심을 조장하려는 게 아니다. 우리가 가장 먼저 인정해야 할 것은 우리가 저성장이 장기화되는 시대를 살아가고 있다는 것이다.

대한민국에서 내 나이대 사람들이라면 다 그렇겠지만, 나도 여러 번의 불황을 겪었다. 폭죽 터지듯 큰소리로 터져버린 IMF 외환위기도, 국가 부도 위기를 넘겼다고 안심하던 때 일어난 신용카드 대란도, 리먼 브라더스 사태로 불리던 미국발 글로벌 금융위기, 그리고 강사라는 직업의 최대 위기를 가져온 코로나 팬데믹까지. 모두가 겪은 굵직한 경제위기뿐 아니라 내게만 닥친 개인적인 위기까지 더해 세려면 손가락이 부족하다.

그런데 이렇게 여러 번 불황과 위기를 겪으면서 한 가지 깨달은 게 있다. 불황 때에는 속도가 안 난다. 내가 시속 100킬로로 달리려고 해도 무거운 트레일러를 매단 듯 속도가 안 나고 타이어가 펑크 난 듯 갈지자로 휘청거리게 된다. 그래서 이럴 때 제일 중요한 게 '페이스를 조절하는 실력'이다.

 누구 인생에나 빠르게 직선으로 달려야 할 때가 있고, 느리게 돌아가야 할 때가 있다. 그런데 많은 사람들은 '속도=성장'이라는 고정관념에서 벗어나지 못하고 언제든 직선으로 냅다 달려야만 한다고 믿는다. 하지만 내 생각은 다르다. 길이 휘어지면 속도를 줄여야 한다. 쇼트트랙 선수가 곡선 코스에서 무턱대고 속도를 내면 넘어지고 만다. 곡선에서 자세를 꼿꼿이 세우고 속도를 줄이지 않으면 안전하게 코너링 할 수 없다.

 성공은 직선 대로에서만 오는 것이 아니다. 곡선을 돌면서도 종종 성공을 만날 수 있다. 곡선을 돌 때에는 내 영역이 더 넓어진다. 가지 않아도 될 길을 돌아가기 때문에 내 발이 닿는 지면도 그만큼 넓어진다. 앞으로 달려나가야만 전진이 아니다. 제자리걸음이 근육을 키우는 때도 있는 법이다. 빨리 달릴 때는 못 키우는 근육 말이다. 휘어진 길을 돌 때에는 속도가 안 나도, 멈춘 것 같아도 내 영역을 넓히는 시기라고 생각하고 조바심을 내서는 안 된다.

*

휘어진 길을 잘 도는 사람의 비밀

인생에도 호황과 불황이 있다. 호황에는 고속 성장을 하지만 불황에는 저속 성장을 한다. 나도 살면서 고속 성장과 저속 성장을 늘 반복했다. 내 인생 최고의 불황은 20~30대 때였다. 증평 시골 출신인 내가 서울에 올라와 네 방이 부엌 하나를 쓰는 단칸방에서 자취를 하며 공부했고, 가난한 남자와 결혼해 반지하에서 신혼 생활을 시작한 그때, 먹고살기 막막해 피아노 학원을 하던 그땐 맨날 제자리걸음이었다. 애들 두 명 늘면 두 명 나가고, 또 한 명 나가겠다고 하고, 늘 제자리걸음이었다. 그럴 때마다 내가 할 수 있는 거라곤 새벽에 일어나 학부모에게 편지를 쓰는 것이었다.

"어머니, 연지가 어제는 '엘리제를 위하여' 연습을 시작했어요. 이제 첫 마디를 시작했으니 두 달 후엔 이 곡을 멋지게 연주하게 될 거예요. 그날이 너무나 기다려집니다."

편지를 채울 말을 찾으려 피아노 연습하는 아이 옆에 딱 붙어 앉아 별별 얘길 다 물어보곤 했다. 부모님은 뭐 하시나, 주말에 뭐 했나를 캐물어서 하나하나 메모 해뒀다가 새벽에 눈곱도 안 떼고 학원에 나가 구구절절한 편지를 A4 두 장씩 써 내려갔다. 그땐 이게 다 무슨 짓인가 싶기도 했다. 원생 한 명 붙잡으려고 새벽 4시 반에 머리를 산발한 채 귀신처럼 앉아 편지를 쓰고 있자니 내가 너무 처량하고 한심해 보이기까지 했다.

그런데 지나고 보니 그 새벽의 편지들이 나를 키운 원동력이 되었다. 원생 한 명 붙잡으려고 쓴 편지 하나가 다른 학부모 두 명을 데리고 왔고, 한 명 나가려다 세 명이 들어왔다. 그렇게 원생이 200명으로 불자 그때부터 학원 규모가 자동 진화하기 시작했다. 멈춰 있는 것 같아도 내가 오늘 한 작은 일이 보이지 않는 곳에서 커지고 있었다.

나는 불황 땐 '불황 실력'이 있어야 한다고 늘 강조한다. 불황 땐 현재 돈이 안 벌리고 눈에 보이는 것도 없다. 그러나 눈에 안 보이는 것을 믿어야 한다. 바로 우리가 소망이라 부르는 것을 품어야 한다. 앞이 보이지 않을 때 소망을 놓지 않는 사람이 짙은 안개를 헤치고 일어선다. 그리고 안개가 걷히고 나면 일어선 사람이 선명하게 보인다. 지금 눈앞에 돈이 없다고, 보이는 게 없다고 다 멈춘 게 아니다. 그 속에서도 가슴속에 절실한 소망을 품고 버티고 일어서는 사람이 있다.

불황 때는 시간도 많다. 장사가 안돼서, 나를 찾는 사람이 없어서, 나갈 회사가 없어져서, 돈은 쪼그라들지만 시간만은 풍족해진다. 그때 미래의 돈을 벌어야 한다. 남아도는 시간을 활용해서 호황 때 열심히 뛰느라 구멍 난 곳들을 부지런히 메꿔야 한다. 휘어진 곡선에서 천천히 속도를 줄이고 내 영역을 넓히며 꼿꼿하게 버텨 마침내 일어서는 실력, 불황 때 버틴 실력이 진짜 인생 실력이다.

*

나를 살리는 자기 회복 시스템을 만들자

"남들은 다 잘 사는 것 같은데, 왜 나만 이렇게 힘들까?"

인생의 불황을 겪는 사람들이 자주 떠올리는 질문이다. 그런데 불황은 나만 겪는 것이 아니다. 마치 '불황 총량의 법칙'처럼 누구에게나 정해진 수만큼의 불황이 찾아온다. 내가 살아보니 한 사람의 인생에 최소한 열 번 이상은 오는 것 같다. 대부분 대비하지 못했을 때 찾아오는 게 불황의 특징이다. 그러니 이때 중요한 건 불황의 파도에 중심을 잃고 휩쓸리지 않는 것이다. 갑자기 큰 파도가 나를 덮친다면 파도 속에서 데굴거리며 패닉에 빠지기 쉽다. 수영을 잘하던 사람도 팔을 허우적거리며 '이러다 죽겠다' 싶은 생각만 든다. 그런데 이럴 때일수록 자기중심을 잡고 땅에 발을 디뎌야 한다. 그래야 파도의 힘으로부터 나를 지킬 수 있다.

자기중심을 잡는 일, 내가 누구인지, 어떤 사람인지를 다시금 확인하는 일, 나는 삶이 불황일수록 내 마음과 시선을 스스로 단속하는 힘이 중요하다고 본다. 앞선 악재테크 이야기처럼, 모든 게 무너져도 일어날 수 있지만 내가 무너지면 결코 다시 일어날 수 없으니까. 그리고 나를 일으켜 세우는 환경, 나를 살려내는 환경은 결국 내가 나에게 어떤 말을 들려주느냐가 결정한다.

내가 『엄마의 자존감 공부』에서도 썼듯이, 아이는 부모의 말을 통해 '나는 어떤 사람인가'를 배운다.

"너는 정말 책임감 있는 아이구나."

"너는 청소도 깔끔하게 할 줄 아는 애구나."

부모에게서 이런 말을 들으며 아이도 자신이 어떤 사람인지를 조금씩 알아간다.

'나는 책임감이 있는 아이야. 오늘 숙제도 얼른 해야지.'

'나는 청소를 잘 하지? 책상 정리 해놓고 엄마한테 자랑해야지.'

비단 아이만 이럴까? 어른도 다르지 않다. 남편이 청소를 잘했을 때 "당신 덕분에 집이 깨끗해졌네? 정말 고마워. 당신은 진짜 깔끔하고 체계적인 사람이야. 어쩜 이렇게 청소를 잘해!" 하고 말해주면, 쉰

넘은 남자도 '나 청소 잘하는 사람이었네?' 하고 그제야 알게 된다. 어른이라고 자기 자신에 대해 다 아는 것 같지만 그렇지 않다. 주위 사람들, 특히 나를 잘 아는 가족들이 나에 대해 해주는 말, 그 말로 자신을 발견하고 정의 내리는 건 아이나 어른이나 똑같다.

이처럼 사람은 말을 통해 자기를 발견한다. 그러니 말이 곧 사람을 살리는 환경이다. 부모가 아무리 공부를 많이 하고 돈이 많아도 아이에게 늘 "너는 왜 이것밖에 못 하냐?"라고 말하면 아이는 나쁜 환경에서 자라게 된다. 나쁜 말이 나쁜 환경을 제공하는 것이다. 반대로 부모가 배운 게 많지 않아도 아이를 긍정적으로 바라보고 좋은 말을 심어주면 아이는 건강한 자존감을 키우는 환경을 제공받는다. 그리고 그 말은 거짓말처럼 부메랑이 되어 부모에게 돌아온다.

결국 말이 환경이다. 내가 말로 만든 상대방이 나를 행복하게도 불행하게도 만든다. 그래서 내가 행복해지려면 좋은 환경을 만드는 게 먼저다. 좋은 환경이란 거창한 게 아니다. 내가 사랑하는 사람에게 내가 듣고 싶은 말을 먼저 들려주면 된다. 그렇게 좋은 말을 건네면 스스로를 믿게 되고, 그 사람이 믿게 된 자기 모습이 내 행복으로 돌아오는 것이다.

나에게 들려주는 말도 똑같다. 힘들수록 내 마음 안에서 들려오는 소리가 달라져야 한다.

"미경아, 넌 할 수 있어. 지금 힘들어도 괜찮아. 지금 무너진 건 아무것도 아니야. 너는 언제든 일어설 수 있는 애야."

반대로 나쁜 말을 계속 들으면 사람은 금방 무너진다. 사업이 망했다고 해서 "역시 너는 안 돼", "너는 원래 그럴 줄 알았어"라고 자신에게 말하면 어떻게 될까. 45년 동안 멀쩡하게 살아온 사람도 1년 만에 완전히 무너져 황폐해진다. 몸도 마음도 망가지고 얼굴도 달라진다.

그래서 조심해야 할 게 바로 유튜브다. 누구나 알고리즘의 시대에 살아가고 있다. 유튜브에 들어갔다가 연예인 집 구경을 시작하면 그 다음부터는 끝도 없다. 연예인 얼굴, 부자들 집, 코인으로 대박 난 이야기까지 끊임없이 쏟아진다. 이런 걸 보다 보면 마음이 뒤숭숭해지고 자괴감이 따라온다. '나는 왜 이렇게 못났지', '나는 왜 이렇게 가난하지'라는 생각이 끝없이 올라온다.

문제는 이런 영상을 반복해서 보는 순간, 내 시선을 내가 아닌 남에게 빼앗긴다는 점이다. 내가 주인이 아니라 알고리즘에 끌려다니는 로봇처럼 변해서 시선이 흐려지고 불안해져서 결국 나를 믿지 못하게 된다. 불황일수록 가장 먼저 해야 할 일은 시선을 단속하는 것이다. 나를 불안하게 만드는 알고리즘, 나를 화나게 만드는 알고리즘, 나를 남들과 비교하게 만드는 알고리즘은 과감히 끊어야 한다. 속으로라도 "닥쳐"라고 외치면 좋다. 내 시선을 강탈하는 것들을 그대로 두면 안 된다는 말이다.

오히려 우리가 해야 할 일은 내 안에 좋은 메시지를 채우는 것이다. 친구를 만나고 와서 "나도 살 빼야지", "나도 코인 해야지", "나도 집 사야지"라는 마음만 잔뜩 가져오면 안 된다. 그것이 정말 내가 원하는 일인지, 아니면 순간의 부러움과 두려움이 시킨 일인지 꼭 구분해야 한다. 두려움과 부러움이 시킨 일은 오래가지 못한다. 중요한 것은 '이건 내가 시킨 일인가'를 구분하는 것이다. 두려움이 시킨 일은 잠깐의 결심으로 끝나지만, 내가 진짜 원하는 일은 오래 간다. 그러려면 나와 매일 대화해야 한다. '이건 정말 내 생각이 맞다', '이건 버려야 한다' 하고 '분리수거' 할 수 있어야 한다.

다이어트를 할 때 나는 매일 다이어리에 적었다. "미경아, 지방간 없애자. 내장지방 줄이자. 몸무게 10킬로를 빼자. 근육은 반드시 기르자." 매일 다이어리에 적으면 내가 누구인지 잊지 않는다. 나만의 메시지를 매일 들려주면 외부의 불안한 메시지에 흔들리지 않는다.

불확실한 시대일수록 외부 자극에 휘둘릴 가능성은 더 커진다. 내 시야를 빼앗는 것, 내가 시킨 일이 아닌 남이 시킨 일을 기웃거리게 하는 것에서 벗어나 내 안에 나만의 메시지를 채우자. 내 마음을 어지럽히는 말을 분리수거하고, 나에게 좋은 말을 해주자. 나를 살리는 가장 좋은 환경을 내가 만들어주자.

✶

감사일기로 불황 멘탈을 키워라

어려운 때일수록 멘털 관리만큼 중요한 게 없다. 사업이 망해도 다시 일어날 수 있지만, 멘탈이 무너지면 절대 못 일어난다. 혼까지 탈탈 털린 사람이 재기하는 경우를 본 적이 있나? 그런 일은 잘 일어나지 않는다. 그래서 CEO들은 늘 멘탈 관리에 돈과 시간을 쏟는다. 조찬 모임, 멘토링, 자기관리 등에 돈을 아끼지 않는 이유가 여기 있다. 멘탈이 무너지면 회사가 끝이니까. 멘탈 관리가 중요한 걸 아는 거다.

하지만 그런 거 신경 쓸 겨를 없이 열심히 달리기만 한 사람들은 갑자기 찾아온 난관에 쉽게 무너진다. 그렇다면 어떻게 인생의 반복되는 불황 앞에서도 멘탈을 지킬 수 있을까? 내가 성공한 사람, 실패한 사람을 수없이 만나본 결과, 제일 추천하는 게 하나 있다. 바로 '감사일기'이다.

감사일기는 사람을 벌떡 일으키는 힘이다. 감사라니, 누구나 쉽게 할 수 있을 것 같지만, 사실은 아무나 못 하는 일이 감사다. 나도 한때는 '무슨 초등학생이야, 감사일기를 쓰게…' 하고 시시하게 여겼다. 그러나 지금은 감사할 일이 없는 날에도 억지로라도 쓴다. 감사일기를 쓰면서 보이지 않던 새로운 가능성을 보게 되었기 때문이다. 살다 보면 감사할 것이 없는 날이 반드시 온다. 그때부터가 진짜 감사의 시작이다.

감사일기를 쓰라고 하면 대부분 사람들은 이렇게 적는다. '오늘 좋은 강의를 들어서 감사하다.' '오늘 우리 가족 모두가 건강해서 감사하다.' 이런 감사는 누구나 쉽게 쓸 수 있다. 문제는 마음이 무너질 때다. 매출이 바닥나고, 꼭 붙잡아야 할 직원이 떠나고, 이러다 내가 이뤄낸 모든 것이 와르르 무너질 것 같아 불안할 때. 바로 그때 쓰는 감사가 진짜 감사다. 감사할 것이 하나도 없는 상황에서 억지로라도 감사할 것을 찾아서 적는 것이다.

내게 꼭 필요한 직원이 떠나서 감사하다니, 처음엔 비아냥 같아 보인다. 그러나 그 사건 덕분에 나에게 부족한 것을 다시 보게 된다. 떠난 자리를 채우기 위해 시스템을 손보고 새로운 대안을 찾고, 결국 더 나은 길로 나아갈 기회를 얻게 된다. 이것이 감사의 힘이다. 감사는 사건의 앞면만 보는 것이 아니다. 겉으로는 보이지 않는 뒷면과 측면까지 바라보는 것이다. 처음엔 보이지 않던 가능성이 감사 덕분에 보인다. 그래서 감사는 습관이 아니라 실력이다.

감사일기를 제대로 쓰고 싶다면 실천법이 필요하다.

첫째, 감사 3종 세트로 적는다. 오늘 당장 눈에 보이는 감사, 불편하거나 아픈 사건에서 억지로라도 찾은 감사, 아직 오지 않았지만 곧 도래할 미래의 감사를 함께 적는다.

둘째, 매일 같은 시간 같은 장소에서 쓴다. 습관은 환경이 만든다. 잠들기 전 5분이면 감사일기를 쓰기에 충분하다.

셋째, 혼자 하기 어렵다면 함께한다. 가족이나 동료, 친구를 감사 메이트로 만들어 서로의 감사를 공유한다. 타인과 공유하면 좋은 점이 내가 놓친 감사를 남 덕분에 보게 된다는 것이다.

인생에는 닫힌 문과 열린 문이 있다. 한쪽 문이 닫히면 다른 한쪽 문이 열린다. 문제는 열린 문을 볼 수 있느냐다. 멘탈이 바닥나면 열린 문은커녕 문고리도 못 본다. 이럴 때 감사일기 실력이 빛을 발한다. 땅속 깊이 꺼져 있던 마음을 지상 위로 올려놓아야 비로소 다음 계획이 떠오른다. 감사일기를 3년 쓰면 인생이 달라진다. 웬만한 심리 상담은 받을 필요가 없어진다. 스스로 자신을 치유할 수 있게 되니까. 어떤 상황에서도 희망의 뒷면을 볼 수 있는 눈이 생긴다.

지하 100층으로 떨어져 감사할 것이 없다고 느껴질 때가 가장 큰 성장을 품고 있는 순간이다. 오늘부터라도 지상으로 올라오는 감사일기를 시작하자. 보이지 않는 곳에서 일어나는 희망, 나를 끌어올리는 기적을 매일매일 만들어보길 바란다.

여자는 아내가 되고 엄마가 되어야
인생을 살아내는 진짜 실력이 나온다.
그저 여자라면 절대 해내지 못했을 일을
아내니까 엄마니까 해낼 수 있다.

행복과 불행을 가르는
인생 해석법

"행복하십니까?"라는 물음에 "물론!"이라고 자신 있게 말할 수 있는 사람이 과연 얼마나 될까? 우리나라의 행복지수가 OECD 국가 중 최하위권이라는 사실은 별로 새롭지 않다. 전 세계에서 가장 낮은 출산율, 전 세계에서 가장 높은 자살률 등 아무튼 '최고'를 좋아하는 대단한 나라다. 이 행복지수를 산출하는 데에는 다양한 요인이 종합적으로 반영되는데, 여기에는 '주관적 안녕감'이라는 요인도 포함된다. 행복지수가 꼴찌란 말인즉슨 우리나라 사람들이 오랫동안 스스로 '행복하지 않다'고 생각하며 산다는 의미다.

최근에는 '부자=행복'의 공식이 확산되어 더 많은 사람들에게서 행복감을 빼앗고 있다. SNS의 '행복 배틀'을 보고 있자면 나만 가난한 것 같고, 나만 열심히 일하는 것 같고, 나만 뒤처진 것 같고, 심지어 반려동물도 나만 없고, 나만 없는 것투성이다. 그런데 돈을 더 많이 벌면, 걱정거리가 다 해결되면, 갖고 싶은 것을 다 가지면 행복해질까? 그렇지 않다는 것은 굳이 말하지 않아도 우리는 알고 있다. '나는 행복한가, 행복하지 않은가'는 '돈이 얼마 있냐'에 따른 것이 아니라 '무엇을 어떻게 받아들이는가'에 따른 선택의 문제다.

축복일까, 저주일까?

결혼 전에 잘나가던 학원강사였던 진선 씨. 그녀는 결혼과 함께 남편을 따라 지방 도시로 거주지를 옮기면서 전업주부의 길로 들어섰다. 늦은 나이에 결혼을 하다 보니 남의 아이를 가르치던 노하우로 내 아이들도 잘 키우고 싶었다. 그렇게 연년생 두 아이의 엄마가 되었지만 진선 씨 앞에 놓인 현실은 녹록지 않았다. 지인 하나 없는 낯선 도시에서 아이 둘을 키우며 그녀는 나날이 우울해져갔다. 남편은 홀로 가장 노릇을 하느라 새벽녘에 나가서 밤늦게 들어왔고, 아이들은 엄마 속을 아는지 모르는지 칭얼대고 보채기에 바빴다.

하루는 보채는 아이에게 무의식적으로 소리를 지르는 자신을 발견했다. 아이 우는 소리가 심상치 않자 옆집에서 초인종을 눌렀고, 이 소리에 진선 씨는 퍼뜩 정신이 돌아왔다. 스트레스로 자신이 미쳐가고 있다는 사실을 그제야 알게 된 것이다. 이대로는 안 되겠다 싶어 남편을 설득해 헐값에 집을 팔고 친정 부근으로 이사를 가 친정엄마의 도움을 받고 나서야 안정을 되찾았다.

아이들이 훌쩍 자란 후 그녀에게 두 번째 고비가 찾아왔다. 중학생이 된 둘째가 집에만 오면 툴툴대며 엄마를 잡아먹을 듯 대들길래 그저 사춘기려니 했다. 그런데 알고 보니 아이가 학교에서 왕따를 당하고 있었다. 담임 선생님마저 가세해 아이의 잘못으로 몰아세우는 상황이었다. 세상에 내 아이 편이 하나도 없다는 게 마음이 아파 아이를 끌고 집 앞 공원으로 간 그녀가 아들에게 물었다.

"네가 하자는 대로 할 테니 엄마한테 말 좀 해봐."

우물쭈물 망설이던 아들은 힘들게 입을 뗐다.

"엄마, 우리 이 나라 떠나서 살면 안 돼요?"

처음으로 힘겨웠던 속내를 보인 아들을 붙잡고 그녀는 펑펑 울었다. 아이 문제로 벼랑 끝에 내몰린 부부는 고민 끝에 이민을 떠나기로 결정했고 남편의 회사를 정리한 후 두 달간의 미국 답사길에 올랐다. 살 곳도 알아보고, 작은 가게라도 찾아볼 심산이었다. 하지만 이민 역시 쉽지 않았다. 말도 안 통하고 아는 이도 하나 없는 낯선 타국에서 부부는 의기소침해졌다. 결국 남의 나라에서 죽도록 고생할 바에야 조금만 더 정신 차리고 살아보자는 생각으로 한국으로 돌아왔다. 그러자 미국행에 들떠 있던 아이들이 실망감에 엇나가기 시작했다.

섣불리 직장을 그만둔 남편도 후회했지만 이미 엎질러진 물이었다. 직장도 없이 남편과 집안에 들어앉아 하루하루 아이들과의 전쟁에 시달리는 나날이 계속됐다. 이제 먹고살 일마저 막막해진 진선 씨는 자신에게 닥친 이 고비들이 힘겹기만 했다. 자신이 뜻한 대로, 노력한 대로 보상을 받던 미혼 시절이 가슴에 사무치게 그리워졌다. 과연, 그녀에게 닥친 이 고비는 축복일까, 저주일까?

이야기를 하나 더 해보자. 지지리도 가진 것 없는 남자가 있었다. 가난한 과부의 아들로 태어나 제대로 학교도 다니지 못한 채 농장에서 감자 캐기 등 힘든 일을 마다하지 않았던 그는 열심히 노력한 끝에 서른 살의 나이에 청년 실업가로 성공해 규모가 큰 기업을 이끌어가기 시작했다. 하지만 성공을 맛보는 것도 찰나, 회사가 한창 성장할 시기에 암 진단과 함께 1년 시한부라는 판정을 받았다. 그는 미친 듯이 화가 났다.

'내가 뭘 잘못했다고, 신은 왜 나에게 이런 시련을 주실까?'

오랫동안 분해하며 울던 그는 다시금 생각을 정리했다.

'그래, 기왕에 죽는다면 있는 돈 다 털어서 어렵게 사는 사람들이나 도와주고 죽자.'

그래서 그간 번 돈으로 장학재단을 만들고 대학을 설립해 돈이 없어 공부하지 못하는 많은 젊은이에게 기회를 주었다. 또 자선재단을 만들어 가난한 사람들을 도왔다. 지금 그의 재단은 세계 3대 자선재단으로 꼽힌다. 그의 도움으로 공부한 인재들이 그의 기업에 들어와 회사를 더욱 튼튼하게 키웠다. 그렇게 그는 자신의 재산을 모두 사회에 환원했다. 서른세 살에 1년 시한부 판정을 받았던 그는 아흔 살이 넘도록 건강하게 살다가 사람들의 축복 속에서 세상을 떠났다.

과연 누굴까? 이 사람은 바로 세계 석유왕이라 불리던 존 데이비슨

록펠러다. 록펠러가 30대에 받은 암 선고는 과연 그에게 축복일까, 저주일까?

또 한 가장이 실직했다. 실직해서 돌아온 남편을 보고 아내는 억장이 무너져 울음을 쏟아냈다. 일주일이 넘도록 울던 아내가 갑자기 울음을 멈추고 남편에게 이야기했다.

"여보, 지금 우리에겐 돈도, 먹을 것도 없어요. 단지 아이들만 있어요. 그런데 가만히 생각해보니 애들 말고도 우리에게 있는 게 또 있더라고요."

남편은 궁금한 듯 아내의 얼굴을 보았다.

"시간. 당신에게 이제 시간이 생겼어요. 당신이 그동안 쓴 글, 돈은 많이 못 벌었지만 다 좋은 평가를 받았잖아요. 이제 당신의 그 재능을 펼치는 데 시간을 쓰세요. 당신한테 남은 하나의 재산을 활용할 때가 온 거예요. 마음 편하게 못 썼던 글을 실컷 써보세요."

아내는 펜과 종이를 꺼내 남편에게 주었다. 글쓰기를 좋아했지만 가족을 부양하기 위해 세관에서 일했던 남편은 그때부터 아내의 격려 속에 죽어라 글만 썼고 마침내 불후의 명작을 남겼다. 그 작품이 바로 『주홍글씨』이고, 그의 이름은 너새니얼 호손이다. 그의 인생에서 실직은 축복일까, 저주일까?

인생은 선택과 해석에 따라 달라진다

'만약'이라는 단어를 넣어 세 사람의 인생을 다시 들여다보자. 먼저 시한부 선고를 받았던 록펠러, 만약 그가 암 선고를 받은 후 세상을 원망하고 운명에 좌절했다면 어땠을까? '내가 뭘 잘못했다고 이런 일이 생기지? 얼마 못 살고 죽는다고? 좋아, 그럼 내가 먼저 죽고 말겠어.' 그가 세상을 등지고 자살이라도 해버렸다면 암 선고는 엄청난 저주의 신호탄이 되었을 것이다.

직장에서 실직을 당한 호손의 경우도 다를 바 없다. "이렇게 실직하면 우린 어떻게 살아요? 당신 때문에 못 살아! 어서 나가서 돈 벌어와요!" 만약 그의 아내가 울고 불며 난리를 친 후, 현실이 버거워 남편과 아이들 몰래 새벽에 도망이라도 쳤다면 어떤 일이 벌어졌을까? 호손은 펜을 드는 대신 아이들 손을 붙잡고 강으로 갔을지도 모를 일이다.

이 이야기에서 처음 등장한 진선 씨는 지금 안정된 수익을 올리고 있는 프랜차이즈 커피 전문점의 어엿한 사장님이다. 그녀의 가슴을 아프게 했던 둘째는 해병대에 자원해 군복무 중이며, 첫째 또한 카투사에 있다. 이민을 단념한 후 그녀에게는 어떤 일이 일어났던 걸까? 여러 고비 끝에 그녀는 결심했다고 한다. '이렇게 아이들과 전쟁하듯 싸우며 집에서 손가락이나 빨고 있을 바에야 밖으로 나가자!'

가슴 졸이며 사춘기 아이의 방문을 부여잡고 두드리는 대신에 그녀는 집 현관문을 열고 뛰쳐나갔다. 현실 앞에서 그녀가 가장 잘할 수 있는 걸 하는 것이 최선이라 생각했던 것이다. 학원강사 시절, 다양한 학부모를 상대해본 경험 덕에 고객을 대하는 것도 어렴풋이 알고 있었다. 처음에는 무턱대고 남편의 퇴직금과 주식에다 대출까지 받아 식품 사업을 벌였다가 고생만 잔뜩 하기도 했다. 하지만 3년간의 서툰 사업을 접을 때 그녀는 전혀 지치지 않았다. '그래, 이것저것 다 겪어봤는데 설마 이보다 못할 일이 더 있겠어?'

비록 결과는 좋지 않았지만 경험을 혹독히 치러본 터라 자신감은 더 커졌다. 이후 다시금 철저히 준비한 끝에 차린 것이 바로 지금의 커피 전문점이었다. 10여 년이 다 되어가는 지금, 그녀에겐 예상치 못한 안정기가 찾아왔다. 커피 전문점은 운영 노하우가 여기저기 입에 오르내릴 정도로 탄탄해졌고, 속 썩이던 아들 둘은 집 밖에서 고군분투하는 엄마의 모습을 보며 저절로 철이 들더니 이제는 효자 소리 듣는 든든한 녀석들이 되었다.

교육은 '희생'과 '주입'이 아니라 '보여주는 것'임을 뒤늦게 깨달은 진선 씨는 가끔 상상해보곤 한다. '만약 그때 내가 일을 하지 않고 계속 집안에서 애들과 아웅다웅했다면 어떻게 됐을까?' 아이들이 잘 커줬을지 모를 일이거니와 자신도 불쌍한 여자가 되었으리라는 생각이 들었다. 애초에 자신이 아이들 키우고 살림하는 것보다 지금처럼 돈을 벌며 일하는 것이 더 적성에 잘 맞는다는 사실을 그녀는 확실히 알고 있었다.

많은 사람이 저주와 같은 난관에 봉착하면 더 큰 저주로 대응하곤 한다. 충격과 원망에 사로잡히다 저주받은 인생을 자기 자신도 저주

하면서 바닥으로 가라앉아 비극을 초래하는 것이다. 아직 포기하기 이른 시점임에도 현실의 버거움을 못 이겨 스스로 인생을 바꿀 선택의 기회마저 버린다. 병에 걸리고, 실직을 당하고, 가정이 풍파를 겪는 현실은 하늘이 내린 저주가 아니라 살면서 의도치 않게 마주치는 '난관'이다. 이 난관을 스스로 저주로 명명한 뒤에는 실제로 모든 현실이 저주스럽게 돌아간다. 하지만 난관을 다시금 해석해본다면 '위기는 곧 기회'라는 뻔한 말이 정답이라는 것을 알게 된다.

진선 씨도 지금의 여유로운 미소를 갖지 못할 수도 있었다. 여전히 그녀의 인생은 진행 중이지만 과거와 달라진 점이 있다. 그녀는 그 어떤 난관도 팔자 탓, 운 탓으로 돌리지 않는다. "집 안에서 운 탓만 하며 팔자 나쁜 여자로 살 뻔했는데, 하늘도 스스로 구하려는 자를 돕나 봐요."

눈앞에 나타난 난관을 어떻게 해석하고 어떻게 대처하느냐에 따라 인생은 엄청나게 달라질 수 있다. 인생은 '행복한가, 아닌가'의 문제가 아니라 '행복하게 만들 것인가, 아닌가'에 달려 있다. 삶의 주인은 바로 '나'다. 행복도, 불행도 내가 선택하고 내가 해석하는 만큼 달라진다. 결과적으로 축복도 내가 내리는 것이요, 저주도 내가 내리는 것이다.

우리에게는 하루에도 몇 번씩 여러 가지 선물 꾸러미가 배달된다. 그런데 선물 꾸러미가 열 개 매딜되민 그중에 받아서 좋고 행복한 꾸러미는 한두 개밖에 없고, 여덟 개는 도대체 왜 내게 왔는지 모르는 선물들이다. 물론 겉 포장만 보고 판단한 것이다. 그러나 겉 포장이 엉망이더라도 '내 인생은 왜 이렇게 운이 없지? 나 왜 이렇게 재수 없지?'라고 생각하지 말고 끝까지 가보아야 한다. 겉 포장은 저주지만 굴복하지 않고 끝까지 가다 보면 그 속에 들어 있는 작은 알맹이를 발견할 수 있기 때문이다. 그것이 바로 행복의 실마리다.

그 실마리를 붙잡고 저주 같은 삶을 행복으로 전환할 수 있어야 한다. 이 세상에서 인생을 멋있게 성공적으로 살아낸 사람은 늘 행복했던 사람이 아니라 저주 속에서도 끝까지 행복의 실마리를 찾아낸 사람이다. 행복은 원래 정해져 있는 것이 아니라 행복하려고 노력해나가는 과정에서 자기도 모르는 사이에 발견하는 것이다.

저축하면 돈이 쌓이고 돈이 쌓이면 이자가 나오는 것이 세상의 이치다. 그런데 저축하면 이자가 나오는 것이 돈만이 아니다. 능력도 자꾸 훈련하다 보면 이자처럼 늘어나게 마련이고, 지식도 경험과 체험을 계속 쌓아가다 보면 이자처럼 제 것이 된다.

내게 행복이란 바로 이 '이자'다. 인생은 늘 행복하지만은 않다. 불행한 일이 더 많이 생길 수 있는 게 우리 인생이다. 다만 그 불행한 일을 행복한 일로 옮겨놓을 때까지 꾸준히 노력하다 보면 행복이라는 이자를 받게 되는 것이다. 결국 불행이라는 원금 없이는 행복이라는 이자를 받을 수가 없다.

인생은 '행복한가, 아닌가'의 문제가 아니라
'행복하게 만들 것인가, 아닌가'에 달려 있다.
삶의 주인은 바로 '나'다.
행복도, 불행도 내 해석만큼 달라진다.
축복도, 저주도 내가 내리는 것이다.

나도 아내가 있으면 좋겠다

이제 당신의 아내와 이야기하세요.
당신의 아내가 종일 지치도록 일한 당신의 귓전에 앉아
시시콜콜한 동네 사람들 이야기로 귓전을 어지럽히는 것은
당신의 아내에게 지금 친구가 필요하다는 신호입니다.
무심하다 타박하는 아내에게 어쩌다 낮 시간 짬을 내 전화하면
뚜-뚜- 통화 중 신호음만 한 시간째 계속되는 것은
당신의 아내에게서 쏟아져 나와야 할
이야기들이 이미 너무 많이 쌓인 까닭입니다.
'몰라도 된다', '말하면 아냐', 당신의 핀잔을 감수하고도
어느 날 당신의 아내가 조심스레 회사 일을 물어오는 것은
당신이 하는 일에 잔소리나 간섭을 늘어놓으려는 것이 아니라

무거운 당신의 짐을 함께 지고 싶어 하는 아내의 갸륵한 마음입니다.

그리도 말 잘하고 똑똑하던 나의 그녀가
몇 마디 말만 하면 더듬거리며 단어를 찾아 헤매고
당신과의 말다툼에서조차 버벅거리게 되는 것은
아내의 이야기 상대는 종일토록 단어가 부족한
아가들뿐이기 때문입니다.

애 둘 낳더니 당신보다 더 목청 높아진 아내.
아내의 그 높아진 목청은
일상처럼 던져지는 아내의 반복되는 이야기들에
애써 귀 기울여 주지 않는 당신 때문에
작은 소리로 말하기엔 이미 너무 지쳐버린 아내의 고단한 절규입니다.

더 늦기 전에
이제 당신의 아내와 이야기하세요.
당신이 아내를 바라보며 이야기하고 싶을 즈음
아내는 이미 당신과 이야기하는 법을
잊어버리게 되었을지도 모를 일입니다.

눈물, 콧물 빠뜨리게 하는 드라마나 바라보며
쏟아놓을 이야기들을 가슴속으로 잠기게 해버리거나,

유치한 코미디에 깔깔거리며
차곡차곡 쌓아두었던 사랑들을 다 날려버릴지도 모를 일입니다.

당신의 아내가 입을 열어 이야기를 시작할 때
당신은 가슴까지 열어 이야기를 나누세요.
무겁거나 가볍거나 아내와 나눌 그 이야기 속에는
당신과 아내의 결 고운 사랑이 숨어 있음을 잊지 말아주세요.
_어느 전업 주부의 외침(최혜경 작)

이 시를 읽을 때마다 나는 우리 '아내들'에게 가장 필요한 건 바로 자신처럼 남편의 짐을 덜어주고, 자신도 이해해줄 '아내'가 아닌가 싶다. 때로는 여자도 '아내'가 필요하다. 연약한 어깨 위에 놓인 짐이 버거울 때 이 짐을 하나씩 덜어줄 '아내'가 필요하다. 머리가 커갈수록 아이들이 말을 안 들을 때, 해도 해도 집안일이 끝나지 않을 때, 시댁이며 친정이며 대소사에 손발이 두 개라도 모자랄 때, 아내는 등 돌린 남편의 등에 대고 조용히 속삭일지 모른다. "여보, 나도 아내가 필요해요."

결혼할 때는 내 편이 생기고, 내 가족이 생겼다고 생각하지만 시간이 갈수록 여자는 자신의 착각을 깨닫는다. '아내'로 살아간다는 것은 희생하고, 배려하고, 인내하고, 포기해야만 하는 것이었다는 것을. 그리고 그 수많은 책임과 의무도 남편의 이해심이 깃든 말 한마디면 다 감내할 수 있다는 것을. 그래서 생각한다. '남편은 좋겠다. 아내가 있어서.'

Part 5

꿈의 실행

꿈을 단단하게 키워가는 법

120세 시대,
인생의 2층 구조를 설계하라

요새 환갑잔치가 다시 유행이라고 한다. 우리나라 평균 수명이 일흔 정도였던 시절에는 인생을 거의 끝마친 이에게 얼마 남지 않은 여생을 즐기라는 의미로 가족과 친지가 열어주는 게 환갑잔치였다. 그런데 지금 유행하는 환갑잔치의 의미는 이와 많이 달라진 듯하다. 요새 부고장을 열어보면 고인의 나이가 대부분 80대 후반이나 90대 후반이다. 최근에 우리 회사 한 직원의 할머니도 100세 생신을 딱 한 달 앞두고 돌아가셨다.

세태가 이렇다면 과연 우리는 몇 살까지 살까? 세계적인 미래학자 레이 커즈와일은 2030년대에 기대 수명 120세 시대가 도래할 것이라고 예측했다. 특히 인간의 지능을 뛰어넘는 인공지능이 등장하면 현대 의학이 질병 치료를 넘어 노화 자체를 치유하는 기술로 발전해 인간

수명을 크게 늘릴 거라고 한다. 인공지능의 무서운 발전 속도를 보고 있자면 이 예측이 영 허풍 같지는 않다. 진시황이나 꿈꿨을 법한 불멸의 삶을 우리같이 평범한 사람들이 사는 시대가 도래하는 것일까.

120세까지 산다는 말인즉슨 환갑이 노후의 시작이 아니라 삶의 딱 중간 지점이란 뜻이다. 이 계산법에 따르면, 성인이 되는 스무 살부터 환갑을 맞이하는 예순 살까지 40년, 그리고 그 후로 40년을 또 산 후에야 백 살쯤 '노후'가 시작되는 것이다. 그러니까 환갑잔치는 아이의 탄생을 축하해주는 백일잔치랑 같다. 두 번째 삶의 시작점에 놓인 '다시 탄생'을 축하해주는 자리인 것이다.

그래서 나는 120세 시대를 대비하는 라이프 스타일을 '2층 구조'에 비유한다. 예전에는 20대부터 60대까지 1층에 살다가 뒷방으로 물러나 좀 살다 가도 그럭저럭 살 만했지만, 어느 누가 뒷방에서만 60년을 살고 싶겠는가. 60년을 1층에 살았다면 다음 인생의 절반은 2층에 올라가서 살아야 한다. 그래서 이제 우리 인생은 층별로 60년씩 나누어 쓰는 '2층 구조'여야 마땅하다.

*

누구도 준비하지 못한 120세 시대

120세 시대에 변화한 것들을 하나씩 따져보자. 총인구를 연령순으로 나열할 때 정중앙에 있는 사람의 연령을 '중위 연령'이라고 하는데, 30년 전인 1994년에 우리나라 중위 연령은 28.8세였다. 그래서 남자들은 대부분 27~30세에 결혼을 했고 서른 초반이 되면 다들 애 둘 딸린 '아저씨'가 되었다. 그래서 떠나가는 청춘을 애달파하며 그들이 따라 부른 노래가 김광석의 '서른 즈음에'였다. 그런데 지금 서른 즈음의 남자들은 어떤가. 아저씨가 아니라 한참 '애'다. 아직 취업 문턱을 넘지 못해 부모 집에 얹혀살면서 중학교 때 쓰던 침대를 여전히 쓴다. 언제 독립할 거냐고 물으면 "서른밖에 안 됐는데 무슨 돈을 벌어요?" 하는 경우가 태반이다.

여자들은 또 어떤가. 30년 전 여자들은 23~25세가 되면 결혼하고 첫애를 낳았다. 그런데 요즘 누가 스물셋에 딸을 결혼시킨다고 하면 주위에서 '미쳤다'는 소리를 듣는다. 요즘 20대 초반에 결혼하는 건 우리 어릴 적 할머니가 열다섯에 시집오셨단 소리랑 같다. 라이프 스타일이 20~30년 사이에 확 바뀐 것이다.

그런데 이 늘어난 기대 수명 숫자를 듣고 사람들이 가장 먼저 느끼는 감정이 바로 공포심이다. 살날이 창창하다는데 신이 나기는커녕 '무서워 죽겠다'고들 한다. 우리 회사 30~40대 직원들과 대화를 해보면 다들 이런 말을 한다.

"앞으로 살아야 할 날이 지금껏 살아온 날의 두 배나 남았다고 생각하면 너무 끔찍해요. 직장 생활을 얼마나 더 할 수 있을지도 모르는데 모아놓은 돈도 별로 없고… 오래 산다고 좋아할 사람이 누가 있겠어요? 부자들이나 좋아하겠죠."

많은 사람들이 연장된 삶을 불안해한다. 당장 빠듯한 살림에 두 번째 인생 준비를 제대로 하고 있는 사람도 드물다. 40~50대 여자들이라면 위기를 더 크게 직감한다. 남편이 알아서 해줄 거라고 믿으며 살림하고 애 키우고 산 여자들은 마흔다섯쯤 문득 깨닫는다.

'나라도 나가서 벌어야 우리 집의 미래가 있겠구나.'

어느 날 남편이 덜컥 은퇴를 해 집으로 돌아왔단 소리가 여기저기서 들린다. 은퇴 후 남자들의 생활이란 집에서 삼시 세끼 밥 먹고 가족 눈치를 보는 것이 전부인 경우가 많다. 그런데 요즘 애들은 무슨 배울 것이 그리도 많은지 대학에 보내놨더니 어학연수에, 해외 기업 인턴십에, 대학원까지 가야 취업이 된다고 한다. 돈 들어갈 일은 언제 끝날지 모르는데 들어올 돈은 눈 씻고 찾아봐도 없는 상황에서 남편의 은퇴를 맞이하게 되는 것이다.

직장만 열심히 다니던 여자들도 불안하기는 마찬가지다. 솔직히 회사가 내 미래를 만들어주지 않으며 결국 내 인생은 내가 책임져야 한다는 걸 우리 모두 알고 있지 않은가. 회사의 비전만 믿고 살면 60 이후는 훨씬 더 막막해진다. 회사의 스케줄이 사라진 순간부터 자신의 인생 스케줄을 스스로 짜지 못하기 때문이다.

마음 한구석에 자식들에 대한 막연한 기대를 품고 있다면 진짜 문제다. 자식들은 경쟁 사회에서 자신을 책임지고 살기에도 버거운 데다가 부모를 책임져야 한다는 의식도 희미하다. 게다가 우리가 100세일 때 자식 나이도 70일 텐데 늙은이끼리 뭘 부양하고 부양받겠나.

나는 사람들에게 하루 빨리 인생 2층 구조를 설계하라고 조언한다. 특히 인생 2층 구조를 설계할 때는 아내들이 남편이나 아이보다 훨씬 능력자인 경우가 많다. 아내들은 나이가 들수록 집 밖 생활이 잦아진다. 동네 친구 모임부터 동창 모임, 각종 동호회까지 여자의 삶은 나이 들수록 훨씬 더 활동적으로 바뀐다. 폐경 이후에 더 많이 분비되는 남성 호르몬의 영향도 있지만 여자로, 아내로, 엄마로, 며느리로 살면서 닥치는 여러 가지 일을 처리하면서 더 강인해졌기 때문이다. 경험치만큼 살아가는 노하우도, 도전 의식도 늘어났다. 이런 까닭에 60 이후의 2층 구조 설계는 남편에게 의지하기보다 아내 스스로 준비하는 것이 더 현명한 선택이다.

※

현실을 직시하고 2층 설계를 시작하자

보험설계사로 일하는 주부들을 대상으로 강의를 할 때였다. 청중 가운데 유독 눈에 띄는 분이 있었는데 나이는 오십이 조금 넘어 보였다. 젊었을 때 미인 소리를 심심찮게 들었을 것으로 짐작되는 외모에, 풍기는 분위기가 사모님 소리 좀 들으며 살았을 것 같은 분이었다.

   그날 강의에서 나는 남편의 은퇴와 그에 따른 가정의 고통, 그리고 '2층 구조'가 전혀 대비되어 있지 않은 안타까운 현실을 짚어가며 미래를 준비해야 할 이유에 내해 열변을 토했다. 이야기를 하다 그분과 눈이 딱 마주쳤는데, 그분 눈에 눈물이 그렁그렁 고이더니 결국 고개를 숙이고 눈물을 훔쳤다. 난 그분 사정이 뻔히 보여 안타까운 마음이 들었다. 강의를 끝내고 나오는데 기다렸다는 듯이 그분이 다가와 자신의 이야기를 들려주었다.

"선생님, 오늘 하신 얘기 있잖아요. 대기업 임원 하다가 퇴직해서 하던 사업 망하고 남편이 병까지 얻어 어렵게 산다는 사람 이야기요. 우리 집에 와보신 것처럼 저희 사정과 똑같았어요. 그래서 강의 들으면서 많이 울었어요."

그녀의 남편은 어느 금융기관의 지점장이었다. 은퇴 후 사업을 하다가 여의치 않아 접게 되었고, 거기다 암까지 얻어 투병 중이다. 유학을 보냈던 아들은 더는 유학 자금을 댈 수 없어서 집으로 불러들였고, 지금 직장을 구하러 뛰어다닌다. 자신도 생계가 막막해 뒤늦게나마 일을 해보려고 보험설계 일에 뛰어든 것이다.

"제가 이 일을 잘할 수 있을까요? 처녀 때 직장 생활 1년 한 거 빼고는 평생 돈 한 푼 벌어본 적이 없어요. 100만 원이라도 제 손으로 벌 수 있을까요?"

"돈 버는 일을 해보지 않은 사람은 돈 버는 일에 미숙할 수밖에 없어요. 그렇다고 포기하시면 안 돼요. 시작해보면 하게 되어 있어요. 게다가 앞으로 50년은 더 사실 거잖아요. 지금 시작해도 늦지 않아요. 바닥부터 시작해도 일흔까지 20년은 하시겠네요. 어떤 것이든지 걸음마 한다고 생각하고 훈련하세요."

요즘도 가끔 눈물이 그렁그렁했던 그분을 떠올리곤 하는데, 10여 년이 지난 지금까지 포기하지 않고 잘 걸어오셨을지 궁금한 마음이 들기도 한다.

인생을 오래 살다 보면 예기치 못했던 불행이나 단절을 경험하게 된다. 그러나 우리가 예측할 수 있는 분명한 한 가지 단절이 있다. 바로 남편들이 50세 전후가 되면 가정으로 돌아온다는 사실이다. 인생 2층 구조를 설계해야 할 딱 그때 말이다. 40대 여자들 앞에서 이런 메시지를 전할 때 그녀들이 당혹스러워하는 것을 보고 오히려 내가 더 놀라곤 했다. 바로 코앞에 닥친 미래에 대해 막연히 두려워할 뿐 대비하지 않기 때문이다. 정말 예측하기 쉽고 당연한 이야기를 하는데도 많은 여자들이 생전 처음 듣는 이야기처럼 충격을 받는다.

    우리가 깨달아야 할 것은 우리가 기대하는 것보다 훨씬 더 오래 살게 될 것이라는 점과 생계 책임자인 남편이 예상보다 훨씬 빨리 집으로 돌아온다는 사실이다. 그리고 정작 놀라야 할 것은 곧 닥칠 미래를 전혀 준비하지 못한 우리 자신이다.

어느 날 갑자기
이루어지는 꿈은 없다

 우리 집 여자들은 엄마를 비롯해 타고난 천성이 '일하는 여자'로 세팅된 사람들이다. 그중 유일하게 전업맘인 내 바로 밑의 동생은 평생 살림하는 주부로 살아왔으면서도 항상 일을 하려고 호시탐탐 노려왔다.
 "언니, 나 마트에서 캐셔라도 알아볼까?"
 하지만 말만 그렇지 알아보진 않는다. 막상 해보라고 해도 자신이 없다느니, 엄두가 안 난다느니, 애들 학교 갔다 올 시간에 못 맞춘다느니 이유가 끝도 없다. 하나같이 '안 하는' 것이 아니라 '못 하는' 이유들이다. 심지어 내가 주최하는 모임이나 교육 프로그램에 참여를 권해도 우물쭈물하며 예상했던 답이 돌아온다.
 "난 말주변도 없고, 낯가림이 심해서…."
 그렇게 내 동생은 평생 일을 하고 싶다고는 했지만 막상 시작할 때가 되면 머뭇거리면서 계속 전업주부의 삶을 살아왔다. 비단 내 동생뿐만이 아니다. 최근에 토크쇼를 기획하면서 사연 신청을 받았는데, 구구절절 인생 이야기를 사연으로 써서 보낸 이들이 정말로 많았지만, 아이러니하게도 막상 토크쇼에 나와달라고 섭외 전화를 걸면 대부분이 머뭇거렸다.

"제가 잘할 수 있을지 모르겠어요. 그런 건 한 번도 안 해봤는데…."

나도 태어날 때부터 토크쇼를 해본 사람이 아니다. 방송 강연도 처음이 있었고, 책을 쓸 때도 처음이 있었으며, 회사를 만든 것도 모두 처음이었다. 모든 시작은 안 해본 것을 해보는 용기가 따라야 한다.

하지만 그녀들은 비슷비슷한 이유를 댔다. '말도 잘 못하고', '남들한테 내세울 만한 실력은 아니고'…. 사연을 보낼 때의 열정은 온데간데없이 막상 기회가 와도 머뭇거리는 것이었다. 그중 용기를 내서 직접 참여하신 분들은 이 첫 경험을 두렵지만 설레는 마음으로 받아들인 분들이다. 내 동생이나 토크쇼 참여에 머뭇거렸던 분들을 생각하면 안타까운 마음뿐이다.

사람은 누구나 한 번도 안 살아본 '오늘'을 수없이 살아온 것 아니던가. 도전이란 어제와 조금 다른 일들에 나를 던져보는 것뿐이다. 막상 닥치고 보면 나 해낼 수 있다. 문제는 그런 기회를 스스로에게 주지 못하고 머뭇거리다 늙어간다는 것이다.

한 번도 안 살아본 '오늘'을 산다는 것

사람이 태어나서 한 번도 안 해본 일을 해야 하는 순간은 늘 온다. 결혼하고 처음으로 끓인 내 작품은 미역국이었다. 미역국을 선택한 것은 쉬워 보여서라는 단순한 이유였는데, 내 딴에는 끓인다고 끓였는데 솔직히 너무 맛이 없어서 토할 뻔했다. 엄마가 끓일 땐 쉬워 보였는데 대체 뭐가 문제일까. 결국 엄마에게 전화를 걸었다.

"엄마, 나 미역국 끓이는 방법 좀 알려줘."

"그냥 고기랑 미역이랑 물 넣고 자작하게 끓이면 돼."

"그렇게 했는데 안된단 말이야!"

"그럼 우선 미역을 불려."

"얼마큼?"

"그냥 먹을 만큼. 그리고 고기를 참기름 두르고 달달 볶아."

"참기름은 얼마큼?"

"적당하게! 그리고 물 넣고 미역 넣고 끓여."

"물은 얼마큼?"

"적당히 부어. 눈으로 보면 알지."

엄마에게 요리법을 물어볼 때마다 당황스러웠던 것은 '적당히'와 '갖은 양념'이었다. 대체 그게 뭔지 가늠이 안 돼 역시 프로만 아는 거란 생각을 했다. 그렇게 한 번, 두 번, 세 번 끓이다 보니 지금은 미역국을 얼마나 잘 끓이는지 모른다. 다른 엄마들도 그럴 것이다. 식탁에서 떠드는 아이들 꾸짖느라, 밥상에 앉지도 않는 남편 불러오느라 바쁜 와중에도 엄청 맛있는 미역국을 끓여낸다.

"무조건 하라. 그리고 훈련하라. 그럼 뭐든지 할 수 있다."

조금 무식해 보이지만 실은 이것이 프로가 되는 첫 번째 방법이다. 이것을 일상에 놓을 것이냐, 일터에 놓을 것이냐, 자원봉사 쪽으로 놓을 것이냐 등 내가 원하는 분야가 어디냐에 따라 그 터전이 달라질 뿐이다.

평소 내가 꿈꿔오거나 하고 싶었던 일이라면 두려움을 감수하고 시도부터 하는 것이 순서다. 자전거를 처음 배울 때를 떠올려보자. 넘어질 것 같은 불안감으로 첫 페달을 밟지 한 번도 안 넘어질 거란 자신감으로 딛는 사람은 없다. 누구든 불안감 속에서 출발한다. 그리고 막상 페달을 밟게 되면 이 두려움을 딛고 시도한 자신이 기특하게 여겨지기도 한다. 물론 넘어지기도 하겠지만 어느 순간 자전거가 '씽씽' 달릴 때의 성취감은 이루 말할 수가 없다.

동생은 가끔 내게 전화를 걸어 묻곤 한다.

"언니, 내가 뭘 하면 좋을까?"

50년 넘게 자신을 데리고 산 본인도 모르는 것을 언니인 내가 알 리 없다. 그런 질문을 한다는 것 자체가 벌써 도선 의지가 영글지 못했다는 증거다. 온라인 강의, 유튜브 교육 콘텐츠, 여성을 위한 취업지원센터, 하다못해 검색만 몇 번 해봐도 본인이 도전할 만한 일들이 수두룩하게 나올 텐데 내게 답안지를 달라니 안타깝기만 하다. 결국 동생에게 줄 수 있었던 것은 간단한 조언뿐이었다.

"그러지 말고 딱 두 가지만 검색해. 하루는 너 자신에 대해 검색하고, 또 하루는 인터넷으로 정보를 검색하고. 그렇게 너와 세상의 정보를 찾다 보면 그 사이를 연결할 끈을 발견할 수 있을 거야."

뭔가 하긴 해야겠는데 무엇부터 할지 모르겠다면 가장 중요한 것은 제일 먼저 자기 자신에게 묻는 일이다.

'과연 나는 일을 원하는 것일까? 난 어떤 일을 좋아하는 사람일까? 나는 뭘 잘할 수 있을까?'

그 마음이 진심이라면 내가 잘할 수 있고 그 잘하는 것이 세상과 거래될 수 있는 포인트를 차근차근 찾아야 한다. 머릿속으로 수천수만 번을 되뇌어봤자 그건 살다가 한 번씩 떠오르는 잡념에 불과하다. 한 발짝이라도 내딛어야 세상과 연결될 수 있다.

모든 꿈은 성숙해지면 일상이 된다.
저 사람의 아내가 되고 싶다는 꿈,
내 아이의 엄마가 되고 싶다는 꿈,
꿈이 매일 반복되어 일상이 되어 있다.

우리가 잊지 말아야 할 것은
이 일상 또한 여전히 내 꿈이라는 것.
매일 반복되는 일상을 사랑해야
또 다른 꿈을 꿀 수 있다.

시간은 당신의 무기,
시간을 죽이지 마라

    한 시간 동안 순수하게 자신을 위한 시간을 보내라고 하면 막막해하는 사람들이 의외로 많다. 특히 엄마들은 아이와의 대화는 연습이 잘되어 있어서 누구에게도 뒤지지 않을 만큼 잘한다. 한 시간 아이를 괴롭히는 것 역시 일도 아니다. 왜 수학 점수가 떨어졌는지 추궁하면서 두 시간도 보낼 능력이 있다. 아이뿐만 아니라 남편에게도 마찬가지다. 왜 늦었는지, 왜 애들과 놀아주지 않는지 따지고 들면 3박 4일도 모자란다.

    하지만 자기 자신과 대화하라고 하면 막막해하는 여자들이 참 많다. '난 지금 뭘 하고 있지?', '뭘 하고 살아야 할까', '나 요즘 무슨 생각으로 살지?', '무엇으로 꿈을 이루지?'라는 질문으로 글 한 꼭지를 완성하라고 하면 하루 만에 써내는 아내는 많지 않다. 지금까지 자신이 무엇을 좋아하는지, 무엇을 하고 싶은지 자기 자신과 대화해보지 않아서다.

어느 날, 후배 한 명이 남편에게 처음으로 2박 3일간의 휴가를 받았다며 연락을 해왔다. 아내의 부탁을 받고 남편이 아이들만 데리고 지방의 시댁으로 내려간 것이다. 10년 넘게 가족에게만 시간을 쏟아왔는데 마침내 온전히 자신에게 쓸 수 있는 절호의 기회가 생겼다며 그녀는 한껏 들떴다.

그러나 좋아하는 것도 잠시, 몇 시간 지나자 남편에게 계속 전화하고 있는 자신을 발견했단다. 애들은 지금 뭐 하냐, 제대로 씻겼냐, 그러다 마지막에는 이렇게 묻고 있더란다. "여보, 애들하고 언제 올라와?" 나를 위해 써야 할 시간을 모조리 가족을 기다리는 시간으로 써 버린 것이다.

오랫동안 아내, 엄마로 살다 보면 저절로 내가 그리워진다. 그러나 일상에서부터 내가 나를 사랑하는 법을 연습하지 않으면 막상 그 시간이 와도 이전과 똑같이 살 수밖에 없다. 어쩌면 진짜 문제는 시간이 없는 게 아니라 시간 쓰는 법을 모르는 것인지도 모른다.

*

하루에 한 시간씩 자신과 대화하라

자신을 위한 시간을 확보하고 적어도 하루에 한 시간씩 순수하게 자기 자신만을 위한 시간을 내자. 처음부터 그 시간을 생산적으로 보낼 필요는 없다. 무엇을 하든 자기 자신에게 집중하고 자기 자신과 대화할 수 있으면 된다.

자신을 위해 시간을 어디에 어떻게 투자할지 정하는 것도 매우 중요하다. 자신이 머무는 곳, 자신이 주로 활동하는 곳이 어딘가에 따라서 사람도 달라질 수 있고 개발하는 콘텐츠도 달라질 수 있다. 그것은 곧 그 사람의 미래가 달라질 수 있다는 뜻이다.

자신의 시간과 돈을 어디에 투자할지 고민할 때는 현재 하는 투자가 미래의 삶을 위해 시너지 효과를 낼 수 있는지, 단순히 현재를 즐기는 목적 없는 투자인지 따져봐야 한다. 기왕 현재 돈과 시간을 내서 무언가 하고 싶다면 일정 시간이 지나 그 능력으로 생산성 있는 활동이 가능한 곳에 투자하는 것이 좋다. 시간이 지난 뒤 세상이 내게 물질적으로든 정신적 보상으로든 돌려주는 투자, 그것이 진정한 투자다.

그런데 특히 전업맘들이 시간과 돈의 투자처를 찾는 걸 많이 어려워한다. 이들이 제대로 된 투자를 하지 못하는 이유는 정보 루트가 좁기 때문이다. 한정된 생활 범위 안에서 주로 보는 것이 TV와 유튜브 연예 콘텐츠 같은 것이라면 제대로 된 정보를 받아들일 수가 없다. SNS로 남의 행복만 기웃거리고 유튜브를 봐도 연예인 사생활을 보고 있다면, 그것은 시간을 '투자'하는 게 아니라 '소비'하는 것이다.

시간과 돈을 소비할 것인가, 투자할 것인가에 대한 개념을 정확히 하고 하루하루를 지내자. 사람들은 대부분 시간과 돈을 소비할 뿐 투자하지 않는다. 게다가 그 사실을 대수롭지 않게 넘긴다. 그러면서도 행복한 삶, 남들이 부러워하는 성공을 꿈꾼다. 이 얼마나 모순인가.

시간과 돈을 쓰는 과정을 살펴보면 기본적인 포맷이 그려진다. 돈을 쓰는 주체가 있고, 그 주체가 돈을 씀으로써 발생하는 어떤 영향력이 있다. 이것은 소비를 하는 행위든 투자를 하는 행위든 동일하다. 다만 그 행위가 가져온 영향력의 내용이 달라질 뿐이다. 시간이 어느 정도 지난 뒤 생각해보라. 술집이나 백화점 등 소비와 향락이 있는 곳에서 보내며 5년 동안 쓴 돈과 시간, 다양한 강좌나 중국어 학원 등 자기계발과 배움이 있는 곳에서 보내며 5년 동안 쓴 돈과 시간, 그 결과는 엄청나게 다를 수밖에 없다.

시간과 돈이 투자 대상과 잘 맞아떨어지면 미래에 정말 괜찮은 자기 자신을 만날 수 있지만, 소비로 끝나는 곳에 시간과 돈을 투자하면 소비 지향적인 인생이 된다. 시간과 돈과 투자를 적절히 조절해야 원하는 자신을 만들 수 있음을 잊지 말자.

*

가사노동에도 출퇴근이 필요하다

엄마가 전업맘인 아이들 중에는 엄마는 뭐 하시냐고 물어보면 "우리 엄마, 놀아요"라고 내납하는 아이늘이 있다. 나는 솔직히 그런 아이를 보면, "너희 엄마가 하는 일이 얼마나 많은데 논다고 말하니?"라고 반문하고 싶다. 사회적 능력을 발휘하는 사람인지, 가정에서 살림 능력을 발휘하는 사람인지의 차이일 뿐인데, 우리는 전업맘과 워킹맘을 다른 기준으로 바라보곤 한다.

워킹맘은 뭐 좀 하는 사람처럼 보이고, 전업맘은 집에서 빈둥대는 것처럼 보이는 이유는 시간을 사용하는 패턴이 다르기 때문일 것이다. 워킹맘은 출근해서 오전 업무 보고 점심 먹고 오후 업무 보고 저녁에 퇴근해서 집에 오는 스케줄에 따라 움직인다. 전업맘도 비슷한 시간대에 각각 처리해야 할 일이 있다. 그런데 살림이 워낙에 티가 안 나는 일이다 보니 열심히 집안 치우고 빨래하고 잠깐 쉬려는 찰나 낮잠이라도 자는 모습을 아이가 보게 되면 아이 눈에 엄마가 '노는 사람'으로 보이는 것이다. 트레이닝복 바람에 눈곱도 덜 뗀 얼굴로 밥상을 차리는 모습이 엄마의 '수고스러운 노동'으로 보이지 않는 것이다.

문제는 사회적 시선도 시선이거니와 전업맘 스스로도 집을 자신의 일터로 인식하지 않는다는 점이다. 공간은 그 활용도에 따라 사람에게 행동의 패턴을 만들어준다. 도서관에서는 조용히 책을 읽어야 하고, 헬스장에서는 운동복을 입고 운동을 하는 것이 정해진 패턴이다. 만약 집을 그저 집으로만 인식한다면 전업맘 스스로도 자신의 노동량과 노동시간에 대한 인식이 희미해진다.

전업맘 스스로 집도 내 직장이라는 공간적 인식을 할 필요가 있다. 정해진 시간에 일어나 아침 식사 준비, 아이들 등교와 남편의 출근 돕기, 설거지, 청소, 빨래 등 오전 근무를 끝내고 점심시간의 휴식, 이때는 여느 직장인들처럼 지인과의 약속을 잡아도 좋다. 점심시간이 끝나면 다시 오후 근무로 은행 업무나 장보기처럼 '외근'을 하고 집에 돌아와 저녁 준비와 남은 설거지를 끝낸 뒤 오후 8~9시에 전업맘의 퇴근 시간을 맞춘다.

때로는 자신에게 휴가를 줘도 좋다. 주말에 남편과 아이들에게 집안 살림과 식사를 일임한 다음 전시회에 가거나 쇼핑을 해도 좋다. 이때 중요한 건 업무의 인수인계다. 식사 준비는 남편이, 빨래는 큰애가, 청소는 작은애가 하는 식으로 업무를 나누어 주는 것이다. 좀 더 워킹맘스럽게 일하고 싶다면 자신이 일주일 근무하는 동안 입을 옷을 정해놓는 것도 좋다. 물론 일의 특성에 맞는 '작업복'이 필요하다. 대신 '외근'이나 '미팅' 시에는 그에 걸맞은 옷과 화장으로 자신을 꾸미는 것도 프로다운 방법이다.

집을 직장으로 삼고 그에 맞게 자신을 세팅한다면 단조로운 일상의 반복이 아니라 프로페셔널한 '주부 직장인'으로서 효율적인 시스템을 만들 수가 있다. 가족도 습관 들이기 나름이다. 주부도 퇴근 시간을 정하고, 가게 문 닫듯이 문을 닫아야 한다. 주부가 24시간 편의점으로 인식되어서는 안 된다.

당신의 하루를 정산하라

하루를 48시간처럼 쪼개어 사는 나를 보며 사람들은 어쩜 이리 바쁘게 사는지를 궁금해한다. 그러면서 내가 그렇게 살아야 할 만한 체계적인 목표와 계획을 갖고 있다고 생각하지만, 그건 착각이다. 나는 이제껏 5년, 10년 인생 계획서 같은 것을 짜놓고 살지 않았다. 나는 나답게 산다는 나만의 방향을 세워놓고 그 방향에 맞게 길을 걸어가고 있을 뿐이다. 굳이 먼 훗날의 꿈을 묻는다면, 그저 죽기 전까지 어디선가 강의를 하고 있는 내 모습을 그릴 뿐이다. 그리고 내 가족들과 함께 편안히 살아가며 아내이자 엄마이자 할머니가 된 모습을 떠올릴 뿐이다.

그러면 나는 대체 어떻게 이 시간을 열심히 살아온 걸까, 곰곰이 생각해보니 내 자신에 대한 재미있는 특징을 발견했다. 나에게는 '하루 강박증'이 있다. 나는 하루에 대단히 집착하는 사람이다. 하루를 부실하게 보내면 그날 밤에 괴로워 잠을 못 이룰 정도다.

한번은 평소와 다르게 금요일, 토요일 연 이틀을 꼬박 밤새워가며 드라마를 본 적이 있다. 내 스트레스 해소법 중 하나인데, 시즌별로 푹 빠져 지내는 드라마 시리즈가 꼭 하나씩 있다. 그렇다고 매주 본방을 사수하긴 힘들어 틈틈이 재방송을 보거나 직원들에게 스토리를 물어 듣는 정도였는데, 유독 그 드라마는 유혹이 강했다. 마침 강의도 빈 날이라 집필실에서 혼자 책을 보며 공부를 할 요량이었는데, 문득 TV를 틀었다가 '다시보기' 기능으로 무려 24회를 연달아 보고야 말았다. 허기가 지면 라면을 끓여 먹으면서 24시간가량을 드라마에 꽂혀 모두 보고 난 다음, 난 스스로에게 면죄부를 주었다.

'그래, 휴식이 필요해. 이런 휴식도 한 번쯤은 괜찮아.'

그런데 면죄부의 기능은 오래 가지 못했다. 일요일 아침 눈을 뜨자마자 나는 불안해지기 시작했다. 월요일에는 무슨 재료로 살려고 내가 주말을 이렇게 보냈나, 배가 헛헛해지면서 허기가 지기 시작했다. 공부를 했으면 배가 부를 텐데, 후회가 밀려와 일요일 늦은 밤까지 미뤄두었던 책을 읽었다. 그래야 나의 월요일을 살 재료를 마련할 테니까 말이다.

이는 수십 년간 쌓아온 어쩔 수 없는 내 습관이다. 내가 나에게 배부른 양식을 먹여놓으면 그걸 에너지 삼아 다음 날 뛰는 것이 내 패턴이었다. 이런 하루 강박증은 음대 출신의 강사로서 맨땅에서 시작한 내 약점을 반전 포인트로 삼기 위한 나만의 노력에서 비롯된 것이다. 하루를 가치 있게 보내야만 그 하루가 내게 강점을 만들어줄 수 있을 거라 생각했고 실제로도 그랬다.

그래서 언제부터인가 나는 나의 하루에 10점 만점 기준의 점수를 내는 버릇이 생겼다. 밤새 드라마를 본, 1점도 주기 아까운 하루, 사색이나 고민이라도 한 날이면 3점, 아무 생각 없이 TV를 보거나 의미 없는 만남에 시간을 보낸 경우엔 무상으로 쓰인 하루라 0점 처리, 가족들과 시간을 보내거나 아이들과 대화하고 쇼핑하는 날이면 점수를 후하게 주는 편이다. 운동이나 산책도 평균 이상의 점수를 준다. 내일 써야 할 연료를 만들어주는 일이니까.

점수가 낮은 하루를 보내고 나면 그 점수를 메꾸기 위해 다음 하루는 더 열심히 사는 편이다. 그래야만 그다음 또 그다음 하루가 평균 이상으로 유지될 수 있다.

당신도 자신의 하루에 점수를 내겨보라. 기준은 따로 없지만 자신의 성장에 관련된 것인지를 스스로 물어본 다음, 플러스면 플러스 점수를, 마이너스면 마이너스 점수를 주면 된다. 오늘 내가 쓰고 있는 재료들은 어제의 내가 플러스한 만큼의 시간에서 가져와 쓰는 것이다. 물론 나 역시 하루에 10점 만점을 꽉 채우는 날이 많지는 않다. 하지만 평균 6~7점 이상은 유지하려 애써왔던 하루가 지금의 나를 만들어왔다.

  5년, 10년 후의 계획들이 아무리 근사하게 짜여 있다 해도 그것들이 하루아침에 이뤄지지는 않는다. 다만 하루하루 살아온 만큼 인생은 가치를 발하게 되어 있다. '그동안 내가 해놓은 게 뭐가 있지?' 하는 막연한 후회나 기대는 접자. 가계부는 하루하루 정산하는 것이지 연말정산용으로 쓰이는 게 아니다. 인생도 마찬가지다. 나의 하루를 부지런히 정산하며 점수를 채워간다면 연말정산 때는 굳이 계산하지 않아도 생각지 못한 보상이 나를 기다리고 있을 것이다.

*

일상을 사랑하지 않으면 꿈꾸지 못한다

살다 보면 매일 똑같이 돌아가는 일상이 지겨울 때가 있다. 일요일에는 밥하기도 싫고, 하루 종일 누워서 쉬고 싶을 때도 있다. 그럴 때면 밥 달라는 남편, 놀이터 나가자고 조르는 아이가 미워진다. '저 인간들 때문에 못 살아'라는 말이 목구멍까지 차오를 때도 있다. 그런데 달리 생각하면 '저 인간들 때문에 사는' 것인지도 모른다. 나를 일으켜 세우는 가족, 나를 움직이게 하는 일상이 있었기에 그 시간 속에 뭐라도 담을 수 있었다. 그렇게 일상을 충실하게 살아내는 힘이 가장 중요한 꿈의 기초 체력이다.

  우리가 지겨워하는 일상들은 사실 원래 꿈이었다. 모든 로망은 성숙해지면 일상이 된다. 지금 매일 하고 있는 아내 노릇, 엄마 노릇도 원래는 내가 꿈꾸던 것이었다. 결혼 전, 꿈꿨던 아내이자 엄마가 되고 싶다는 로망은 지금 현실이 되어 있다. 그러나 지금은 로망이 아니라 나를 지치게 하는 일상일 뿐이다. 새롭지도 않고, 흥분될 것도 없다. 아무리 좋은 일도 매일 하다 보면 그저 일상일 뿐이니까.

어떤 꿈도 매일 반복되면 그것 역시 일상의 반복일 뿐이다. 나도 강의를 너무 하고 싶어서 시작했지만 어떨 때는 강의가 좀 취소됐으면 싶을 때도 있다. 그러나 그 일상이 여전히 내 꿈이라는 것은 변함없다. 또한 그 '일상 같은 꿈'을 소중히 여겨야 또 다른 로망도 꿈꿀 수 있다. 일상이 망가진 채로, 시간을 허술히 쓰면서 결코 제대로 된 꿈을 꿀 수 없다. 일상을 사랑하는 힘이야말로 가장 중요한 꿈의 기초인 것이다.

관계에도
전략이 필요하다

30여 년 강의를 해오다 보니 내 강의를 들으러 오는 분들도 남녀노소 참 다양해졌다. 그럼에도 여전히 점유율 1위를 차지하는 건 30~40대 젊은 엄마들이다. 내가 오랫동안 여성 리더십이나 여성 자기계발 콘텐츠를 쌓아온 까닭이기도 하지만, 아내이자 엄마로 살아가는 이들 앞에 놓인 숱한 고민의 무게가 무거운 이유도 한몫하리라.

그런데 이 엄마들을 보면 꼭 혼자 오는 법이 없다. 남편이나 아이와 동행하는 경우도 더러 있지만, 대개는 동네 친구랑 나란히 혹은 삼삼오오 손잡고 온다. 이른바 동네 커뮤니티를 대동하는 것이다. 강의 때 그런 엄마들이 많이 보이는 날이면 나는 꼭 이 말을 힘주어 한다.

"옆집 여자랑 헤어지세요. 지금 같이 온 그분 옆에 있잖아요? 옆에 보고 말하세요. 우리 이제 그만 헤어지자."

이러면 같이 온 엄마들은 민망하다는 듯 한바탕 웃으면서 입으로는 "헤어지자" 하면서도 눈빛으로는 '절대 헤어지지 말자'는 메시지를 교환한다. 굳이 내 강의를 손잡고 와준 귀한 청중들 사이를 갈라놓으려는 이유는 뭘까? 이들의 커뮤니티가 서로의 시야를 가로막는 방해물이 되는 경우가 많기 때문이다.

이들의 커뮤니티는 어떻게 보면 엄마들의 생존 전략이 되기도 한다. 출산, 육아 정보를 나누는 산후조리원 동기들 단톡방으로 시작해서 육아 품앗이를 하는 아파트 놀이터 모임, 아이 교육 정보를 나누는 학부모 네트워크 등 아이들의 성장 그래프와 맞물려 자연스럽게 이어진다. 그러니 그네들끼리의 만남 자체가 문제인 것은 아니다. 이 생존 전략이 시간이 지날수록 퇴색해 시간을 때우는 모임으로 변질되면서 나를 가두고 내 시야를 좁히는 것이 문제다.

*

탈퇴마저 힘들었던 그네들의 조직

중학교 미술교사 홍미 씨는 워킹맘과 아파트 엄마들 커뮤니티 생활을 모두 경험해본 케이스다. 둘째를 낳고 2년간 육아휴직을 쓰게 된 그녀는 그토록 바라던 전업맘 생활에 돌입했다. 초기에는 엄마 따라간다며 칭얼거리는 아이와 아침마다 전쟁을 치르는 일, 학생들 때문에 뒷목 잡는 일, 신경만 곤두서던 교무회의 스트레스가 모두 사라지니 살 것 같았다. 큰애 어린이집 엄마들과도 금세 친해져 교사 시절엔 꿈도 못 꾸던 '그들만의 세계'에 쉽사리 입성했다.

"제가 퍼주는 걸 좋아하니까 자기네 집으로 매일같이 부르더라고요."

가뜩이나 손도 큰데다 매일 남의 집 문을 드나들다 보니 음식은 항상 두세 배 이상 만들곤 했다. 남편이 출근하고 큰애까지 어린이집에 가고 나면 어김없이 전화가 울렸다.

"자기, 오늘 뭐 할 거야? 민서네 칼국수 먹는다니까 그리로 와. 자기는 주먹밥 좀 만들어오고."

부랴부랴 주먹밥 세 통을 만들고 둘째를 둘러 안은 채 서둘러 가면 점심 직전. 먹기와 수다를 본격적으로 즐길 차례다.

"그러니까, 그 집 남편 바람피우는 거 맞다니까. 아니 애가 둘이나 있는 아저씨가 뭘 그리 향수를 뿌려대는지, 아주 엘리베이터에 냄새가 진동하잖아."

남의 집 흉에, 빤한 집안사 이야기에, 드라마 속 배우들 품평회까지 시간은 째깍째깍 잘도 흘러간다. 홍미 씨는 이 신세계가 아주 즐겁기만 했다. '최 선생님'으로 살 때는 24시간 레이더를 세우고 편두통을 참으며 복잡한 업무를 처리해야 했는데, 동네 엄마들과 만나 시시콜콜한 이야기를 주고받는 게 이렇게 심플한 재미를 안겨줄지는 꿈에도 몰랐다. 다른 엄마들이 자신의 솜씨를 추켜세우는 것이 좋아 연신 음식을 만들어댔더니 못하는 요리가 없을 정도였다. 하지만 이 생활이 또 다른 감옥임을 안 것은 2년이 채 지나지 않았을 때였다.

"하루가 정말 빨리 갔어요. 같은 하루가 이렇게 쓰일 수 있다는 걸 알게 된 거죠. 그 집에서 놀다 보면 어느새 저녁 시간 되고, 은행에 가야 하는데 말만 하다 며칠씩 미루고…."

내 시간을 내가 못 쓰고 남의 집에 저당 잡혀 사는 기분, 그제야 슬슬 동네 커뮤니티 생활에 질리기 시작했다. 게다가 복직이 가까워지면서는 불안감이 엄습해왔다.

'이렇게 살다 어떻게 학생들 앞에 서지? 내가 수업이나 제대로 할 수 있을까?'

그동안 동네 커뮤니티에 빠져 있던 자신의 시간이 헐값이 된 것 같아 후회까지 밀려왔다. 그러던 어느 날, 그날도 어김없이 한 집에 모여서 시댁 흉을 보는 중이었다. 그때 한 멤버가 홍미 씨의 정신을 확 깨우게 만들었다.

"자긴 대단하다. 그런 정신병자 시어머니랑 어떻게 산대? 아유, 이혼하고 말지."

순식간에 그녀는 시어머니를 정신병자로 만든 며느리 꼴이 되고 말았다. 표정 관리가 안 돼 두통 핑계를 대며 평소와 달리 일찌감치 집에 돌아온 홍미 씨는 며칠간을 앓아누웠다. 누운 자리에서는 그동안 생각 없이 내뱉은 그네들과의 수다가 하나둘씩 떠오르며 허무함이 몸서리치게 밀려왔다.

"어제는 왜 안 왔어? 민서 엄마가 자기 무시하는 거 같다고 좀 기분이 상해 있더라고. 망고라도 사서 찾아가 봐. 그거 좋아하잖아."

삐친 멤버 달래느라고 망고를 사다 바치라고? 홍미 씨는 부아가 치밀었다. 매일 만나 별의별 이야기 다 나누다 보니 끈끈하다 못해 눈치까지 봐야 하는 사이가 되어버린 것이다. 홍미 씨는 그제야 이 생활에 종지부를 찍어야겠다고 마음먹었다.

"사실 휴직이 길어지다 보니 학교로 돌아가는 데 부담을 느꼈어요. 그래서 차일피일 미루고 있었는데, 정신 차리는 데 딱 좋은 타이밍이었죠."

홍미 씨는 그 모임에서 탈퇴하는 것도 쉽지 않았다. 그녀가 발길을 끊자 너도나도 전화를 걸며 온갖 음해와 추측을 해댔다. 홍미 씨는 복직을 이유로 대며 다음에 차나 한잔하자는 말을 반복하다 별다른 해프닝 없이 겨우 명예 탈퇴를 할 수 있었다.

물론 엄마들의 동네 커뮤니티가 다 같은 케이스는 아닐 것이다. 하지만 여자들의 끈끈한 연대가 때로는 서로를 갉아먹는 악영향을 끼칠 수도 있다. 비단 엄마들 관계에서만 이런 악영향이 있는 것은 아니다. 직장, 모임, 커뮤니티, 가족 등 모든 관계에서 선을 넘는 친밀한 요구는 개인의 성장을 저해하는 요소로 작용하게 되어 있다. 가족 관계에서조차 공동으로 풀어야 할 문제와 각자가 풀어야 할 문제가 따로 있고, 초등학생도 부모와 풀어야 할 숙제와 온전히 혼자 풀어야 할 몫이 따로 있는 법이다.

물론 새내기 엄마 시절에 육아를 집안에서 혼자 한다는 것은 여간 힘든 일이 아니다. 근처에 고민도 나누고 정보도 얻을 친구가 필요하다. 그러나 이것이 도를 넘어 나만의 시간을 빼앗고, 나만의 육아 철학을 빼앗고, 나만의 인생 설계조차 힘겹게 만든다면 일단 브레이크를 걸어야 한다.

직장에서도 마찬가지다. 퇴근 후 사생활까지 직장 동료와 함께하고 하루 종일 나눈 회사 이야기를 반복해서 나누고 있다면? 문제는 유연성이다. 필요에 의해 얽히고 풀어지고 반복할 수 있어야 건강한 관계다. 한번 얽힌 뒤 도저히 빠져나올 수 없다면 그것은 '중독'이라고 봐야 한다.

살다 보면 관계나 일상도 중독되는 것을 느낄 수 있다. 어제와 다른 일상을 살려고 할 때 뭔가 불안함이 있다면 그것은 중독된 상태로 봐야 한다. 조금씩 그 얽힘을 풀어 한 가닥씩 내 손에 쥐어야 한다. 내가 컨트롤할 수 있는 시간과 공간을 가져야 내가 그 속에서 성장한다. 나를 위한 유연한 시공간, 그것이 내 콘텐츠를 만드는 실마리가 될 수 있다.

*

내 삶의 지도를 바꾸는 사람을 만나라

홍미 씨처럼 전업맘 생활을 하다가 사회로 돌아오는 것을 두려워하는 이유 역시 이러한 마인드 때문이다. 싫은 사람을 만나는 연습은 안 하고 서로 비슷하고, 대화도 잘 되는 사람들만 만나온 특성 때문에 사회성이 떨어지는 것이다. 맘에 안 드는 사람 피해 살면 그만이지 그게 무슨 문제가 되느냐고 반문할 수도 있다. 그러나 오랜 시간 한 곳에 적응되면 다른 한쪽은 놀라울 만큼 폐쇄적으로 변해 있을 뿐만 아니라 그 능력도 저하되어 있게 마련이다. 어떤 환경에서도 유연함과 적응력을 갖는다는 건 생존력은 물론 삶의 자신감과도 직결된다. 따라서 조금씩 자신을 열고 자기가 지닌 재능을 테스트하면서 자신감을 길러야 한다.

이제 세상에 나와 여러 사람들을 만날 때 자신감을 기르는 세 가지 방법을 구체적으로 연습해보자. 첫 번째는 '자극'이다. 나의 주 공간이 직장이든 집이든 간에 일정 기간이 지나면 매너리즘에 빠지기 십상이다. 일상에 익숙해진 나머지 별다른 동기부여나 자극 없이 살아가는 상태가 지속되다 보면 우물 안 개구리로 남을 수밖에 없다. 잦은 자극은 스트레스가 되지만 정기적인 자극은 내 삶의 질을 높이는 데 큰 도움이 된다.

자극은 신선하고 낯선 환경에서 시작된다. 생전 가보지 않았던 곳, 예를 들어 마음만 굴뚝같았지 단 한 번도 발걸음을 못 떼었던 독서모임, 자원봉사단체 혹은 젊은 친구들과 함께하는 외국어 학원 수강도 좋다. 자극은 안정권을 벗어나 낯선 곳, 낯선 상황, 낯선 사람들 속에 자신을 떨어뜨려 놓는 시도에서부터 시작된다.

인생에서 한 번도 해보지 못한 일을 해야 할 순간이면 내가 늘 떠올리는 일이 있다. 명칭조차 생소하기만 했던 소위 기업체 강사가 되기로 마음먹은 날, 남편은 나를 말렸다. "한 번도 안 해본 강의를 당신이 어떻게 하냐?" 그때 나는 남편에게 이렇게 대답했다. "한석봉 엄마가 첫날부터 눈 감고 떡을 썰었겠어? 하다 보니 잘하게 된 거지!" 그날 이후로 뭔가 새로운 도전을 시작할 때 내가 하는 말은 늘 똑같다. "한석봉 엄마가 첫날부터 눈 감고 떡 썰었냐?" 이 말 하나면 새로운 자극은 더 이상 두려움의 대상이 아니게 된다.

두 번째는 '배움'이다. 배움은 암흑처럼 보이지 않는 미래의 단서를 주기도 하고, 혼란스러운 일상의 실마리가 되기도 한다. 내 후배 중 한 명은 학원을 등록해 틈틈이 중국어를 배우기 시작했다. 그저 시간을 때우기 위해 뭘 할까 고민하다 시작한 공부였다. 배우다 보니 선생님과 친하게 되어 선생님 지인들과도 몇 번 차를 마실 기회가 있었다. 그분들 중 한 여성이 중국 관광객 가이드를 하고 있었는데 한번은 덕수궁 가이드에 동행하게 됐다. 옆에서 보니 일주일에 두 번, 하루에 서너 시간 정도 중국인들에게 우리 문화를 알려주는 일이 재미있어 보였다. 시간이 지날수록 그 가이드를 통해 더 많은 사람들을 알게 되고 그들로부터 많은 정보도 얻게 되었다. 그렇게 5년이 지난 지금, 후배는 어엿한 중국 관광객 가이드로 일을 하고 있다.

배움은 세상에서 가장 무한한 가능성의 창문이다. 닫힌 생각의 빗장을 푸는 열쇠이기도 하다. 자신의 폐쇄성을 깨는 데 배움만큼 유용한 도구는 없다. 나 역시도 무언가 막힌 부분이 있을 때는 무조건 배움으로 풀기 시작한다. 그러다 보면 생각지도 못한 곳에 가 있는 기쁨을 수없이 느끼곤 했다.

영어는 그런 면에서 내게 갇힌 공간을 여는 새로운 열쇠였다. 영어를 배우면서 영어 실력만 좋아진 것이 아니었다. 마치 세트 메뉴처럼 그에 따른 인간관계, 새로운 기회, 도전할 과제들이 줄줄이 따라왔다. 영어를 배우기 시작하면서 생긴 약간의 자신감은 외국 교수들과의 만남을 두려워하지 않게 해주었고, 그로 인해 유튜브에서 그분들과 직접 인터뷰할 기회도 얻었다. 몇 년 전에는 미국 재학생 800명 앞에서 난생처음 영어로 강의도 해봤다. 생각해보면 모든 시작에는 늘 배움이 있었다. 배움은 모든 크고 작은 내 인생의 인간관계들을 품고 있는 어미 닭 같은 존재였다.

세 번째는 '스승'이다. 늘 주변에 스승 한 명을 두라는 말이 있다. 인간관계에서 평생에 걸쳐 빠지면 안 되는 것이 스승이라는 존재다. 외로울 때 위로가 되는 친구, 다 터놓고 술 한잔할 수 있는 절친만큼 소중한 인간관계가 바로 스승이다. 내 문제를 먼저 겪고 해석하면서 나보다 먼저 지혜로운 길을 걷고 있는 사람이다. 인생의 답을 알려줄 순 없어도 길을 알려 줄 수는 있는 사람. 내게도 스승이 여러 분 계신다. 직접 공부를 도와주시는 분, 때로 인생의 고난 앞에서 두려워질 때 길을 알려주시는 분, 앞뒤가 꽉 막힌 것 같은 날 책 한 권으로 새로운 빛을 보여주시는 분들이다.

만일 내가 늘 위로를 줘야 하고, 가르쳐줘야 하고, 도움을 줘야 하는 위치에만 있다면 그것처럼 외롭고 힘든 삶도 없을 것이다. 그래서 가족도, 친구도, 부모조차 할 수 없는 깨달음의 동반자 역할을 하는 스승은 누구에게나 필요한 존재다. 스승에게조차 스승이 필요한 법이다. 우리는 하루빨리 이런 스승을 만나야 한다. 아니 만나려고 노력해야 한다. 실제로 만날 수 없다면 책이나 강연 같은 간접적인 방법을 통해서라도 만나야 한다. 마음에 스승을 키운다는 건 학생이 되었다는 의미이며, 학생이 되었다는 건 배우고 있는 것이고, 배운다는 건 곧, 살아 있다는 증거다.

인간관계는 내 삶의 지도와도 같다. 내가 걸어갈 길도 되고, 내가 살아온 길이 되기도 한다. 그저 한 곳에 안주하며 매번 갔던 길을 또 가는 지루한 골목 여행을 할 필요가 있을까? 가끔은 큰 대로로 나가서 안 가본 길을 떠나보는 것도 좋다. 그곳에서 나와는 다른 사람들을 만날 것이고, 그 만남은 내 인생의 또 다른 길을 보여주는 지도가 되어줄 테니까.

만나지 않던 사람을 만나라.
가보지 않던 길을 걸어라.
알지 못하는 것을 배우라.

자극은 낯선 곳, 낯선 상황, 낯선 사람들 속에
자신을 떨어뜨려 놓는 시도에서부터 시작된다.

아내는 가정이라는
스타트업의 CEO

기대수명 120세를 내다보는 세상에 가족이 앞으로 함께 거쳐야 할 시간은 생각보다 더 많이 남아 있다. 그 긴긴 시간 동안 어떻게 여생을 잘 보낼 수 있을 것인가는 단순히 노후연금이나 은퇴 이후를 계획한다고 될 일이 아니다. 자녀의 환갑잔치를 보는 시대라면 내 남편과 내 아이들이 어떻게 살 것인지를 멀리 내다봐야 한다.

가족의 중심은 엄마다. 나는 엄마들이 스타트업 CEO 마인드를 가지고 살아야 한다고 생각한다. 집을 직장으로 볼 때 가족은 내가 이끌어가야 할 하나의 조직이다. 가족의 의식주에서부터 건강, 꿈, 비전까지 책임지는 CEO인 엄마는 가족을 잘 '경영'하는 것이 무엇보다 필요하다. 경영 마인드로 가족을 바라볼 때 엄마가 챙겨야 할 항목은 단순히 먹을거리와 입을 거리가 아니다. 경영 마인드란 비전과 동기부여 능력, 변화 관리 능력까지 함께 어우러지는 것이기 때문이다.

가정의 CEO로서 가장 먼저 해야 할 일은 가족의 비전을 세우는 일이다. 비전은 목표점이 분명한 꿈을 말하는데, 여기에는 반드시 계획이 수반되어야 한다. 가족 구성원 개개인과 나, 그리고 가족 전체가 공통으로 지향하는 비전을 세운 다음, 그 비전에 맞는 계획을 세울 필요가 있다.

남편의 승진 준비부터 건강 관리, 아이의 학교 진학, 나의 다이어트 계획, 그리고 가족 모두를 위한 세계 여행까지 달성하고자 하는 목표들이 있을 것이다. 회사로 친다면 각 팀의 분기별, 연도별 목표에 속한다. 그 목표에 맞게 각자가 노력하고 있는지, 엄마가 도와줘야 할 부분은 무엇인지를 체크해야 한다.

CEO는 단순히 닦달하거나 부추기는 역할이 아니다. 전체적인 그림을 보고 틈틈이 점검하며 목표로 이끄는 역할이다. 팀별 목표가 있다면 회사 전체의 목표도 있을 것이다. '늘 웃으며 살자', '지구를 더 건강하게' 같은 가훈에 맞는 목표도 좋고, '3년 후 크루즈 여행', '7년 후 내 집 마련' 같은 물리적 목표도 좋다. 가족 모두가 공통으로 바라는 목표를 설정해 이를 위해 각자가 어떤 노력과 준비를 하면 되는지 분담 파트를 설정하고 그에 맞게 가족을 리드해가는 것이 엄마, 바로 한 조직의 CEO의 역할이다.

다음으로는 가족에게 동기를 부여하는 것이 필요하다. 목표가 있다면 그 목표에 맞게 구성원들이 따라올 수 있도록 만들어야 한다. 히딩크 감독은 원래 선수 출신이었다. 그가 명감독이 될 수 있었던 이유는 자신이 골을 못 넣어서 선수들이 겪는 슬럼프를 잘 알았기 때문이라고 한다. 최고의 감독은 자기가 공을 잘 차는 사람이 아니라, 공을 잘 찰 수 있게 해주는 사람, 즉 선수들을 격려하고 이끌어주는 사람이다. 실제로 스포츠에서 명감독 명코치들은 현역 시절에는 그다지 빛을 발하지 못한 사람들이 많다. 그것만 봐도 실패의 경험이 지도자에게 큰 자산임을 알 수 있다.

일반 기업들을 보면 어떤 CEO들은 동기부여를 잘하기 위해 말하고 대화하는 기술도 배우고, 직원들과 운동도 하고, 식사 자리도 자주 갖고, 함께 등산도 한다. 또 어떤 CEO는 직원들과 쇼핑을 가기도 하고 게임을 하기도 한다. 마찬가지로 가족이 다들 밖에 나가서 상처받고 들어왔을 때 가장 크게 격려하고 응원해줄 수 있는 사람도 바로 아내, 엄마다.

오늘 엄마로서 내 아이에게 동기부여를 잘하고 있는지 한번 생각해보자. 아이와 대화는 잘하고 있나? 운동은 같이 하나? 아들과 게임도 해봤나? 딸과 쇼핑 가봤나? 만약 '하기 싫은데 꼭 해야 하나?'라는 의문이 든다면, CEO가 하기 싫어도 직원들에게 동기부여 하는 이유를 한번 생각해보자. 나 자신과 우리 가족에게 동기부여 할 수 있는 멋진 CEO가 되려면 조금씩 노력할 필요가 있다.

마지막으로 아내가 CEO가 되기 위해 꼭 필요한 것이 바로 변화관리 능력이다. 기업이나 정부단체 등의 최고위급들을 보면 아무리 경영을 잘하거나 조직을 잘 운용했다 해도 변화와 위기 앞에서는 한번에 평가를 받는다. 어떤 큰 문제가 터졌을 때는 순식간에 '옷을 벗는' 결과를 맞이하기도 한다. 그러나 집안에서는 위기가 닥쳐왔다 해도 엄마 자리를 내놓을 수 없다. 어떻게든 그 위기를 수습하는 것이 엄마의 역할이다. 위기에 잘 대처하기 위해서는 변화의 흐름을 잘 봐야 한다.

가정을 하나의 회사로 보고, CEO가 회사를 경영해나가듯 자녀와 남편, 그리고 나 자신의 발전을 위해 비전도 세우고, 동기부여도 하고, 세상의 변화를 따라잡을 능력을 길러나가야 한다. 가족이라는 스타트업의 CEO로서 수십 년 동안 어떤 변화나 위기가 있어도 흔들리지 않는 튼튼한 조직으로 이끌어갈 의무가 있다. 그래서 엄마는 꿈을 가진 CEO다.

Part 6

꿈의 동행

남편을 꿈의 동반자로 만드는 법

부부는 서로의 꿈을 키워주는 부모다

부부 관계를 주제로 한 방송에 진행자로 출연했을 때 아주 특별한 게스트를 부른 적이 있다. 팝핀현준 씨와 박애리 씨 부부다. 두 사람을 만나자마자 나는 완전히 반하고 말았다. 그야말로 내가 머릿속으로만 꿈꿔왔던 '완벽한 부부'의 모습이었기 때문이다.

 길에서 노숙하면서 비보이의 꿈을 키워온 스트리트 댄스계의 전설 팝핀현준 씨, 그리고 국악계 스타 박애리 씨. 노란 머리에 힙합 패션을 한 남편과 단아한 한복을 입은 아내는 겉으로만 보면 북극과 남극만큼이나 다른 부부다. 그러나 두 사람은 서로의 연인이자 스승이다. 합동 공연에서 처음 만났다는 부부는 서로의 일에 대한 존경과 격려를 아끼지 않는다. 애리 씨는 "어려운 환경 속에서도 춤으로 자신만의 예술을 만든 현준 씨가 지금도 무척 자랑스러워요"라고 격려하고, 팝핀

현준 씨는 "누나의 노래를 들을 때마다 어쩌면 저렇게 맑고 투명하게 노래할 수 있는지 신기하기만 하죠"라고 칭찬한다.

각자의 영역에서 꿈을 향해 뛰고 있는 두 사람은 공연 시간이 달라 한 집에 살아도 열흘씩 못 볼 때도 있었다. 때로는 현준 씨가 영화 촬영이나 공연으로 한두 달씩 집을 비우기도 했다. 그러나 그것 때문에 서로에게 스트레스를 주는 일은 없다. 누구보다 아내는 남편의 꿈을, 남편은 아내의 꿈을 가장 잘 알기 때문이다. 서로가 그 꿈을 얼마나 원하는지, 그 꿈을 이루기 위해 얼마나 노력해왔는지도 가장 잘 안다.

두 사람은 집 안의 벽 한쪽을 커다란 화이트보드로 만들어놓고 5개년 계획을 함께 그려나간단다. 서로 치열하게 묻고 답하면서 구체적인 꿈을 설계해나가는 것이다. 이보다 더 멋진 꿈의 파트너가 있을까?

현준 씨가 차를 몰고 빗길을 달리다가 미끄러져 차량이 완전히 파손되는 큰 사고를 당한 적이 있었다. 다행히 다친 데는 없었지만 아끼던 차를 폐차하게 되어 속상한 마음에 아내에게 전화를 했더니 그녀가 이렇게 말했다. 아주 쿨하게. "걱정 마, 누나가 사줄게!"

그 얘기를 들으며 나는 한참을 웃었다. 그리고 생각했다. 역시 부부는 '부모'구나. 그 말을 했을 때 애리 씨는 부모의 마음이었겠구나. 우리는 가끔 남편에게 모성애를, 아내에게 부성애를 느낄 때가 있다. 다 큰 어른인 줄만 알았던 상대에게서 약점을 발견할 때다.

꿈의 조력자를 만드는 법

사실 우리는 잘 안다. 나이만 먹었을 뿐 우리가 얼마나 미성숙한 존재인지를. 결혼 적령기인 30대 초중반의 남녀들을 보면 다들 아직 어리고 철없다. 사회생활 경험이 이제 5~10년 정도밖에 안 됐으니 모아놓은 돈도 없고, 커리어도 내세울 게 별로 없다. 게다가 꿈도 아직 만들지 못한 이들이 대부분이다.

사람이 본격적으로 성장하는 시기는 대부분 서른 살 이후부터다. 결국 내 꿈은 부모가 아니라 어떤 여자, 혹은 어떤 남자 옆에서 만들고 키워가야 한다. 부모가 3분의 1만 키워서 보냈다면, 나머지 3분의 2는 부부가 부모처럼 서로를 키워야 한다는 얘기다. 그러니 부부는 각자가 서로의 학생이며 스승이다. 배우고 가르치며 서로를 키워야 할 의무가 있다.

그래서 결혼할 때도 상대방의 현재 가치가 아니라 미래 가치를 봐야 한다. 상대방의 미래 가치를 볼 때는 절대적으로 장기 투자의 관점에 서봐야 한다. 이 관점에서 가장 중요한 기준은 내 꿈에 대한 존중이다. 그는 내 꿈을 인정하고 키워줄 만한 사람인가?

꿈을 꾸는 사람들은 아무리 풍요로운 환경 속에서도 기어이 결핍을 찾아내 끊임없이 꿈과 함께 성장한다. 그러나 성장의 희열을 모르는 여자는 남자의 꿈을 질투한다. 내가 아닌 다른 것을 더 좋아한다고 생각하고, '꿈이야, 나야?'를 택하라고 강요한다. 이래서야 아무리 똑똑한 남자라도 평생 꿈 근처에도 못 가고 아내 눈치만 보며 살아야 한다. 그래서 현명한 아내는 남편뿐 아니라 남편의 꿈까지 사랑해야 한다.

여자는 꿈을 키울 때 남자보다 훨씬 더 많은 장애물을 넘어야 한다. 그러므로 여기서 한 번 실수하면 인생이 제대로 꼬인다. 남자가 가진 재력이나 집안 배경만 보고 단기 투자를 했다가는 주말마다 시댁에 가서 커튼을 빨아야 할 수도 있다. 일은 그만두고 아이나 열심히 키우라는 압력을 받을 수도 있다.

애리 씨도 만약에 부잣집으로 시집갔으면 곱게 한복 차려입고 무대가 아니라 시댁 주방에서 못 나왔을 수도 있다. 실제로 얼마나 많은 배우, 가수, 연주자가 재벌가 아들과 결혼하면서 자신의 꿈을 접었나? 세상에 공짜는 없다. 더 비싼 것을 받을수록 나도 가장 소중한 것을 포기해야 한다. 그래서 꿈을 가진 여자는 아직은 저평가된 나의 가치를 알아보고 우량주가 될 때까지 돌봐주고 기다려주는 남자가 딱이다.

그런데 그런 남자가 있긴 할까? 예전보다는 많이 늘었지만 여전히 찾기가 쉽지는 않다. 그래서 여자의 꿈은 더 치열해야 할 수밖에 없다. 매일 지독하게 버티면서 0.1센티씩 주변을 변화시켜야 한다. 욱하는 마음에 질러버리는 대신 중심을 잡고 버티면서. 아무리 완고한 사람이라도 20년 이상 버티다 보면 변하지 않을 재간이 없다. 내가 원하는 인생을 살려면 남보다 더 주도면밀해야 한다.

서로에게 '내 평생의 작품'이 되자

나는 결혼 적령기의 직원들이 "어떤 남자가 좋은 남편감일까요?" 하고 물을 때마다 남자가 가진 '마음의 평수'를 잘 보라고 조언한다. 이 남자가 1평짜리 남자인지 100평짜리 남자인지 봐야 한다는 얘기다.

어릴 때는 1평짜리 남자가 멋있어 보인다. 이런 남자들은 "오늘도 야근해서 못 만난다고? 그런 회사 당장 때려치워!"라거나 "지금 남자 선배들하고 회식한다고? 내가 그 앞으로 갈 테니까 당장 나와!" 같은 말을 해 남자답게 느껴지고 박력 있어 보인다. 이럴 때 많은 여자들이 나를 얼마나 사랑하면 이렇게 질투를 하나 싶어 못 이기는 척 져준다.

그러나 이런 '츤데레'는 드라마 속에서나 멋있지 막상 같이 살아보면 하나도 안 멋있다. 1평짜리 남자들은 마음속에 저 하나도 간신히 들어가는 형편이라 여자의 꿈을 들여놓을 자리가 없다. 오직 자기만 봐주기를 바라고 자기가 원하는 대로 여자가 행동하길 바란다.

반면에 마음이 100평짜리인 남자들은 연애할 때는 별로 매력이 없다. 일 때문에 못 만난다고 해도 서운해하지 않고, 밤늦게 들어가건 남자들과 회식을 하건 별로 신경을 안 쓴다. 그건 그녀의 삶이고 선택이기 때문이다. 그러나 이렇게 마음의 평수가 넓은 남자들은 여자의 꿈도 함께 품을 줄 안다. 중요한 것은 상대방이 내 꿈에 대한 존경이 있느냐 없느냐다. 그건 연애할 때부터 다 보인다. 내 꿈까지 사랑하는 사람은 꿈을 향해 뛰고 있는 나를 너그럽게 기다릴 줄 안다.

물론 모든 여자가 100평짜리 남자를 만날 수는 없다. 그래서 결혼 후 몇 년 동안은 치열한 조율 과정을 거쳐야 한다. 이 과정에서 10평 미만 남자도 억지로 늘려 키울 수는 있다. 그 대신 오랫동안 무지 많이 싸워야 한다. 10년 이상 내가 어떤 여자인지를 일관성 있게 행동으로 보여주면서 조금씩 내 꿈을 이해시켜야 한다. 인간은 모두 자기 편한 대로 사는 존재들이기 때문에 내 꿈을 치열하게 얘기하지 않으면 아무도 듣지 않는다.

꿈은 절대적으로 '분업'이 기본이다. 꿈은 신이 개개인에게 부여한 숙제이기 때문에 각자 풀어야 한다. 아무리 내 부모, 내 남편, 내 자식이라도 대신 풀어줄 수 없다. 가장 잘난 사람에게 몰아줄 수도 없다. 한 사람의 꿈을 위해 나머지가 희생되어서는 안 된다는 것이다. 이런 생각이 기본으로 세팅돼 있으면 각자의 꿈의 영역을 존중하기 때문에 집안일도 자연스럽게 협동하게 된다. 아내가 바쁘면 당연히 남편이 아이를 돌보고, 남편이 출장을 가면 당연히 아내가 아이를 도맡는다. 부모가 바빠서 제대로 못 챙겨줘도 아이들이 그러려니 한다. 꿈이 있는 집은, 꿈은 각자 분업하고 집안일은 함께 협동한다.

그러나 꿈이 아닌 '생계'만 세팅된 집은, 꿈을 분업하는 대신 생계를 위한 역할 분담만 한다. 남편은 일, 아내는 육아와 집안일, 아이는 공부. 그러다 보면 생계를 위해 각자 열심히 뛰었는데 나중에는 가족 모두가 억울해진다. 내 꿈 어디 갔어? 내가 돈 버는 기계냐? 내 꿈 어디 갔어? 내가 애 보는 기계냐? 내 꿈 어디 갔어? 내가 공부하는 기계냐?

이래서 처음에 결혼할 때부터 그 집안의 마인드 세팅이 중요하다. 사랑에 눈이 멀어 아무거나 다 받아들이지 말고, 꿈의 정책부터 잘 세워야 한다. 결혼은 꿈의 첫발을 내딛는 두 사람의 결합이다. 결혼과 동시에 내 꿈은 나만의 것이 아니다. 이제부터는 온전히 나 혼자서만 컨트롤할 수 없다. 내 꿈의 파트너인 아내나 남편이 함께 키워가지 않으면 반쪽짜리 미숙아에 불과하다.

한 여자가 결혼할 때 20년 후에 무엇이 될지 그녀도 모른다. 한 남자가 결혼할 때 20년 후에 어떤 사람이 될지 그도 모른다. 꿈은 항상 변화하고 성장하기 때문이다. 그래서 부부는 부모다. 자식을 키우는 부모의 마음으로 정성 들여 서로의 꿈을 키워줘야 한다. 나이 예순에 서로를 보며 '내 평생의 작품'이라고 말할 수 있는 부부야말로 서로에게 최고의 꿈의 파트너일 것이다.

남편, 그도 행복할 자격이 있다

'지금껏 나는 뭘 하고 살았나. 내가 잘 사는 걸까? 살면서 해놓은 거 하나 없는데, 매일 매일이 다람쥐 쳇바퀴처럼 돌아가고. 그렇다고 돈도 별로 모아놓은 것도 없고….'

이 내면의 목소리는 아내의 것일까, 남편의 것일까? 둘 다가 정답이다. 여자들이 '내가 뭐 하고 사나?', '내가 인생을 이렇게 살아도 되나?' 하며 우울증을 겪듯이 남자들도 중년 우울증을 겪는다. 인생이 쓸쓸하고 공허하다고 느끼는 것이다.

회사 일은 예전처럼 바쁜데 본인은 이런 고민으로 불안과 공허함을 동시에 느끼며 우울해진다. 남편의 사정을 조금 깊게 들여다보자. 회사에서는 젊은 후배들이 자꾸 치고 올라오고, 실력이나 기술이 부족한 상황에서 자꾸만 고립되는 기분도 든다. 젊은 사람들끼리 모이니 정서적으로 왕따가 된 듯한 분위기도 감지한다. 쓸쓸한 마음에 술 한잔하고 싶어도 후배들이 좋아할 리 없다. 술을 마셔도 체력이 하루하루 다르니 몸만 힘들다.

가정에서도 사정은 마찬가지다. 일찍 들어와봤자 자식들은 아버지와 대화하기를 싫어하고, 자신도 친근한 아버지로 자식들에게 다가가고 싶지만 어떻게 해야 할지 잘 모른다. 그럴 때 아내를 보면 엄청 바쁘게 잘 사는 것 같다. 상황이 이러니 40대 남자들이 고독해지고 쓸쓸해질 수밖에 없다. 자꾸 누군가와 대화하고 싶어지고 어디론가 훌쩍 떠나고 싶어진다. 남편도 때로는 경제적 부담을 져야 하는 '가장'과 '남편', '아빠'의 역할을 벗어버리고 싶을 때가 있고, 누군가에게 기대고 싶을 때가 있다.

남자들은 40대 중반쯤 되면 감수성이 예민해진다. 고독해지고 자신감도 떨어지고, 에너지 연료도 다 떨어지는 시기. 그래서 정서적으로 많이 허약해져 있을 때다. 이렇게 남자가 자신을 잃어갈 때 일반적으로 몇 가지 증상이 있다. 이런 증상이 나타나는 남편은 아내의 도움이 반드시 필요하다.

첫째, 아내가 무서워진다. 아내가 웃으면서 보약을 해주는데 고마움보다 두려움이 앞선다. 둘째, 퇴근하는 길에 갑자기 드라이브가 하고 싶다. 가슴에 있는 것을 훌훌 털어내고 싶어 마구 달리다 보면 어느새 눈시울이 붉어진다. 한 달에 한 번 이상 이런 증상이 일어난다면 꽤 심각하다고 봐야 한다. 셋째, 어느 날 문득 돌아가신 아버지나 어머니가 몹시 보고 싶다. 아이처럼 기대고 싶은 상대가 필요하다는 뜻이다.

남편에게 이런 기분이 드는지 은근히 물어보면 어떨까? 혹시라도 이런 증상이 보이면 그때는 남편을 아내가 나서서 안아주고 다독거려 주어야 한다. 지금도 그렇지만 50대, 60대를 멋지게 보내고 싶다면 더더욱 중년의 남편을 다독이고 위로하고 격려할 줄 알아야 한다. 남편의 50대, 60대가 멋있어야 아내의 삶도 멋있어질 테니까.

남편의 꿈에 투자하는 아내

좋은 남편, 사랑받는 남편, 존경받는 남편, 출세하는 남편은 정말 아내 하기 나름인 것 같다. 내가 살던 동네에 한의원이 하나 있었다. 막내 출산 후 요통이 심해 다니면서 알게 됐는데 우리 식구들은 그 한의원을 '평강공주 한의원'이라고 불렀다. 그 한의원 원장 부부의 남다른 사연 때문이다.

가끔 원장 부인이 나와 환자들한테 "좀 나아지셨어요?", "오늘은 좀 어떠세요?", "제가 원장님한테 이야기해서 좋은 약재 넣으라고 할 테니까 걱정 마세요"라며 살갑게 인사를 건네곤 했다. 처음에는 '남편 잘 만나서 고생 모르는 여자'이겠거니 생각했다. 그런데 침을 맞는 동안 그분과 이야기를 나누다 알게 된 사실은 뜻밖이었다.

한의원 원장은 한의사를 하기 전에 일류 대기업에 다녔다. 부인은 남편이 반듯한 사람으로 보여 청혼을 받자마자 바로 승낙했다고 한다.

"친정아버지가 술과 사람을 좋아하셔서 그런 게 정말 싫었거든요.

선비 같은 스타일이 이상형이었고, 제가 결혼할 때는 '삼성맨'이라면 일등 신랑감이었어요. 다들 시집 잘 간다고 부러워했죠. 저도 대기업 다니면 안정적일 거라고 생각했고요. 근데 세상이 바뀌더라고요."

그런데 살면서 보니 이 남자는 점잖은 수준을 넘어 소극적이고 수동적이며 소심하기까지 했다. 선비가 아니라 온실 속 화초 같은 남자였던 것이다. 부인도 타고나길 활달한 성격이 아니었는데 남편이 얌전만 떨고 있으니 자신도 모르게 성격이 외향적으로 변했다.

"시간이 지날수록 경쟁이 심한 기업에서 도무지 남편의 미래가 보이지 않더라고요. 사람 성격이 잘 안 변하잖아요. 남편이 명퇴라도 해봐요. 우리 가족은 뭘 먹고 살아요? 애들은 점점 커가는데 손 놓고 있을 일이 아니더라고요. 그래서 제가 작은 찜닭 식당을 시작했어요."

그렇게 시작한 식당은 아주 잘됐고 돈도 꽤 모았다. 하지만 고생이 이만저만이 아니었다. 낮에는 살림하고 밤에는 장사를 했기 때문에 곱절로 힘이 들었다.

"남편이 가끔 퇴근하고 가게에 들러 이것저것 도와주었는데 그 꼴이 더 보기 싫었어요. 저러다가 회사 때려치우고 가게에 눌러앉는 건 아닌가 싶기도 했고요. 그래도 남편이 조직 생활에 안 맞는 것 같으니까 뭔가 진로 변경이 필요하다는 생각은 했어요. 하루는 분위기를 잡고 물었어요. '당신이 가장 하고 싶은 게 뭐야?'라고요. 어렵게 입을 떼더니 '한의학을 공부하고 싶다'고 하더라고요. 원래부터 그게 꿈이었는데 가정 꾸리고, 애들 커가고 하니까 회사 그만두고 다시 공부하겠다고 할 수가 없었대요. 그러고 보니까 한의학 책을 많이 사다 읽던 것이 떠오르더라고요. '남편한테 너무 무심했구나' 싶어 미안해졌어요. 그런데 어디, 한의사 되기가 쉬운가요? 그래도 '남편이 하고 싶은 걸' 할 수 있게 해줘야겠다고 마음먹었죠. 그리고 남편이 꿈을 이루면 전 한의사 사모님 되는 거잖아요. 투자할 만한 일이었죠."

그녀는 바로 남편에게 사표를 내게 하고 수능부터 시작해 꼬박 8년을 남편한테 투자했다. 살림에, 애들과 남편 뒷바라지에, 식당 운영까지 무척 힘들었지만 남편의 꿈을 이루도록 하겠다며 꾹 참았다.

마침내 남편은 한의사가 되어 이제 잘나가는 한의원 원장이 되었고, 자신은 식당을 경영했던 경험을 살려 한의원 경영을 맡았다. 지금은 다른 한의사도 고용해 한방 다이어트 클리닉까지 차려서 실장님이 되었다. 그녀가 투자를 제대로 한 것이다.

*

남편의 능력을 업그레이드하라

아내들만 꿈이 있었던 것은 아니다. 남편들도 꿈이 있었을 것이다. 아내들만 꿈을 미루고 현실에 매달려 사는 것이 아니다. 남편들도 마찬가지다. 사랑하는 아내에게 돈도 많이 벌어다 주고, 애들이랑 잘 놀아주고, 사회적으로 자신의 꿈도 이루어가고 싶었을 것이다. 아내들이 집안 살림에, 애들 뒷바라지에 여력이 없어 자신의 꿈을 잠시 보류해둔 것처럼, 남편들은 생활비며 아이들 학비를 버느라 자신의 꿈을 아예 접었을 수도 있다.

혹시 남편에게 너무 가혹하게 부담을 주고 있는 것은 아닌가 되돌아보자. 남편이든 아내든 하나가 소외되면 가정이 행복할 리 없다. 남편에게도 꿈꿀 시간과 관심, 투자가 필요하다.

그렇다면 남편에게 어떻게 투자하는 것이 효과적이고 긍정적인 결과를 이끌어낼까? 가장 중요한 것은 남편에게 '내적 가치'를 높일 수 있는 기회를 주는 것이다. 셔츠가 날이 설 만큼 잘 다려서 입히고, 몸에 좋은 음식을 맛있게 해서 먹이는 식의 투자는 이제 한물갔다. 이제는 남편의 몸이 아니라 머리까지 관리해야 한다.

회사를 예로 들어보자. 컵을 주요 상품으로 내세운 회사가 있다고 치자. 이전까지만 해도 기능에 맞게 실용적인 컵을 만들어 제작해 고객에게 인기를 얻었다. 하지만 고객의 요구가 더 늘어나면서 실용적인 컵에 만족하지 않고 디자인까지 만족스러운 컵을 요구하기 시작한다면? 변해야 할 때가 온 것이다. 현재의 매출에 만족해 디자인을 놓칠 수도 있다. 하지만 장기적으로 볼 때 이 회사는 분명 경쟁에서 도태될 것이다.

개인에게도 이러한 원칙을 적용해볼 수 있다. 남편을 '객관적으로' 관찰해보자. 혹시 대학 시절이나 사회 초년생일 때 공부한 지식으로 10년이 지난 현재까지 벌어먹고 있지는 않은가? 객관적으로 보았을 때 매력적인 인재라 할 수 있을까? 권위적이지, 배는 나왔지, 취미는 사람들과 어울려 골프 치는 것뿐이지, 내 남편이 경쟁력 없고 매력 없는 사람이면 좋겠다는 아내는 없을 것이다. 그러니까 투자해야 한다. 만고의 진리, '세상에 공짜는 없다!'를 잊지 말자.

시기를 놓치면 투자하고 싶어도 못 한다. 10년도 넘는 재료를 계속 우리고 우리면서 버티다가는 서서히 뒤처질 수밖에 없다. 회사도 살아남기 위해 투자하듯 개인도 그렇게 해야 한다. 남편이 스스로 못 하면 아내가 멍석을 깔아주어야 한다.

남편에게 결혼기념일이나 생일을 기억하라는 투정만 부리지 말고, 자기계발 하라고 닦달하자. 백화점 원피스 안 사준다고 입 내밀지 말고 책 좀 사다 읽고 공부 좀 하라고 잔소리하자. 후배들이 실력은 있지만 개념 없고 싸가지가 없다고 불평하는 남편에게 그 후배들보다 남편이 훨씬 낫다고 격려하며 헬스장에 같이 등록하는 센스를 발휘하자. 한마디로 남편이 다니는 회사에서 남편을 매력적인 인력으로 인정하게끔 만들자. 몇 가지 구체적인 방법을 소개하면 이렇다.

첫 번째, 남편 회사의 상황을 제대로 알자. 한 가정이 있다. 이 집의 남편은 일본계 회사에 다니다 보니 일본어를 잘했다. 그래서 지금까지 별문제 없이 능력을 발휘하고 있지만 그다지 두각을 나타내지는 못했고, 따라서 승진도 빠른 편이 아니었다. 회사가 방향을 약간 틀어 중국이나 다른 나라로 시선을 돌리면 일본말밖에 못 하는 남편이 회사에서 살아남기 어려워질 것이라 판단한 아내는 3년 전부터 남편을 중국어 학원에 다니게 했다. 그 덕분에 남편은 중국어로 말하고 듣기는 물론 쓰기도 가능한 수준이 되었다.

드디어 회사에서 중국 진출을 모색할 때 남편은 회사의 새로운 비전에 주연을 맡을 기회를 얻었다. 남편에게는 2단계 승진이라는 보상이 뒤따랐다. 그녀는 내년에 남편을 MBA 과정에 등록하게 할 것이며, 그 과정이 끝나면 자신이 대학원에 갈 것이라고 했다. 이미 5년 후, 10년 후의 미래 시나리오를 써놓은 똑똑한 아내. 남편은 그런 아내가 얼마나 사랑스러울까?

이 모든 것은 그녀가 평소에 남편과 대화를 많이 함으로써 남편의 상황을 제대로 알고 있었기에 가능한 일이었다. 그녀가 남편 회사의 특성도 모르고 남편이 하는 일도 잘 몰랐다면, 그래서 남편에게 자극을 주지 않았다면 몇 년 뒤 부장 승진이나 겨우 하고 곧 명퇴했을지도 모른다. 그러나 그녀의 지원으로 열심히 내적 가치를 높인 덕분에 그 남편은 임원이 되었다. 아내의 내조 비결은 '전략'이었다. 앞으로의 비전을 보면서 남편을 성장시키는 전략을 잘 세운 것이다.

두 번째, 존경받는 남자가 되게 하자. 남편을 위해, 가족을 위해, 자기 자신을 위해, 아내들은 똑똑하고 실용적인 파트너가 되어야 한다. 서른일곱까지만 해도 잘나가는 인재였던 그가 발전 없이 살아와 해고의 위험에 처해 있을지도 모른다. 그런데 그 옆에 있는 아내까지 의존적인 몽상가로 존재한다면 그 남편의 경쟁력은 곧 사라지고 말 것이다. 그러므로 적극적으로 남편을 자극할 필요가 있다. 경제적으로 무리가 따른다면 아내가 그만큼 벌어서라도 배울 기회를 주자. 자녀에게 배울 기회를 주듯 남편에게도 기회를 주는 것이다. 정확하게 말하면 남편에게 지금 당장 투자하는 것이 자식에게 투자하는 것보다 훨씬 더 직접적인 투자다.

지혜로운 여자들은 남편과 함께 공부하고, 집안을 공부하는 분위기로 만든다. 예를 들어 남편이 중국어를 배운다면 텔레비전을 틀어도 중국 방송을 트는 것이다. 이제는 아이에게만 몰두해서 가르치려고 하지 말자. 가정의 엔진인 남편에게도 투자하자. 아이에게는 숨통이 막힐 만큼 공부하라고 볶아대면서 남편은 배운 것을 빼 먹기만 하도록 방치해서는 절대 안 된다.

내 꿈은 부모가 아니라
남편 옆에서, 아내 옆에서 자란다.
그래서 부부는 서로의 부모다.
각자가 서로의 학생이며 스승이다.

'당신은 내 평생의 작품'이라고 말하는 그날까지
서로에게 꿈의 파트너가 되어주자.
부부는 아이의 부모이자
서로의 꿈의 부모다.

남편을 '키다리 아저씨'로 키우자

중학교 동창인 현숙이와 용미는 대학 시절만 빼고는 서로 가장 가까운 친구였다. 현숙이는 서울에서 대학을 다녔고 용미는 고향인 청주에서 대학을 다녔기 때문이다. 그런데 용미가 결혼 후 서울로 올라오자 두 사람은 다시 자주 만나며 단짝 관계를 회복했다.

둘은 결혼도 몇 개월 앞서거니 뒤서거니 했다. 그녀들의 우정은 남편들도 끌어들였고, 네 사람은 친구처럼 가깝게 지냈다. 사는 동네도 가까워서 함께 자주 어울렸고 같이 여행도 다녔다. 모두 나이도, 취향도 비슷해 잘 어울릴 수 있었다.

그런데 한 가지, 현숙이가 용미를 답답하게 여기는 부분이 있었다. 자신은 작게라도 쪼개서 적금에 펀드에 넣어가면서 열심히 돈을 모으고 있는데, 용미는 무슨 생각인지 남편의 학원비와 자신의 학원비로 여윳돈을 다 쓰고 있었다. 용미에게 좋은 저축 상품이나 펀드가 있어서 소개해주며 같이 들자고 해도 거절했다. 용미의 남편은 러시아어를 배웠고 나중에는 MBA 과정도 밟았다. 용미도 남편 공부가 끝날 무렵 학원에 다니기 시작했는데 놀랍게도 대입을 준비하는 입시학원이었다. 용미의 목표는 약대 진학이었다.

"그땐 어려서 대학에서 무슨 공부를 해야 할지 몰랐어. 막연히 영문과가 인기라서 갔지. 하지만 대학 다닐 때도 그랬고 회사에 다니면서도 느낀 건데 나랑 맞지 않아. 그래서 무슨 공부를 하면 내가 평생 그걸 하면서 즐겁게 살 수 있을까 고민했어. 이제 점점 수명이 길어지고 있잖아."

용미의 다부진 꿈에 현숙이는 속으로 미안하지만 어려울 것이라고 생각했다. 영문과에 다닌 그녀가 나이 서른둘에 약대에 입학할 수 있으리라고는 생각하지 않았다. 그런데 현숙이의 예상과는 다르게 용미는 명문대 약대에 합격했다. 그즈음 현숙이는 분양받은 아파트로 이사했다. 두 친구의 생활은 조금씩 달라졌고 만남도 자연히 줄어들었다. 비슷비슷했던 친구였는데 현숙이는 48평짜리 아파트를 장만했고, 용미는 여전히 24평 아파트에 전세를 살았다.

그로부터 7년이 지난 뒤 두 사람은 어떻게 되었을까? 용미는 신도시에서 약사를 두 명이나 고용한 꽤 큰 약국을 운영하게 되었고, 남편은 대기업 임원이 되었다. 그 회사에서도 손에 꼽히는 고속 승진이었다. 그리고 현숙이는 용미의 약국에서 처방전을 입력하고 상비약을 파는 아르바이트를 하고 있다. 아이가 중학생이 된 뒤 부쩍 많아진 시간을 활용하기 위해서라고 하지만 용미의 약국에서 받는 페이가 생활하는 데 적지 않은 도움이 되었다.

현숙이의 48평짜리 아파트는 2년 뒤 56평으로 커졌지만 다시 세월이 지난 현재는 28평짜리로 줄었다. 그것도 전세다. 남편이 다니던 회사가 구조조정을 단행하면서 남편은 한창 일할 나이에 명예퇴직을 했고, 퇴직금으로 시작한 사업이 잘못되어 아파트까지 까먹은 것이다.

*

남편의 성공이 아내의 성공으로 선순환하게 하라

남편이 아내가 꿈을 이루려는 노력을 인정하는 데서 그치는 게 아니라 적극적인 후원자가 되면 그 아내 역시 훨씬 쉽게 꿈을 이룰 수 있다. 모든 여자들은 자신의 꿈을 펼쳐나갈 수 있도록 지원해주는 키다리 아저씨를 기대한다.

그러나 나는 키다리 아저씨를 기다리지만 말고 직접 만들라고 하고 싶다. 현숙이는 '집 장만'에 투자했고 용미는 '남편의 미래'와 '자신의 꿈'에 투자했다. 살아가다 보면 어떤 일을 만나게 될지 모르는 일이다. 눈에 보이는 유형의 재산은 당장에는 훨씬 가치가 나갈지 몰라도 언제든 잃을 수 있다. 하지만 지식을 비롯한 능력은 쌓아가기는 어렵지만 일단 쌓인 뒤에는 집처럼 사라져버릴 수 있는 것이 아니다.

현숙이는 쉽게 결과가 나오지 않을 것 같은 용미의 인생 방정식을 답답해했지만, 용미는 어떤 특수 상황이 생겨도 사라지지 않을 남편의 능력을 키우는 방정식을 택했다. 그 결과, 그녀의 남편은 여기저기서 탐을 내는 인력이 되었다. 당연히 몸값도 올라갔다. 현숙이가 48평짜리 아파트를 장만했을 때 용미와 그 남편은 무척 소박한 통장을 갖고 있었지만 이젠 사정이 다르다. 남편에게 투자해서 남편의 몸값을 올려놓은 용미는 다시 대학을 다닐 때도, 약국을 개업할 때도 남편의 후원을 받았다. 고마워하는 용미에게 남편이 말했다.

"내가 당신의 꿈을 후원할 힘이 있는 것은 바로 당신이 내게 과감하게 투자했기 때문이야."

상대의 꿈에 기대어 사는 부부보다 꿈을 후원하는 부부가 결국은 무한 경쟁 시대에 최후의 승자가 된다.

내 남편을 키다리 아저씨처럼 만들기 위해 먼저 준비해야 할 사람은 바로 나 자신이다. 신혼 초에는 남편이나 아내의 미래 모습이나 상태를 예측할 수 없다. 남편이 40대 후반에 잘나가는 대기업 임원이 되어 있을지, 일찌감치 명퇴를 당해 집에서 하릴없이 컴퓨터 게임이나 하고 있을지 알 수 없다. 또 아내 역시 남편의 전문적 일에 대해서나 자신의 일에 대해 남편과 얘기를 나누는 괜찮은 사람이 되어 있을지, 남편의 적은 월급에 목숨 건 채 바가지나 긁으며 아침 드라마에 울고 웃는 40대가 되어 있을지 알 수 없다. 결혼 초에는 아무도 모른다.

막 결혼한 부부의 미래 모습은 사실 서로가 어떻게 하느냐에 달려 있다. 처음부터 키다리 아저씨인 사람은 없다는 것이다. 아내는 자기 남편이 처음부터 잘난 사람이라고 생각한다. 그렇지만 실제는 그렇지 않다. 세상에는 바보 같고 리더십도 없는 40대 후반 남자들이 너무 많다.

현재 남편이 키다리 아저씨가 아닌 것에 불평불만만 늘어놓지 말고 직접 만들자. 남편이 멋진 키다리 아저씨가 되면 그 대가는 아내가 받는다. 어떻게 돌아올까? 비싼 코트나 사모님 호칭으로 돌려받을 생각도 하지 말자. 그것은 자신이 지난날 꿈꾸었던 멋진 삶의 모습이 아니다. 남편을 키다리 아저씨로 만든 다음, 자신의 꿈을 확실하게 펼쳐 나갈 힘으로 돌려받아야 한다.

남편 월급을 몽땅 다 차지하고서 용돈만 겨우 주면 그 남편은 자기 계발은커녕 사회적 네트워크도 잘 만들어놓지 못한다. 결국 정해진 만큼 돈을 버는 기계로 살다가 배불뚝이 아저씨가 된다. 아무도 동경하지 않고 어떤 여자도 가지려고 하지 않는 남자가 되는 것이다.

또한 남편과 여유를 즐길 수 있는 지혜를 갖추자. 1년에 한 번쯤 함께 여행한다든지 연말에는 함께 공연을 본다든지 하는 여유를 즐기며 살아야 한다. 그럴 때 남편은 내공이 깊어지고 부드러운 표정을 지을 것이다. 여유를 즐기는 것도 능력이라서 어느 한순간에 갑자기 발휘되는 것이 아니다. 평소에 조금씩 훈련해야 한다. 여유도 훈련된 사람만이 즐길 수 있는 것이다. 지금은 열심히 일만 하고 나중에 시간 되고 돈 넉넉할 때 여유를 즐기자는 말은 엉터리다.

또 하나, 가족과 대화할 줄 아는 남편으로 만들자. 회사 동료나 학교 친구, 동호회 멤버, 심지어 SNS 친구와 나누는 대화보다 가족과 나누는 대화를 하찮게 여기는 남편들이 있다. 이들은 남들에게는 기꺼이 시간을 내면서 가족과 하는 대화는 가치 없다고 생각하거나 세끼 밥 먹는 것처럼 일상적인 것으로 치부한다. 밥이 얼마나 중요한 것인지 따질 필요도 없지만 가족과 나누는 대화는 밥보다 소중하다. 남편이 가족의 대화에 흥미를 느끼고 대화의 가치를 인정할 수 있게 아내가 자리를 마련하고 노력하자.

마지막으로 자신이 어떤 사람이며 어떤 꿈을 가지고 있는지 남편에게 알리자. 남편이 멋진 키다리 아저씨이기를 바란다면, 남편이 끊임없이 자기계발을 할 수 있도록 밀어주는 아내가 되어야 한다. "힘들겠지만 이제부터라도 한번 멋지게 해봐. 내가 도와줄게"라는 말을 들으려면 먼저 남편을 '아내의 꿈을 기억하고 지원할 수 있는 사람'으로 만들어야 한다.

부부의 파트너십을 키우는 3단계

내 남편은 결혼 전부터 나란 여자에 대해 이미 잘 알고 있었다. 그래서 나의 선택에 대해 반기를 드는 편은 아니었다. 하지만 피아노 학원을 할 때까지는 말할 것도 없고 강사 초창기에도 내가 하는 일을 '안 말리자' 주의였지 '도와주자' 주의는 아니었다.

강사 일을 시작하고 잘한다는 소문이 나 여기저기서 강의 의뢰가 들어오기 시작할 때였다. 그날도 강의 준비 등으로 일하다 새벽에 집에 들어와 남편이 깰까 봐 안방 문을 조심스레 열었다. 그런데 잠에서 깬 남편이 말했다. "여보! 나 물 좀." 순간 피곤함보다 더한 짜증이 났다. 늦게까지 일하고 들어온 아내한테 "수고했어, 힘들었지?"라고는 못 할망정 물 좀 달라고 하다니. 야심한 시간에 싸울 수도 없고 부글부글 끓어오르는 가슴을 달래면서도 이대로는 안 되겠다 싶었다. 오래

사용해서 반품도 안 될 테니 수리해서라도 괜찮은 남편으로 리모델링 해야겠다고 마음먹었다.

그리고 그때부터 노골적으로 남편 바꾸기에 들어갔다. 내 남편에게는 좀 직접적인 방법을 썼다. 내가 원하는 것을 정확히 말로 표현하고 외조 좀 해달라고 대놓고 부탁했다. 부탁이 효과가 없을 때는 나도 남편이 바라는 것을 해주지 않았다. 일종의 '거래'를 한 것이다. 남자의 성향에 따라 다르겠지만 남편은 은유법보다 직설법이 먹혔다. 또 우리 가족에게 좋은 것이 무엇인지 잘 판단했다.

다행스럽게도 남편은 리모델링이 비교적 빨리 되었다. 속을 끓이면서도 "남자들은 다 그래!"라며 포기했다면 나는 남편에게서 멋진 파트너십을 느낄 기회를 얻지 못했을 것이다.

결혼은 사랑하는 두 사람이 함께 살기 위해서 한다. 혼자 사는 것보다 행복할 거 같아서, 혼자 하는 것보다 잘할 거 같아서 한다. 각자의 걸음이지만 함께 가는 삶, 바로 '2인 3각'이다. 한 사람이 다른 한 사람을 업고 가는 길이 아니라 네 다리가 만나 세 다리가 되어 걸어가는 길인 것이다. 그러니 두 사람 가운데 한 사람이라도 다른 사람을 희생시켜서는 안 된다. 남편을 돈 벌어다 주는 사람으로 여겨서도 안 되고, 아내를 편안한 생활을 만들어주는 노우미로 여겨서도 안 된다.

전업맘이라고 해서 남편이 벌어다 주는 돈에 얹혀사는 기분으로 살아서는 안 된다. 남편이 생계 부양자라고 하더라도 돈을 버는 역할, 가정을 꾸리는 역할, 서로의 역할에 맞게 경제적 활동을 한다는 점을 알아야 한다. 전업맘이라고 해서 집에서 먹고 노는 것이 아니지 않은

가. 역할 분담을 하는 것일 뿐이다.

부부는 서로 꿈을 이루기 위해 편안하게 준비하고, 격려하고, 쉴 수 있고, 새로운 에너지를 충전하는 관계가 되어야 한다. 결혼 생활은 남자도 여자도 아닌 두 사람이 각자의 한 손을 상대에게 내어주어 꼭 잡고 함께 걸어가는 것이다. 그러니 남자, 여자라기보다는 두 사람이 있을 뿐이다. 반드시 아내만 해야 하는 일은 출산밖에 없고, 남편만 해야 하는 일은 예비군 훈련이나 민방위 훈련밖에 없다.

*

남편에게 당신의 꿈을 지원받아라

아내가 꿈을 이루기 위해선 남편의 외조가 절대적이다. 함께 꿈을 이뤄갈 수 있는 관계로 남편을 리모델링할 필요가 있다. 당신의 꿈을 이루는 데 남편의 지원을 받는 방법에는 몇 가지가 있다. 그중에서도 가장 쉽게 벤치마킹 해볼 만한 3단계 방법이 있다. 일명 '보여주고, 공유하고, 나눠주기'이다.

첫 번째는 보여주기 단계이다. 아내가 일하는 현장을 남편에게 보여주는 것이다. 20여 년 전쯤의 일이다. 그날은 대전에서 강의가 있어 늦어도 새벽 6시에는 일어나야 했다. 그런데 일어나 보니 7시였다. 순간 돌아버릴 뻔했다. 강의에는 절대 늦으면 안 된다. 수백 명 가까이 되는 사람을 기다리게 할 수도 없거니와 강의를 의뢰한 회사에 엄청난 손해를 끼치게 되는 셈이기 때문이다.

나는 세수도 안 하고 머리도 못 빗고 옷만 갈아입은 채 미친 여자처럼 뛰어나갔다. 그런데 계단을 뛰어 내려가다 굴러떨어지는 바람에 구두가 벗겨졌다. 무릎이 아픈 것도 발목이 아픈 것도 신경 쓸 겨를이 없었다. 나는 벗겨진 구두를 손에 쥐고 차가 있는 곳으로 뛰어갔다.

차를 빼러 먼저 나가 있던 남편이 그 모습을 보았다. 눈에 눈물까지 글썽이며 미친 여자처럼 운전석에 앉으려는 나에게 남편이 옆으로 가라고 말했다. 그리고 자기 회사에 전화하더니 급한 일이 생겨서 오후에나 출근할 수 있다고 했다. 남편은 잠옷 위에 카디건만 걸친 채 나를 대전까지 데려다주고, 강의하는 동안 기다렸다가 나를 데리고 올라왔다.

"당신 맨발로 뛰는 모습을 보는데 내가 눈물이 나더라. 이 여자, 이렇게 힘들게 일하고 있었나 싶기도 하고…."

올라오면서 운전대를 잡고 앞만 바라본 채 그가 한 말이었다. 강의 때문에 지방으로 여기저기 많이 다니는 내게 "일하면서도 전국 좋은 곳은 다 다니고 좋겠다"던 남편, 어쩌다 제주도 강의라도 다녀올 때는 "부럽다, 부러워"라고 하던 남편이었다.

그 뒤부터 남편은 훨씬 더 많이 나를 지원해주려고 노력한 것 같다. 일하는 모습을 보여주는 것은 그만큼 중요하다. 식섭 현장에서 보여줄 수는 없더라도 그 분위기를 느끼게끔, 어떻게 일하고 어떻게 극복해나가는지 보여주면 된다. 보여주지 않으면 모른다.

물론 이것은 아내도 마찬가지다. 남편이 얼마나 힘들게 일해서 돈을 벌어오는지 알아야 한다. 요즘에는 기업에서 가족을 초대하는 행사도 많다. 그런 자리를 활용해 아내와 남편이 서로의 일을 이해하도록 하는 것도 하나의 방법이다.

두 번째 단계는 '공유하기'이다.
"아, 힘들어 죽겠어. 사람들 비위 맞추기 너무 짜증 나."
"그래? 그럼 그만둬."
"지금 그 얘기가 아니잖아!"
"아니 힘들다며. 근데 왜 다녀?"

부부 사이에 일로 인한 스트레스를 토로하다 보면 이런 패턴의 부부싸움이 많이 일어난다. 말이 안 통해서가 아니라 처음부터 제대로 설명하지 않았기 때문에 일어나는 일들이다. 무조건 힘들다고만 말하면 남편의 이해를 얻기도 어렵거니와 오히려 짜증만 나게 할 수도 있다. 구체적인 상황을 얘기함으로써 이해도 얻고 내 일에 남편도 참여하는 기분을 느끼게 하면 남편의 지원 정도도 점점 높아져갈 것이다.

그런 면에서 우리 언니는 '공유하기'의 달인이다. 평생 과학 분야에서 연구와 공부만 하던 남편과 사회에서 사업하는 아내. 얼핏 공통 화제가 없을 것 같지만 언니는 자신의 전문 분야라 해도 남편에게 조언을 구하곤 한다.

"이번에 사업설명회를 하는데 40~50대 남자 투자자들이 많이 온대. 어떻게 하면 발표를 잘할 수 있을까?"

언니는 자신이 하는 일들의 과정과 막히는 부분을 일일이 다 설명하면서 형부의 도움을 얻곤 한다. 때론 도움이 되기도, 되지 않기도 했겠지만 언니는 항상 형부에게 그 공을 돌린다.

"당신 덕분에 사업설명회를 잘 치렀어. 고마워, 여보!"

그래서인지 형부는 언니가 하는 일들은 모두 꿰고 있고 하나에서 열까지 자신이 도울 수 있는 일은 두 팔 걷고 함께하는 편이다. 언니는 다른 사람들 앞에서 형부에게 공을 돌리는 일도 잊지 않는다.

"다, 너희 형부 덕분이지 뭐."

남편에게 무작정 지원을 기대하는 것이 아니라 지원할 역할을 만들어주는 현명한 아내와 이를 거리낌 없이 잘 받아들이는 남편. 서로가 서로의 파트너가 되는 방법이다. 못 해도 일주일에 한 번은 따로 대화할 시간을 내서 서로의 일에 대해 대화를 나누는 시간을 가져보자. 이해의 폭만큼 한 가정을 꾸리는 동지애도 생기고, 사랑만큼 연민의 정도 커진다.

세 번째는 '나눠주기' 단계이다. 일을 함으로써 생기는 보상을 남편과 함께 누리며 파트너로서 돌려주는 것이다. 힘들거나 어려운 점만 공유하면 사실 지치고 재미가 없다. 회사에서 일을 잘해서 받게 되는 어떤 보상을 남편이 함께 누리도록 배려하면 남편도 함께 공로를 인정받았다는 느낌이 들면서 더 적극적으로 아내를 지원해줄 수 있다.

예를 들어 시상식에 함께 참석해서 맛있는 식사도 하고 자랑스러움도 느끼게 한다든지, 보상으로 받은 돈이나 물품을 남편과 나눠 아내가 대단하다는 생각을 하도록 해주면 남편이 든든한 지원자가 될 것이다. 일의 성취감을 회사 동료와 함께 누리고 기뻐하는 것도 중요하지만 남편이나 가족이 함께 느끼는 것도 아주 중요하다는 사실을 잊어서는 안 된다.

때로는 보상만 나누는 것이 아니라 남편의 부담도 나누는 것이 중요하다. 우리 직원의 경우, 남편이 직장에 문제가 생겨 1년 정도 휴직해야 하는 상황을 맞이했다. 가정의 큰 사건이자 아내 입장에서는 불안할 수밖에 없는 상황이다. 하지만 이 직원은 남편을 닦달하지 않았다. 빨리 직장을 알아보라거나 어떻게 할 거냐며 보채는 대신, 남편의 등을 두드려주는 방법을 택했다.

"걱정 마. 그동안 수고했으니까 쉬어. 당신 1년 쉰다고 우리 집 큰일 안 나. 편하게 쉬면서 직장 알아봐."

남편은 아내의 손을 꼭 붙잡으며 닭똥 같은 눈물을 흘렸다고 한다. 남자들도 일하며 가족을 벌어먹여 살려야 한다는 부담감은 엄청나다. '내가 못 벌면 우리 집은 끝장이야'라는 무시무시한 생각 때문에 남편들도 원초적 스트레스를 갖고 있다. 이럴 때 일하는 아내로서 돈에 대한 안정감을 주며 무슨 일이 있어도 함께한다는 든든한 파트너십을 나누는 것은 남편에게 큰 힘이 된다.

남편만이 가장이 아니다. 가족을 이끌어가는 가장 대 가장으로서 힘들 때 서로의 짐을 함께 나누기도 해야 한다.

당신은 어떤 사람이야?
당신은 어떤 꿈을 가지고 있어?

남편이 멋진 키다리 아저씨이기를 바란다면
남편에게 먼저 손을 내밀어야 한다.
'당신도 한번 멋지게 해봐. 내가 도와줄게.'

남편의 자존심을 살리는 대화법

식당 가면 종종 보게 되는 것이 있다. 복잡한 실내에서 뛰어다니는 아이를 혼내면 아이 엄마가 달려와서 "아니, 애 기죽게 왜 혼내고 그래요!"라면서 감싸고돈다. 그런데 이렇게 무조건적인 '기 살려주기'는 아이보다 남편에게 더 필요하다. '누구네 남편은 얼마를 번다더라' 하면서 남편의 기를 죽여봤자 얻는 것은 '못난 남편과 같이 사는 불평 많은 여자'라는 타이틀밖에 더 있겠나. 남편이 못났다고 투덜댈 시간에 남편 기를 살려준다면 정말 괜찮은 남편으로 바뀔 수 있다.

남편의 기를 살릴 때 기본으로 깔아야 할 것은 바로 '내 편' 의식이다. 아내가 남편의 변함없는 동지임을 확인시켜주어야 한다. 세상에 언제나 내 편을 들어줄 사람이 있다는 것만큼 든든하고 자신감을 갖게 해주는 것은 없다. 물론 이것은 아내도 마찬가지다. 아내 역시 남편이 하늘이 두 쪽이 나도 자기편이라는 확신이 있을 때 지옥이라도 마다하지 않고 함께 갈 수 있다. 부부가 서로 내 편이라는 동지애를 가지고 산다면 세상에 두려울 것이 없다.

여기서 중요한 점은 남의 남자와 내 남자를 비교하는 짓만은 절대 하지 말아야 한다는 것이다. 남과 비교하면서 남편 기를 팍팍 죽이는 아내는 남편과 행복하게 살고 싶은 마음이 조금도 없다고밖에 해석이 안 된다.

절대 하면 안 되는 것이 한 가지 더 있다. 애들 앞에서 남편에게 핀잔을 주거나 남편 흉을 보지 말아야 한다. 베갯밑송사라는 말이 있다. 한 베개를 베고 다정한 자세로 단둘이 있을 때에는 비판도 하고 충격요법으로 자극을 줘도 된다. 하지만 여전히 남자들은 누군가 다른 사람 앞에서 자신이 무시당하는 느낌을 가장 못 견뎌 한다. 하물며 자식 앞이라면 더 무슨 말이 필요할까?

남자들이 여자들에게, 특히 아내에게 가장 듣고 싶은 말은 무엇일까? "사랑해", "당신 최고야" 이런 말도 좋지만, 남자들이 듣고 기분이 가장 좋아지는 말은 "고맙다"는 말이다. 그뿐만 아니라 남자들은 고맙다는 말을 들으면 앞으로도 그와 비슷한 행동을 할 능력이 본능적으로 갖춰져 있다.

그래서 무기력의 늪에서 빠져나와 의욕적으로 일상에 임할 수 있으며, 그 과정에서 아내를 행복하게 만드는 일, 아내가 고마워할 일이 무엇일까를 고민하게 된다. 그리고 아내에게 고맙다는 말을 또 듣기 위해서 다른 일을 실천하기도 한다. 설사 자기가 계획한 것은 아니라고 할지라도 고맙다는 말을 들으면 '내가 잘해준 게 뭐 있지?'라는 생각도 하고, '고맙다는 소리 들을 일 맞나?' 같은 생각도 하면서 아내에게 잘해주려고 노력하게 된다. 그래서 남편을 항상 힘 있고 의욕 넘치는 청춘으로 만들려면 "고맙다"는 말을 많이 하면 된다.

    더운 여름날, 남편이 전화해서 냉면 맛있게 하는 집을 안다며 회사 앞으로 나오라고 한다. 아내는 신이 나서 남편 회사 앞으로 간다. 그리고 남편과 함께 냉면을 먹으면서 말한다. "여보, 고마워." 남편 얼굴에 싱글벙글 웃음이 가득해진다. "통 입맛이 없었는데, 역시 당신밖에 없어. 당신은 정말 맛있는 집 찾는 데는 귀신이야. 다른 남자들은 먹어도 맛을 잘 모르잖아. 미식 능력, 이거 아무에게나 있는 거 아니거든." 그러면 남편은 이렇게 대꾸한다. "당신 낙지볶음 좋아하지? 나 낙지볶음 잘하는 집도 알아."

    부부는 함께 오래 살면 같이 산 세월만큼 같이 먹는 게 더 많아져야 한다. 마찬가지로 같이 가는 곳도, 함께하는 취미도 많아져야 한다. 그런데 오히려 거꾸로 가는 부부가 많다. 결혼 초기에는 같이 먹는 것도 많고, 같이 가는 곳도 많고, 함께하는 취미도 있었는데 살면 살수록 같이 먹는 것도 없고, 함께 가는 곳도 없고, 둘이서 같이 하는 취미도 없어진다. 심지어 간만에 큰맘 먹고 여행을 떠났다가도 가는 길에 꼭 싸우고 돌아온다.

    이 모든 일이 남편은 아내를, 아내는 남편을 몰라서 생기는 결과다. 이때 그 모든 갈등이나 싸움을 진정시키는 것은 지혜로움이다. 남편에게 하루에 한 번씩 고맙다는 말을 해보자. 이 말은 당신이 예상하는 것보다 훨씬 더 놀라운 힘을 지니고 있다.

스스로를 쓸모 있는 남자로 느끼게 하자

"고맙다"는 말 다음으로 남편을 변화시킬 수 있는 말이 바로 "당신이 필요해"라는 말이다. 남자는 '폼'에 사는 사람들이다. 기를 세워주면 이 세상에 못 할 일이 없다. 늘 남편이 당신에게 필요한 존재라는 사실을 느끼게끔 행동하고 말할 필요가 있다. 결혼 생활을 오래할수록 아내들은 지나치게 강해지는 경향이 있다. 혼자서도 뭐든지 너무 잘한다. 시작은 무심한 남편 탓이라 할지라도 남편을 변화시키지 않고 계속 혼자서 다 해버리면 남편은 정말 설 자리가 없어지고, 부부 사이의 간격은 벌어진다.

벽에 액자 거는 일이라든지, 세탁기 수리하는 일이라든지, 물 새는 변기 수리 등을 여자 혼자서 할 수 있는 능력을 키우는 것도 물론 필요하다. 하지만 적당하게 한두 가지는 남겨두고 남편에게 SOS를 쳐보자. 그리고 남편이 그에 응할 때는 아낌없이 칭찬하는 것이다. "당신은 정말 기술도 좋아. 어떻게 이렇게 잘 고쳐? 난 정말 당신이 필요해. 당신 없으면 어쩔 뻔했어?"

좀 닭살이 돋아도 이런 말을 가끔 남편에게 던져보면 정말 남편이 이 남자 없으면 못 살지 싶게 해줄지도 모른다. 아니, 적어도 그런 노력을 하는 남편이 될 것이다. 할 일이 없어지는 것, 자기 존재가 가벼

워지는 것, 즉 필요 없는 존재가 되는 것을 남자들은 특히 못 견뎌한다. 자기가 꼭 필요하다는 아내에게 남편이 어찌 무심할 수 있겠고, 생각이 다르다고 해서 무시할 수 있을까?

남자들은 여자들이 생각하는 것보다 훨씬 더 폼에 죽고 폼에 산다. 안 그러는 척하는 남자들도 한 꺼풀만 벗겨내면 그놈의 폼 때문에 버리면 안 되는 것도 버리고 가지면 안 되는 것도 가진다. 따라서 폼생폼사를 인정하려면 대화법에 신경 써야 한다.

예를 들어 아내가 회사에서 안 좋은 일이 있었다고 하자. 상사에게 말도 안 되는 일로 심하게 깨진 것이다. 그 이야기를 남편에게 하면서 아내들은 무엇을 기대할까. 남편이 "세상에 어디 그런 사람이 다 있어? 세상에 너무하다. 당신 정말 속상했겠다. 아휴, 상식 없는 사람이네." 이러면서 함께 속상해하고 동조해주길 바란다. 그러면 아내는 '언제나 내 편인 이 남자가 있는데 세상 다 덤비라고 해'라고 생각하고, 다음 날 회사 가서 생글생글 웃으면서 일한다.

같은 상황에서 남편들은 아내의 위로를 어떻게 받아들일까? "어머, 그 부장 정말 나쁘다. 어떡해? 당신 너무 속상했겠다. 저런, 어쩌지? 당신 괜찮아? 계속 그러면 어쩌지?" 이렇게 한숨 푹푹 내쉬면서 함께 속상해하면 남편은 오히려 더 암울해하고 더 무너진다. 자신이 아내까지 힘들게 하는 못난 남편이자 한심한 사내로 여기기 때문이다.

이럴 때 남편에게 어떻게 말해주면 좋을까? 남편이 친구들과 얘기하는 것을 가만히 들어보면 답을 찾을 수 있다. 남자들끼리 얘기하는 것을 들어보면 정말 유치하기 짝이 없다. 술 많이 마신 자랑, 몇십 대

일로 싸워 이겼다는 자랑, 뻔히 보이는 거짓말인데도 진지하게 서로 자랑하느라 여념이 없다. 앞의 예처럼 남자가 회사에서 속상한 일을 당했을 경우 친구들끼리는 이렇게 말한다.

"더러워서 회사 못 다니겠어."

"너, 성질 많이 죽었다. 그걸 그냥 내버려둬? 부장이고 뭐고 들이받아버려."

이러면서 친구들과 술자리에서 멀쩡한 부장 한 명을 완전히 죽인다. 고민은 나중에 하고 그런 식으로 일단 스트레스를 푸는 것이다. 대화의 이유가 터질 것 같은 가슴을 좀 식히자는 것이지 구체적인 대안을 얻기 위해서가 아니라는 것은 남자나 여자나 매한가지다.

남편에게 남편 친구들 흉내 내며 받아주면 어떻게 될까? 더럽고 아니꼬워서 회사 못 다니겠다고 투덜대면 이렇게 말하는 것이다.

"그러게. 그 사람들 우리 남편 잘못 봤다. 그래서 당신 참았어? 왜 그랬어? 당신 성질 많이 죽었다. 걱정하지 말고 들이받아. 그래도 정신 못 차리면 그만두고 나오면 되지. 당신 같은 인재 놓치면 자기들 손해지 누구 손해야."

물론 진짜로 사표 쓰고 나오면 큰일이다. 그래도 아내가 그렇게 말해주면 남편은 친구들과의 대화와는 또 다른 기분으로 아내와 함께 부장과 회사를 들었다 놨다 할 수 있다. 그리고 잠자리에 들면 틀림없이 새벽 2시쯤 혼자 깨어서 베란다로 나갈 것이다.

'내일 나가서 부장님께 무조건 사과드리자. 나를 믿고 사는 아내가 있잖아. 무조건 죄송하다고 할까. 커피 한잔하자고 말을 건넬까?'

남자들은 이렇다. 아내가 자기편이라는 확신이 들면 그 확신에 대한 책임감을 저버리지 않는다. 그런데 그것도 모르고 아내가 "속상하고 못마땅해도 어쩌겠어? 내일 부장님께 사과드려. 자기가 숙이고 들어가야지 별수 있어, 응?"이라고 하면 남편은 정말 회사 다니기 싫어진다. 그런 말을 하는 아내가 절대 사랑스럽지도 고맙지도 않고, 당연히 책임도 지고 싶지 않다.

위풍당당하고 멋진 남편과 살고 싶다면 남편의 기를 꽉꽉 세워주면 된다. 살다 보면 솔직한 게 미덕이 아닌 경우가 너무 많다. 실제 그게 아니어도 그렇게 표현하다 보면, 미래에는 현실이 될 수도 있다. 반대로 남편의 기를 자꾸 꺾는 말을 하면 미래에는 정말 늙고 보잘것없는 남편이 당신 옆에 서 있을지 모른다.

Part 7

꿈의 연결

아이는 엄마를 통해 꿈을 배운다

내 아이의 산 교과서는 '엄마'다

세상에는 여러 종류의 엄마들이 있다. 신사임당이나 맹자의 모친 같은 교육자 스타일이 있는가 하면, '계모'가 아닐까 하는 의심을 받는 엄마들도 많다. 하지만 엄마는 엄마다. 자식을 사랑하는 마음은 같지만 단지 우선순위가 다르고, 표현하는 방법도 다를 뿐이다.

아이가 있다면 한번쯤 '나는 어떤 엄마일까?'를 고민해본 적이 있을 것이다. 수많은 엄마를 만나본 나는 아이를 대하는 태도와 방식에 따라 엄마의 유형을 다섯 가지로 분류한다. 어떤 엄마가 아이 인생에 도움이 될까 진지하게 생각하며 읽어보길 바란다.

내 아이에게 나는 어떤 엄마인가

가장 먼저 '매니저형 엄마'가 있다. 엄마라는 이름으로 자식을 자신의 통제 아래에 두려는 이들은 자식의 교육에 대해서 누구보다 열성적이다. 학교 선생님보다 입시 정보에 더 빠삭하고, 대치동 입시 상담사 수준으로 아이에게 접근한다. 어린이집부터 대학까지, 심지어 대학을 졸업한 후 직장까지 자식이 좀 더 좋은 테두리 안에 들어서는 데 모든 촉각을 세우고 산다. 아이의 매일매일 공부 스케줄을 챙기는 것부터 입시 마스터 플랜까지 총괄한다. 몇 시부터 몇 시까지 어떤 공부를 해야 하는지, 복습과 예습은 어디까지 해야 하는지 스케줄 짜는 것은 기본이다. 매니저형 엄마가 가장 많이 하는 말이 있다. "믿고 따라와. 나중에 엄마한테 고마워할 날이 반드시 올 거야."

안타깝게도 이런 엄마 밑에서 자란 아이는 매우 의존적일 확률이 높다. 엄마가 시키는 대로만 하고 모든 것을 엄마가 결정해주기 때문에 성인이 되어서도 엄마의 품을 떠나려 하지 않는다. 300만 원짜리 과외를 받다가 취직해서 월급으로 300만 원을 받으면 코웃음을 친다. 땀 흘려 일한 노동의 대가를 모른다. 자기가 고생고생하며 직장 다녀 돈을 벌면서도 '내가 왜 이러고 사나' 자괴감만 느낄 뿐이다.

그래서 평생 부모한테 의존하면서 부모한테 용돈을 받아서 쓰는 어른도 많다. 그러다 시집, 장가갈 때도 부모가 돈 대주고, 나중에 아이 낳으면 그 아이의 과외비까지 할머니, 할아버지가 대줘야 한다. 매니저형 엄마에게 흔히 따르는 자식 유형이, 바로 성인이 되어도 자립이 어려운 '캥거루족'이다.

매니저형 엄마와 비슷하지만 이들보다 줏대가 없는 '갈대형 엄마'도 있다. 귀가 얇아 육아며 교육이며 남의 이야기나 얕은 정보에 이리저리 흔들리는 유형이다. 아이 학원만 해도 3개월 이상을 못 넘긴다. 그림이며 운동, 음악, 영어까지 다양한 분야의 잡다한 정보를 듣고 아이를 이리저리 옮겨 다니게 한다. 결국 아이는 잘하는 것 하나 없이 시간만 보내다 제대로 하는 것도 없고 뭘 좋아하는지도 모르게 된다.

갈대형 엄마들의 가장 큰 특징은 자기 자식을 잘 모른다는 것이다. 그래서 "선생님이 못 가르친다, 실력이 떨어진다", "같이 배우는 아이들이 별로라서 경쟁이 안 된다", "시설이 별로다", "이 분야도 나중엔 전망이 없다더라"라며 남 탓만 한다. 정작 아이의 관심사나 재능은 외면한 채 말이다.

갈대형 엄마 밑에서 자란 아이들은 산만한 아이가 될 확률이 높다. 이런 환경에서 자란 아이들은 엄마가 하라니 이것저것 시도해보긴 하지만 스스로 자신에게 어떤 재능이 있는지를 알기 힘들다. 단지 '이걸 하면, 성적이 오르면 엄마가 좋아할 거야'라며 엄마의 목표를 충족시켜주기 위해 공부하게 된다. 그나마 목표 의식과 전략이 강한 매니저형 엄마가 나은 편이다.

셋째로 'CCTV형 엄마'도 있다. 아이의 24시간 일거수일투족을 감시하는 유형이다. 이런 엄마들은 시공간을 초월해서 아이와 함께하고 싶어 한다. 매니저형 엄마가 강제적 전략가 스타일이라면 CCTV형 엄마들은 교도관 스타일이다. CCTV형 엄마들이 자주 하는 말이 있다. "너 어제 몇 시에 잤니? 뭘 먹고 잤는지 눈이 퉁퉁 부었네."

이런 부모 밑에서 자란 아이는 반항형이 되기 쉽다. 그런데 요즘 아이들의 반항은 과거 우리 생각과는 다르다는 것이 문제다. 이런 아이들은 부모와 대화도 안 하고 겉돈다. 그리고 집에서 하는 행동과 밖에 나가서 하는 행동이 다르다. 엄마 앞에서는 착한 척하고 말 잘 듣는 척하고는 밖에 나가서 반항하는 것이다. 속으로 분노와 독기를 품으면서.

어떤 엄마는 길에서 담배 피우는 아이를 보고 생각했단다. '쟤네 부모는 얼마나 속상할까? 참 안됐다.' 그런데 어디서 많이 듣던 목소리라서 다시 보니 자기 자식이었다. 아이에게 왜 그러고 다니냐 물었더니 아이가 이렇게 말하더란다. "내가 밖에서라도 이러니까 엄마 앞에서 고분고분할 수 있는 거야. 그냥 내버려둬. 이것도 못 하게 하면 나 미쳐버릴지 몰라."

이런 유형의 엄마 밑에서 자란 아이는 부모가 챙겨줄수록 자신을 감시하려는 것으로 오해하기도 한다. 늦게 귀가할 때 아빠가 승용차로 데리러 가면 딴 데로 새지 못하게 하려는 것으로 여긴다.

앞의 세 유형의 엄마들과 달리 '방임형 엄마'와 '위임형 엄마'가 있다. 아이에 대해 강제적이지 않다는 점은 비슷하지만, 방임형 엄마가 그야말로 내버려두는 무책임한 유형인 데 반해, 위임형 엄마는 아이가 원하는 것이 무엇인지 물어보고 아이에게 관심을 갖되 본인 스스로 문제를 해결할 수 있도록 도와주는 유형이다. 이 둘의 차이는 아이에 대한 신뢰와 관심에 있다.

방임형 엄마들은 아이한테 "공부 잘한다고 성공하는 거 아냐. 얘, 나중에 커봐. 살면서 수학 아무짝에도 쓸모없어"라면서 아이를 방치한다. 언뜻 보기에는 좋은 말 같지만 수학을 잘 못하는 아이에게는 위로하는 말이 아니라 '네가 애쓰는 일은 별로 중요하지 않다'는 말로 들린다.

위임형 엄마는 다르다. 같은 경우라도 "100점은 못 받아도 네 노력만큼 점수가 오르면 너도 수학이 좋아질지 몰라", "넌 글쓰기에 재능이 있잖아. 다 잘하는 사람이 어딨니? 잘할 때도 있고 못할 때도 있어. 괜찮아"라고 말하며 아이에게 자신감을 불어넣는다.

방임형 엄마 밑에서 자란 아이는 CCTV형 엄마의 아이들처럼 방황형으로 성장할 가능성이 높다. 아이는 엄마의 무관심 때문에 '세상에 엄마도 나한테 아무 기대를 안 하는데 내가 뭐 하러 공부해?'라고 생각하게 된다. 이런 아이들 가운데 80퍼센트는 학원 간다고 해놓고 친구들과 PC방 가서 게임을 하고 논다. 엄마 눈속임만 하는 것이다.

반면에 위임형 엄마 밑에서 자란 아이는 자신에게 주어진 시간을 활용하는 방법을 스스로 터득한다. 엄마의 신뢰라는 든든한 뒷배 덕분에 무엇이 옳고 그른지를 판단하는 실력을 자기 주도형으로 키운다.

이 다섯 유형 중 당신은 어떤 엄마인가? 실제로 아이를 대하는 방식이 자기 생각과 다를 수 있으니 시간을 두고 관찰하며 점검할 필요가 있다.

한 번도 해보지 않은 엄마 노릇. 엄마도 엄마가 처음이라 어떻게 해야 잘하는 것인지 모르는 게 정상이다. 엄마 노릇에 베테랑은 없다. 아이와 함께 커가면서 배워가는 것일 뿐이다.

*

엄마도 엄마가 처음이라 서툴 수 있다

독자 한 분이 가슴 아픈 자책의 메일을 보내온 적이 있다.

저는요, 공부 안 하는 딸을 매일 감시해요. 하루는 딸이 학원에서 돌아왔는데 너무 쌩쌩한 얼굴인 거예요. 기분이 아주 좋아 보이더라고요. 그래서 다그쳤죠. "너 학원 안 갔지? 친구들이랑 어디서 논 거 아니야? 얼굴이 왜 그리 쌩쌩해?" 학원에서 공부를 했다면 분명 힘이 쭉 빠져서 돌아와야 하는데 이상하게 기운이 넘쳐 보였거든요. 제 말에 딸이 폭발했나 봐요. 딸이 완전히 미친 사람처럼 울부짖으면서 "엄마는 정신병자다, 딸이 기분 좋은 것도 못 봐주는 미친 사람이다, 제발 정신 차리라"고 울면서 자기 가슴을 쥐어뜯더라고요. 그러고는 집을 나가버렸어요. 간신히 친구 집에서 찾아왔는데 다시 그럴까 봐 말도 못 하고 가슴 졸이며 딸 눈치만 보고 살아요. 요즘은 방 안에 틀어박혀 공부도 안 하고 스마트폰만 보고 있어요. 저만 불안해서 아이 방문 앞을 서성이다 미쳐버릴 지경이고요. 이러다 정말 정신병 걸릴 것 같아요.

　메일을 읽고 너무 안타까웠다. 똑같지는 않을지라도 우리 모습을 조금씩은 담고 있는 사연이었다.

　엄마들의 꿈 중 절대 빠뜨려서는 안 되는 품목이 '자식 농사'라는 꿈이다. 내 아이 잘되게 만드는 꿈은 아이를 낳는 즉시 본능처럼 엄마의 인생으로 들어온다. 물론 엄마가 되기 전까지는 자신의 꿈조차도 제대로 완성해본 적이 없는 꿈의 초보인데 말이다.

　엄마가 자녀의 꿈을 코칭하는 것은 마치 이제 막 스케이트를 배운 초보 선수가 올림픽 쇼트트랙 경기에 나간 것과 같다. 연습도 제대로 못 한 상태에서 본선에 나간 상황. 그것이 엄마 노릇이다. 그러니 코너를 돌 때마다 넘어질 수밖에 없다. 뭐가 맞는지를 판단할 수 없으니 이렇게도 해보고 저렇게도 해보면서 좌충우돌할 수밖에.

　그러나 내가 아이 셋을 키우면서 몸으로 깨우친 지혜 하나가 있다. 엄마가 자식을 자기 뜻대로 '만들려고' 작정하고 달려드는 순간, 부작용이 난다는 사실이다. 자녀는 엄마와 함께 '살려고' 태어났을 뿐, 엄마에 의해 뭔가가 '되려고' 태어나지 않았다. 살면서 되어지는 것이지, 되려고 사는 것이 아니다.

　그런데 엄마는 아이가 다섯 살이 되기도 전에 무언가가 되어야 한다고 생각한다. 아직 사는 방법도 모르는 아이에게 자꾸만 '성적표'를 내놓으라고 하니 부작용이 나는 것은 어쩌면 당연한 것일지도 모른다.

적당한 거리감이 건강한 관계를 만든다

심리학에 '바운더리'라는 개념이 있다. 사람과 사람 사이의 심리적 경계선을 말한다. 이 경계선이 내가 누구인지, 어디까지가 나인지, 어디부터 남인지를 구분해주는 심리적 안전지대를 만들어준다. 핵가족에서 크고 자란 요즘 사람들에게 타인과 적당한 거리를 유지하는 것은 일종의 매너로 여겨진다. 그런데 남들과는 이 바운더리를 잘도 지키면서 꼭 가족이나 부모 자식 관계에서는 지키기 어려운 게 문제다.

자식이든 남이든 누구와도 함께 살기 위해서는 적당히 서로가 숨을 쉴 수 있는 거리가 있어야 한다. 혼자서 움직일 수 있는 적당한 거리, 혼자서 사색할 수 있는 공간, 숨 쉬고 생각하는 적당한 거리와 공간이 있어야 함께 살아갈 수 있다.

그런데 함께 '산다'는 생각을 하지 못하고 무언가 '되어야 하는' 한 팀이라고 굳게 믿는 엄마는 '넌 아직 어려서 아무것도 몰라. 내가 네 옆에 찰싹 붙어서 해결해줄게. 엄마한테 찰싹 붙어서 떨어지지 말고 뛰어!'라고 말한다. 아이가 조금이라도 떨어지면 정작 불안한 건 아이가 아니고 엄마다. 아이가 걱정될수록 엄마는 아이와 더더욱 거리 간격을 좁힌다. 거의 한 몸이라 해도 될 만큼 엄마는 아이 속으로 파고 들어간다. 그리고 그 부담은 고스란히 아이의 몫이 된다.

아이가 어린데 그것까지 알 리 있겠냐고? 아이는 몸으로 느끼고 마음으로 얽혀서 이미 다 알고 있다. 그래서 어느 시점이 되면 숨 막히는 압박으로부터 떨어져 나와 자신만의 거리를 확보하려 한다. 나쁜 아이라서가 아니다. 그저 숨 좀 쉬자는 것이다. 그것 역시 살아보겠다는 건강한 몸짓이다.

이런 건강한 신호를 불안한 신호로 인지하는 엄마는 매니저, 갈대, CCTV, 방임, 위임을 번갈아가며 죽을힘을 다해 자녀를 통제하려 한다. 그러나 이런 식의 집중적이고 전략적인 엄마 노릇은 자식에게는 결코 효과를 볼 수 없다.

이렇게 살면 가장 불행한 사람은 엄마 자신이다. 어차피 우리는 초보 엄마다. 올림픽 선수가 아님을 인정해야 한다. 그러니 연습부터 하는 것이 당연하다. 걸음마부터 시작해서 직선 코스도 달려보고 코너링도 해보는 것이다. 가장 좋은 코치는 자신이 해보지도 않은 고급 기술을 다 쏟아붓는 사람이 아니라, 선수의 몸과 마음을 읽고 함께 호흡해주는 사람이다.

엄마와 아이 사이에는 적당한 거리와 공간이 있어야 한다. 우선 배불리 먹이고 안아주고 이야기하고 놀아주는 것부터 충분히 해주자. 그리고 스스로 먹고 생각하고 공부하고 관계 맺는 법을 천천히 훈련할 수 있도록 아이에게 위임하자. 천천히 훈련한 아이는 언젠가 자신도 놀랄 만큼 속도를 낼 수 있다. 아이의 안전지대를 지켜줄 사람은 엄마뿐이다. 적당한 거리에서 선수를 다독여주는 60년 코치, 그것이 바로 우리가 가야 할 '엄마의 길'이다.

아이가 평생 품을 긍정의 씨앗

우리 엄마는 양장점을 하느라 바빠서 다섯 형제를 다른 엄마들처럼 보살피지는 못했다. 그런데 엄마가 늘 하시는 말씀이 있었다.

"너네는 다 잘될 거야. 걱정하지 마."

그래서 나는 어렸을 때부터 내가 잘될 줄 알고 있었다. 왜냐하면 엄마가 늘 나한테 이런 얘기를 하셨기 때문이다.

"미경아, 네가 왜 이렇게 잘되는지 알아? 너는 엄마한테 평생 감사해야 해. 내가 태몽을 잘 꿔서 그런 거거든."

나는 다섯 살 때부터 귀에 못이 박히게 내 태몽 얘기를 들었다. 성인이 되고 결혼한 뒤에도 이 얘기는 변함없이 계속되었다.

"너 요번도 왜 그렇게 잘됐는지 알아? 내가 니 태몽을 잘 꿔서 그래. 너는 하여간 평생 엄마한테 감사하고 살아야 해."

회사의 중요한 행사가 있는 어느 날, 엄마에게 전화를 드렸더니 태몽 얘기를 또 하시는데, 나는 전화기를 살짝 떼어놓은 채 몰래 울음을 삼켰다. 그 태몽이 얼마나 고마운지 알게 됐기 때문이다. 우리 엄마가 그렇게 노래를 부르는 태몽은 이렇다.

엄마는 처녀 시절에는 보지도 못했던 8차선 고속도로를 꿈에서 봤다고 한다. 꿈에 8차선 고속도로 위로 어떤 사람이 말을 달그락거리며 달려가는데 수만 명이 그 사람을 쫓아갔다. 하얀 말을 타고 앞장서 달리는 그 사람은 머리가 굽실굽실한 것이 외국 사람 같기도 하고 여자 같기도 하고 남자 같기도 했다. 엄마가 수만 명을 헤치고 극성스럽게 마구 달려가 그 사람이 여잔지 남잔지 확인하려고 말꼬리를 딱 잡고 봤더니 그 사람이 여자였단다. 그리고 나를 낳았다는 것이다. 그러면서 엄마는 늘 "미경아, 너는 수만 명이 따를 거고 무조건 잘될 거야"라고 말씀하시곤 했다.

그런데 그날 그 얘기를 들으면서 수화기를 멀리 두고 들을 수밖에 없었던 이유가 있다. 내가 어렸을 때부터 수양 엄마처럼 모시는 엄마 친구분이 계셨다. 그분이 돌아가시기 얼마 전 우리 집에 오셨을 때였다. 술상을 차려놓고 이야기를 나누는데, 수양 엄마가 내게 술김에 고백하신 내용이 있다.

"미경아, 너희 엄마 같은 사람 세상에 없어. 넌 평생 감사하고 살아야 해. 네 엄마가 너한테 얘기하는, 말 달리는 태몽 있잖아. 그거 사실은 다 뻥이야."

세상에나, 그토록 굳게 믿으며 내 미래를 의심치 않았던 그 태몽이 거짓이었다니! 수십 년을 믿고 살아왔는데 말이다.

"그거 다 거짓말이야. 충북 괴산 증평 시골에서 딸을 낳았지만 정말 멋있게 키우고 싶다고, 복숭아 받은 꿈, 옥수수 딴 꿈 갖고 어떻게 크게 되겠냐고 너희 엄마가 딸 낳을 때마다 하나하나 지어낸 거야."

어쩐지 우리 자매는 어렸을 때부터 좀 이상하다고 생각했다. 다른 사람들 태몽은 안 그런데 우리 엄마는 꿈이 왜 이렇게 스펙터클한가 싶었다. 하나같이 대하 서사극이 섞인 할리우드 대작을 뺨친다. 언니 태몽도 대단해서 엄마는 원래 태몽 콘셉트가 저러신가 보다 했는데, 그게 다 지어낸 거라니!

태몽이 현실에서 얼마나 영향력이 있는지는 모르겠다. 하지만 엄마의 그 꿈이 나한테 무한한 자신감을 불어넣어준 것만은 확실하다. '난 잘될 거야!', '난 대단한 태몽의 주인공이라고. 그러니 분명 잘될 수밖에 없어!'라는 자신감 말이다. 진즉에 알았으면 우리 아이들한테도 이 유산을 물려주었을 텐데 아쉽다는 생각이 들었다. 비록 뒤늦게 태몽의 진실을 알았지만 이미 나는 태몽의 힘을 굳건히 믿으며 사회적으로 내 뿌리를 잘 심은 터였고, 그 진실을 안 후에도 여전히 '난 잘될 거야!'라고 생각한다. 태몽의 힘보다 더한 엄마의 '염원'이 날 지켜주기 때문이다.

"넌 잘될 거야, 엄마는 널 믿어."

아이의 변화는 엄마의 강요가 아닌 진심 어린 마음에서 시작된다. 엄마가 24시간 붙어서 "너 이거 하지 말랬지!", "학원 가라고 했지?" 하는 것이 중요한 게 아니라 '넌 잘될 사람이야'라는 자존감을 심어주는 것이 중요하다. 실제로 세계적으로 성공한 사람들의 부모는 어렸을 때부터 '너를 믿는다'는 말을 많이 했다고 한다. 그중 할리우드 최고의 영화감독 스티븐 스필버그의 어머니가 대표적이다.

스필버그는 어렸을 때 친구들과 잘 어울리지도 못하는 외톨이여서 공상에 잠겨 있을 때가 많았고, 성적도 늘 C를 받는 학생이라 아무도 눈여겨보는 사람이 없었다. 하지만 그의 엄마만큼은 그를 항상 눈여겨봤다. 그리고 스필버그에게 한결같이 이렇게 용기를 북돋워줬다.

"너는 다른 아이들과 달라, 특별해. 엄마는 너를 믿어."

누가 뭐래도 그의 가능성과 특별함을 믿었던 엄마는 자식의 남다른 점을 긍정적인 희망으로 믿어왔다. 그러한 엄마의 낙천적인 신뢰가 지금의 스티븐 스필버그를 만든 것이다. 만약 엄마조차 스필버그를 눈여겨보지 않았다면 어떻게 됐을까? 외톨이라는 이유로 "나중에 커서 뭐가 되려고 그러니?"라며 구박했다면 어떻게 됐을까? 아마도 지금의 스필버그는 존재하지 않을 것이고, 그가 만든 영화들도 우리 기억 속에서 사라질 것이다.

컨설팅 하면서 만난 분에게 들은 이야기가 있다. 이분은 아내가 지나가는 말로 "요즘 애가 자꾸 오락실에 다녀서 죽겠네"라고 말하는 것을 듣고 아이가 정말 매일 오락실에서 죽치는 줄 알고 걱정이 되었다. 가만히 보니까 아이가 가방 들고 학원 갔다 왔다고 하는데 '이놈이 또 오락실 갔다 왔구나' 싶었고, 친구네 집에 놀러 간다고 나가는데도 오락실 가는 것으로 보였다. 그래서 아이한테 오락실 다니지 말라고 수시로 야단을 쳤다. 그러다 보니 아들 녀석이 자신을 슬슬 피하고, 눈만 마주쳐도 흠칫 놀라고, 오락실 안 간다고 자꾸 거짓말을 하는 것 같았다.

이래선 안 되겠다 싶어서 하루는 아이를 데리고 같이 오락실에 가서는 만 원짜리 지폐를 500원짜리 동전으로 바꿔주면서 "어디 한번 실컷 해봐라"라고 했다. 그랬더니 아이가 놀라서 "500원이면 되는데, 500원만 주세요"라는 것이 아닌가. 그러곤 오락기 앞에 가서 너무나 천진난만하게 오락을 했다. 그동안 봐왔던 아이의 표정 중에서 그렇게 순수한 모습은 그때 처음 보았단다.

아빠는 아이가 오락 중독이 된 줄 알았는데 그게 아니었다. 아이가 잠깐의 휴식으로 즐기는 오락을 '중독 수준'으로 몰아갔으니 얼마나 큰 오해였을까. 엄마의 말 한마디가 불러온 오해였다.

부모가 믿어주고 이해해줘야 아이가 거짓말을 안 한다. 부모가 믿어주는 만큼 아이는 당당하게 성장한다. 다 얘기하고 솔직한 아이가 당당하지, 속이는 아이는 당당할 수 없다. 이해받는 사람이 폭넓게 생각하고 당당하게 산다. 그래야 다른 사람도 잘 믿는다. 이해받지 못한 사람은 겁에 질리고 불안해한다.

부모와 자식의 관계에서 아이들이 가장 듣고 싶어 하는 말이 "나는 너를 믿어. 괜찮아"라는 말이다. 그럼에도 엄마들은 아이와 말다툼할 때 넘겨짚는 말을 많이 한다. "너 왜 이렇게 늦게 와? 공부하고 온 거 맞아? 너 놀다 왔지?" 아이는 아니라고 하는데도 거짓말하지 말라고 한다. 그러면 마지막에 아이가 이런다. "엄마는 왜 이렇게 나를 안 믿어?" 그럼 엄마가 "믿을 만한 짓을 해야 믿지!" 하며 또 꼬투리를 잡는다.

그쯤 되면 아이는 더 이상 엄마와 이야기하고 싶지 않다. 아이들은 부모가 자신을 믿지 않는 것을 가장 속상해한다. 가출하는 아이들에게 가장 부족한 것이 부모의 신뢰다. '엄마가 나를 믿는구나' 하는 생각이 들면 쫓아다니지 않아도 스스로 할 수 있게 된다.

오늘 당장 아이를 위해 해줄 수 있는, 신뢰를 표현할 수 있는 주문을 하나 생각해보자. 우리 엄마의 스펙터클한 가짜 태몽처럼 말이다. 아이에게 주문 같은 이야기를 계속해주다 보면 아이의 변화를 조금씩 발견할 수 있을 것이다.

넌 무조건 잘될 사람이야.
넌 특별한 사람이야.
엄마는 널 믿는다.

내 아이에게 주문을 걸 사람,
내 아이의 안전지대가 되어줄 사람,
평생 내 아이의 편이 되어줄 사람,
그 한 사람, 엄마뿐이다.

아이의 마음이 자라는
엄마의 대화법

엄마가 될 준비를 하고 결혼하는 사람은 거의 없다. 계획해서 임신을 했어도 아이를 낳고 보면 느닷없이 엄마가 된 것 같다. 결혼해서는 남편이 가장 좋지만 아이가 생기면 세상에서 가장 예쁘고 사랑스러운 존재는 바로 아이가 된다. '아이보다 아내가 최고다' 하는 남자는 본 적이 있지만, 아내들은 백이면 백 '남편에겐 미안하지만 내 아이가 제일 좋다'고 한다.

물론 아이가 늘 예쁜 것은 아니다. 아이들은 자라면서 형형색색 색깔을 바꾼다. 아이들이 가장 예쁠 때는 언제일까? 보통은 옹알이할 때를 떠올린다. 말 배울 때는 또 얼마나 예쁜가. 마치 다른 집 아이들은 못하는데 우리 아이만 말을 할 줄 아는 것만 같다. 나도 그랬다. 큰애가 돌 조금 지났을 때였다. 내가 화장실 문을 닫았더니, 그 앞에서 아이가 "우바부바"라고 하는 것이다. 내게는 그 소리가 "엄마, 문 열어주세요"라고 들렸다. 엄마들은 신기하게도 아이 말을 다 알아듣는다.

눈에 넣어도 아프지 않을 것 같던 그 아기가 어느새 미운 일곱 살이 되면 요구사항도 많아지고 고집도 세진다. 그런데 그 미운 일곱 살도 사춘기 때랑 비교하면 아무것도 아니다. 사춘기에 들어선 아이는 무시무시한 전쟁을 시작한다. 초등학교 때 그렇게 말 잘 듣던 아이가 여드름이 나면서 욕도 잘하고 말도 참 안 듣는다. '열라', '졸라'가 입에 붙어 있다. 생일날 문자도 "엄마, 졸라 사랑해"라고 한다. 그래서 나도 말한다. "졸라 고맙다."

큰애가 중고등학생 때, 낮에 공부 안 하고 텔레비전 보고 있으면 내 딸이지만 너무 한심해 보였다. 그런데 낮에는 그렇게 꼴 보기 싫다가도 밤에 자는 모습을 보면 백일 때 얼굴이 눈에 선해지면서 천사처럼 보인다. 남편과는 다르다. 남편은 낮에 싸우고 밤에 자는 걸 보면 더 꼴 보기 싫다.

그런데 더 과거로 거슬러 올라가보니, 요만한 씨앗이 느닷없이 내 안에 들어왔을 때 드렸던 기도가 떠오른다. 아이를 가졌을 때 엄마들은 공부 잘해서 훌륭한 아이 되라고 기도하지 않는다. 제발 손가락 다섯 개, 발가락 다섯 개만 가지고 무사히 태어나기만 하라고 기도한다.

나도 첫아이를 임신했을 때 감기약을 먹어서 아이가 잘못될까 봐 걱정을 많이 했다. 그래서 아이를 딱 낳고 죽겠는데도 의사한테 "아기 좀 배 위에 얹어주세요"라고 하고는 손가락, 발가락 다 있는지 확인하고 쓰러진 기억이 난다. 그렇게 아기를 낳을 때 엄마들은 소박하고 겸

손한 소망을 품는다.

그러다가 아이가 자라면서 옆집 아이도 보이기 시작하고, 또 못다 이룬 자기 꿈과 욕심을 아이에게 강요하기 시작한다. 간섭이나 욕심을 사랑과 구분하지 못하면서 모든 것을 사랑이라는 이름으로 포장하기 때문이다. 사랑하기 때문에 아이가 원하지 않는 목표도 만들고 간섭도 하게 된다. 엄마와 아이의 순수하고 소박했던 사랑은 잊어버린 채 조련사가 되어가는 것이다. "건강하기만 하면 되겠니? 공부도 좀 해야지." "학교만 졸업하면 되겠니? 취업을 잘해야지."

이렇게 엄마 욕심이 보태져 아이에게 말로 전달된다. 그러다 보면 의도하지 않게 하나 마나 한 소리나 해서는 안 되는 말을 하게 되고, 또 그게 아이들에게 상처가 되기도 한다.

플러스 화법으로 대화하라

엄마와 자식 간의 화법에는 세 가지가 있다. 바로 하면 득이 되는 '플러스 화법'과 하나 마나인 '제로 화법', 그리고 안 하느니만 못하거나 오히려 해가 되는 '마이너스 화법'이다. 매번 60점 맞던 아이가 80점 맞아왔을 때 "이제야 제대로 공부 좀 했구나" 하며 당연하다는 듯 말하는 것은 제로 화법이다. "시험이 쉬웠나 보네. 다른 애들은 100점 받았겠구나"라고 하는 것은 아이의 기를 죽이는 마이너스 화법이다. 그리고 "우와, 우리 딸은 천재야. 거봐, 넌 할 수 있잖아!"라고 하는 것은 아이의 의욕과 자신감을 키워주는 플러스 화법이다.

아이들은 엄마의 사랑을 여러 가지에서 느끼지만, 특히 엄마가 하는 말에서 많이 확인한다. 엄마가 한 말 때문에 상처받고, 아빠가 한 말 한마디 때문에 삐뚤어질 수도 있다.

플러스 화법에서 중요한 것은 일관성이다. 이 일관성이 자녀교육의 핵심이기도 하다. 평소에 "너처럼 공부해서 100점 맞으면 다 100점 맞겠다"라고 하다가, 크리스마스이브에 아이를 앉혀 놓고 "너는 정말 대단해"라고 말하면 아이가 안 믿는다.

평소엔 잘 느끼지 못하지만, 우리는 대부분 플러스 화법보다는 마이너스 화법이나 제로 화법을 더 많이 사용한다. 실상 아이를 키우다 보면 플러스 대화가 안 될 상황이 많이 벌어지기 때문이기도 하다. 애들이 엄마 말을 들을 때보다는 안 들을 때가 더 많다. 밥 먹으라고 하면 밥은 안 먹고 여기저기 돌아다니기 일쑤고, 슈퍼마켓에라도 가면 이거 사달라, 저거 사달라 그러는 게 아이다. 자기가 필요한지 안 필요한지도 모르고 제 나이에 안 맞는 장난감을 사달라고 조르기도 한다. 당연히 '마이너스 대화는 참자. 플러스 대화로 하자' 싶다가도 그냥 팍! 마이너스 세제곱으로 내지르게 된다.

화를 내거나 신경질적으로 말하는 것도 전형적인 마이너스 화법이다. 명령조로 말하는 것 역시 마이너스 화법이다. 엄마들이 가장 주의해야 할 것은 간섭하는 말이다. 엄마들은 관심이라고 생각하지만 아이는 간섭받는다고 느낄 수 있다. 그리고 간섭은 '너를 믿지 못한다'는 것을 내포하고 있다.

내 딴에는 관심의 표현인데 아이들은 간섭으로 생각하는 경우가 종종 생긴다. 적당히 간섭하면 엇나가는 것을 막을 수 있는데, 지나치게 간섭하면 오히려 더 엇나가는 경우가 있다. 또한 어렸을 때부터 간섭을 많이 하면 커서도 계속 간섭하게 된다. "몇 시에 들어오니?", "그 아이 만나지 마라" 하다가, 나중에는 "네 시어머니는 전세 몇 평 얻어 준다니?" 하게 되고, 더 나중에는 손자들에게까지 간섭한다.

엄마들은 대부분 어렸을 때부터 독립심을 키워야 한다고 머리로는 알고 있다. 그리고 독립심 있는 아이를 부러워하기도 한다. 그러면서 막상 본인은 독립심의 떡잎부터 잘라버리는 경향이 있다. 특히 일상적으로 늘 하는 일은 간섭하지 말아야 한다. 여덟 시에 일어나 학교에 가야 한다든지, 그 시간에 학원에 가야 한다든지 하는 것들조차 시시때때로 간섭하면 여덟 시가 되어도 못 일어나는 아이가 된다.

사실 나도 그러지 말아야지 하면서도 마이너스 화법을 많이 쓴다. 그렇게 될 수밖에 없는 것이 엄마가 자식을 객관적으로 보기가 매우 어렵기 때문이다. 탯줄로 이어진 아이들은 내 자식이기 때문인지, 객관적으로 보이지 않고 '내 것' 대하듯 주관적으로 대하게 된다. 다른 엄마가 잘못하는 건 다 아는 걸 보면, 엄마들이 몰라서 그러는 것은 더더욱 아닌 것 같다.

큰애가 중학생일 때였다. 어느 날 엄마가 집에 와 계시다가 내가 딸애 야단치는 것을 보시더니 나중에 이런 말씀을 하셨다.

"너 애한테 그런 식으로 야단치면 안 된다. 사춘기인데 너 하고 싶은 말 다 하면서 성질부리면 어떻게 하냐?"

난 그런 엄마에게 가시 돋친 말로 대꾸했다.

"엄마는 안 그랬어?"

"그래, 나도 그랬지. 근데 참 이상하지, 내 자식일 때는 안 보이더니 할머니가 돼서 한 다리 건너서 보니까 네가 잘못하는 게 눈에 보여. 엄마가 다 해보고 충고해주는 거니까 내 얘기 들어. 그래야 니 딸 잘 커."

엄마는 나이가 들어 할머니라는 위치가 되자, 한 발자국 물러서서 자식인 나를 지켜볼 수 있게 됐다. 그러면서 내가 하는 행동과 방식에 대한 잘잘못도 눈에 보이고, 내게 올바른 충고도 해줄 수 있게 됐다.

자식이 내 뱃속에서 태어나긴 했지만, 조금만 더 아이를 객관적으로 보며 감정에 휩쓸리지 않고 대하다 보면, 부모 자식 관계가 본능 이상의 훌륭한 관계로 나아갈 수 있다. 나 역시 요즘 큰애를 보며 놀랄 때가 많다. 그렇게 속을 썩이던 사춘기 딸이 어느새 훌쩍 자라 나와 함께 둘째와 셋째에 대한 고민도 나누고, 남편 흉도 주거니 받거니 나눌 '여자'가 되어 있음에 놀란다. 고집스럽고 퉁명한 줄 알았던 딸은 큰일 앞에선 나보다 더 담담하고 쿨하게 대응하며 내 등을 두드려줄 속 깊은 아이라는 것을 이제야 제대로 알아가는 중이다.

내 아이를 삶의 주인공으로 만드는 법

 나는 남들보다 내가 아이들을 더 잘 키워왔다고 생각하지 않는다. 사실 평생 일하는 엄마로서 내 커리어를 쌓아가느라 아이들에게 미안한 게 많다. 하지만 우리 아이들이 엄지척을 내세우며 나를 인정해주는 게 딱 하나 있다. 바로 내가 아이들을 대하는 방식이다.

 나는 아이가 엄마의 부속품 내지는 소유물이라 생각하지 않기에 내가 컨트롤할 수 있다고 여기지도 않는다. 사람이 제각각이듯 아이도 나와 다른 사람일 수밖에 없다. 다만 다른 사람들에 비해 탄생에서부터 성장까지 함께해오며 엄마로서 아이를 이해하고 더 주의 깊게 지켜볼 수 있는 조건은 가지고 있다.

 난 어렸을 때부터 리더로 사는 데 익숙한 사람이다. 반장도 도맡아 했고 학교에서 체육대회며 합창대회며 뭘 할 때마다 가장 먼저 손을 들고 아이들을 리드하길 좋아했다. 그런데 신기하게도 나의 세 아이 중에는 반장을 해본 아이도 없거니와 전부 남들 앞에 나서는 걸 꺼리는 편이다. 그나마 나와 비슷한 성향을 찾는다면 예술 분야에 관심이 많다는 사실이다. 미술을 전공한 큰애와 음악을 공부한 작은애, 만드는 것에 재주가 많은 막내까지 어느 정도 나와 취향은 닮아 있다.

하지만 생각하고 행동하는 것은 각기 색깔이 다르다. 그런 아이들에게 남들처럼 사교육을 시켜가며 리더가 되고, 좋은 대학 나오길 기대한다면 그건 내 억지다. 때로는 내가 아이들에게 배우는 것이 더 많다.

"넌 왜 반장 선거에 안 나가? 반장하고 싶지 않아?"

나와는 너무도 다른 큰애에게 궁금증을 느꼈을 때다.

"엄마, 반장은 좋은 일도 하지만 내가 볼 때 애들한테 상처도 많이 줘야 해. 적도 많이 만들 수 있다고."

"좋은 반장이 되면 안 돼?"

"리더가 꼭 좋은 사람이란 건 아니잖아. 책임을 지고 하다 보면 어쩔 수 없이 악역도 해야 한다고."

그제야 아차 싶었다. 한 명의 리더가 99명을 이끄는 것만이 리더십이 아니라 99명의 감성이 사회를 이끄는 것도 리더십의 또 다른 방식이라는 생각이 들었다. 내 아이는 나와 다른 방식의 사고를 하며 다른 역할로 살아가고 싶어 할 뿐만 아니라 행복을 느끼는 방식도 달랐다.

사춘기를 거치면서 나는 내 아이들의 새로운 모습을 발견하게 됐다. 치열한 그 전쟁에서 많이도 싸웠지만 그만큼 아이들과 많이 가까워지기도 했다. 둘째 아들놈 역시 사춘기 한번 거하게 치렀다. 자신만의 터널 안에 들어가 대화도, 소통도 단절한 아들놈의 방황을 보며 나도 다른 엄마들처럼 아이를 세상 밖으로 끄집어내기 위해 무던히도 애썼다.

그러던 어느 날, 그날도 아들은 대화를 거부한 채 방문만 잠그려 했다. 성적은 자꾸 떨어지고, 학교도 가기 싫다는 아들. 활화산처럼 화가 폭발하려는 순간 아들이 먼저 입을 열었다. 아니 그건 거의 울부짖음에 가까웠다.

"엄마, 사춘기가 뭔지 알아? 이건 블랙홀이라고. 내가 빠져나가고 싶다고 되는 게 아니야. 블랙홀은 별이 수명을 다하면 빠져나오는 거잖아. 그러니 좀 기다리면 안 돼?"

아들 말이 맞았다. 긴긴 인생에서 단 2년여 간의 그 짧은 사춘기를 이해하지 못하고 억지로 끄집어내려 했으니 아이는 더더욱 자신만의 블랙홀 속에 갇힐 수밖에 없었다. 물리적인 힘 대신 스스로 빠져나오기를 기다리는 것이 더 수월할 텐데. 그리고 얼마 후 아들은 제 발로 블랙홀을 걸어 나왔다.

이제 방황은 끝났으려니 하던 즈음, 이번엔 여자 친구를 사귀어 나를 긴장시켰다. 아들 방 한쪽 벽면이 여자 친구의 이름으로 도배가 되어 있는 것을 본 날은 충격 그 자체였다. 깨알 같은 글씨로 수만 개의 같은 이름이 쓰여 있었는데 정신 상태가 의심될 정도로 여자 친구에게 푹 빠져 있었다. 추석날엔 뜬금없이 세배를 열심히 하더니만 용돈을 모아 여자 친구와 커플링을 나누어 끼었다. 한참 공부해야 할 시기에 밤이면 밤마다 이불 속에서 소곤소곤 여자 친구와 밤새 통화를 하는 아들을 보면서 방문을 부수고 들어가고 싶을 때가 한두 번이 아니었다.

아이들이 커가면서 순차적으로 입성하게 되는 블랙홀이 있다. '나는 누구인가?'란 원초적 질문에 빠져드는 블랙홀, 태어나 처음 느껴보는 뜨거운 남녀 간의 사랑, '대학은 가야 하나?'라는 진로에 대한 방황, 어림잡아도 대여섯 개의 블랙홀을 거치고 나와야 어른이 된다. 그러나 영원히 빠져드는 블랙홀은 없다. 우리도 겪어봤듯이 그것은 몸이 자라고 나이가 들면 저절로 헤어 나오게 되어 있다.

우리 아들에게는 앞으로도 통과해야 할 많은 터널이 놓여 있고 이제 그중 몇 개를 힘겹게 빠져나왔다. 또 어떤 고민과 방황을 거칠지는 모르지만 나는 아들을 믿는다. 엄마가 할 수 있는 유일한 사랑은 자녀의 블랙홀 앞에서 믿고 사랑하며 기다리는 일이다.

*

내 아이를 향한 세 가지 바람

물론 나도 내 아이를 세상에 꼭 필요한 사람으로, 의미 있는 인생을 사는 인재로 키우고 싶다. 하지만 남들처럼 '사'자 붙은 직업이나 경제적 부를 누리는 데 목적을 둔 인재가 아닌 가장 '자기다운 삶'을 사는 진정한 인재가 되길 원한다. 그런 마음에서 내가 아이들에게 바라는 것이 딱 세 가지 있다.

첫 번째는 모든 사람과 잘 어울리는 넓은 사람이 되면 좋겠다. 세상에는 너무도 다양한 사람들이 살고 있다. 한 명도 같은 사람이 없다. 하물며 가족도 마찬가지다. 가족은 다양한 캐릭터가 모인 집합체다. 나는 가족 구성원을 잘 이해하고 어울리는 사람이라면 사회에서도 거뜬히 그 실력을 발휘할 수 있다고 생각한다.

우리 자매만 봐도 그렇다. 매사 심사숙고하는 스타일인 언니와 즉시 생각한 것을 계획하고 실행하는 나는 사사건건 부딪히는 일이 많았다. 가족 여행 때도 마찬가지였다. 나는 이틀 만에 전체 스케줄을 짜고 있는데 언니는 대학생 딸을 데리고 갈 것인가 말 것인가의 문제 하나를 두고 계속 결정을 못 했다. 그런 언니를 붙잡고 나는 "가기 싫어서 그러는 거 아니야?"라며 닦달을 해댔다. 그러나 언니는 본래 성격대로 의사 결정이 오래 걸리는 것뿐이었다.

나중에 내가 깨달은 것은 우리가 다름을 인정해야 한다는 사실이었다. 가족 여행도 마찬가지다. 언니의 심사숙고 시간을 고려해 한 계절 전 미리 얘기해둘 수도 있었고, 차근차근 언니가 고민하는 항목을 같이 논의해볼 수도 있었다. 사회에는 언니 같은 사람이 많다. 내 속도, 내 성향만 고집하다 보면 다른 사람과 조율하는 데 마찰만 일으킬 뿐이다. 이해하고 대응책을 찾아가는 것이 경험의 넓이와 능력의 깊이를 만든다.

두 번째는 우리 아이들이 자기다운 힘을 가졌으면 좋겠다는 바람이다. 이 세상에 태어나 남들과 똑같이 산다면 경쟁력을 키울 수 없다. 함께 어우러지되 나만이 가지고 있는 힘을 키워야만 한다. 그리고 그 힘을 키우기 위해서는 책만 파고들며 공부하는 것이 아니라 스스로 생각하는 사람이 되어야 한다.

　세상은 우등생이 열등생을 지배하는 것이 아니라 생각하는 사람이 생각하지 못하는 사람을 지배한다. 입시 공부에 매진하느라 생각할 시간조차 가지지 못하는 아이들이 참 많다. 찾고 싶은 정보는 AI가 해결해주고, 그마저도 스마트폰 하나로 해결한다.

　세상을 뒤흔드는 사람들, 예를 들어 스티브 잡스나 빌 게이츠 같은 사람들의 독창성과 아이디어는 정보의 양이 아닌 정보의 해석으로 탄생한 것이다. '무엇'보다 '왜'라는 항목에 집중하면 자연스럽게 생각은 꼬리에 꼬리를 물게 된다.

　외울 게 너무 많아 생각의 연결을 하지 못하는 아이들에게 암기를 잠시 멈추게 한 뒤, 생각할 틈을 줘야 한다. 그럼으로써 우리는 예상치 못한 아이들의 새로운 능력을 발견할 수도 있고 아이 스스로 자신이 잘하는 것, 즐겨 하는 것, 그리고 새롭게 만들어낼 수 있는 것을 찾는 즐거움을 맛보게 될 것이다. 먼 훗날, 우리 아이가 세상을 지배하는 사람이 될지 아니면 지배당하는 사람이 될지의 차이는 이 '생각 연습'에서 비롯될 것이라고 나는 믿는다.

　마지막으로 나는 아이들이 누군가로부터 끊임없이 존중받고 사랑받는 존재임을 느꼈으면 좋겠다. 사실 사회적 기준으로 볼 때 우리 아이들은 잘나지도 앞서지도 않는다. 하지만 그 어떤 선택이든 나는 박수를 치며 기다린다. 잘못과 실수 앞에서도 분명 배울 것이 있고 자기다운 삶을 사는 데 도움이 될 것이라는 생각에서다. 인생의 길을 가는 데 항상 옆에서 기다리고 지원하는 사람이 있다는 사실만으로도 아이들에게는 큰 힘이 된다. 나는 그 역할을 해야 할 사람이 바로 '엄마'라고 생각한다.

나는 결승선에서 아이들에게 호각을 불고 호통을 치는 엄마가 아니라 아이와 함께 걸으며 아이의 성장 과정을 지켜봐주는 엄마가 되고 싶다. 그리고 세 가지 내 바람들이 이루어진다면 아이들이 어떤 상황에서도 저 스스로 자신의 삶을 잘 꾸려나가는 주인공이 될 수 있으리라 믿어 의심치 않는다.

✱

엄마의 꿈을 보고 가족의 꿈도 자란다

취업 준비생들을 모아 대화 자리를 가진 적이 있다. 그런데 이날 나는 우리나라 20대들이 너무 착한 효자 효녀라는 사실에 새삼 놀랐다.

"빨리 취업해야 하는데 부모님한테 미안해요."

6개월 혹은 1년 안에 취업해야 한다는 강박관념 때문에 다들 힘들어했다. 더불어 '내 자식 잘되는 것', '내 자식 좋은 회사 취업하는 것'을 꿈꾸는 부모님들 보기가 미안하다고 했다. 대학만 나오면 다될 것 같았는데 취업 앞에서 많은 20대들이 자신의 꿈과 부모님 꿈을 함께 얹고 뛰느라 두 배의 부담을 안고 살아간다.

회사도 좋아야 하고, 월급도 많아야 하고, 졸업 후 성과를 빨리 보여줘야 한다는 생각에 마음만 급해진다. 수많은 효자 효녀들이 그렇게 고민하며 취업 문턱에서 자괴감을 느낀다. 이제 막 사회에 발을 내

딛을 꿈의 초보자들은 가난하고 집 없고 돈 없어야 정상이다. 그러나 우리 시대는 아이들에게 이 모든 당연한 것을 비정상으로 바라보게 만들었다. 힘들고 어려운 시작이 당연함에도 아이들이 첫 사회 입성에서부터 고통을 받고 고민하게 만들었다.

대학까지 보내놨으니 성과를 보여달라고 빚쟁이마냥 독촉하는 부모들이 많다. 그 빚마저도 이자까지 부풀리니 문제다. 자식들은 부모가 내세우는 '희생'과 '강요'를 사랑이라 믿고 보답하는 데 안간힘을 쓴다. 그러다 보면 아이러니하게도 자식들은 부모와 같은 삶을 답습한다. 꿈 대신 현실에 내쫓겨 당장의 이익 앞에 급급해하는 삶.

하지만 인생을 하나의 바다라고 생각해보자. 나는 그 바다를 항해하는 배의 선장이다. 그리고 아이는 내 배에 동승한 사람이다. 때로는 바다에 이런 길이 있다며 알려주기도 하고 배를 조종하는 법도 알려준다. 그리고 시간이 지나면 어느 순간, 아이는 자신의 배를 구해 항해를 하겠다며 부모의 배에서 떠나게 된다. 처음에는 아주 작은 배일 테지만 내가 가보지 않은 항로를 개척할 수도 있다.

만약 아이가 내 배에서 영영 내리지도 않고 내가 가는 길만 그대로 간다면 얼마나 재미없고 지루한 항해가 될까. 내 배가 노쇠하고 수명이 다하면 어차피 자식도 스스로의 배를 타야만 하는데.

그런데 제대로 배를 몬 적도 없는 사람이 선장인 척하며 아이에게 항해술을 가르칠 수 있을까? 길을 잘 모르면서 지도만 펼친 채 이 길이 맞을 거라는 예상만으로 바닷길을 알려줄 수도 없다. 부모 자신이 많이 경험한 만큼 아이들은 보고 배우며 자란다.

자식이 스스로 자신다운 삶을 살며 꿈을 이루길 바란다면 엄마들이 가장 먼저 해야 할 것은 바로 자신부터 자기 꿈을 가져봐야 한다는 사실이다. 본인의 경험과 실력이 고스란히 아이에게 배움이 된다. 꿈은 영어나 수학처럼 따로 책이 있는 것이 아니다. 꿈의 가장 좋은 교과서는 바로 엄마다.

가끔 강의에서 이런 이야기를 하다 보면 엄마들은 기다렸다는 듯 묻는다. "그럼 일을 해야 하나요?" 그렇지 않다. 하루 24시간을 일이 아닌 꿈처럼 살라는 말이다. 자녀 교육도 살림도 꿈처럼 하면 달라진다. 더 잘하고 싶고, 더 잘하기 위해 공부도 하게 되고, 공부를 하면서 몰랐던 분야와 목표까지 생긴다. 마치 고구마 줄기를 캐내듯 내 시간이 꿈으로 채워지는 순간 사소한 일상은 가치 있는 경험으로 뒤바뀌게 된다.

일처럼 보내는 일상은 안전지대와 같다. 목표가 없으니 좌절할 일도, 실패할 일도, 보람될 일도 없다. 그러나 꿈처럼 보내는 일상은 롤러코스터와 같다. 때론 좌절하기도 하고 실수와 실패를 경험하며 한계를 느끼기도 한다. 그러나 그 한계를 극복하다 보면 더 큰 보상이 나를 기다리고 있으며 그 과정에서 어느 날 한 뼘씩 성장한 자신을 발견하게 될 것이다. '내가 어느새 이렇게 컸네!' 자신의 성장을 확인하는 것만큼 큰 기쁨은 없다.

엄마가 꿈처럼 보내는 일상을 옆에서 지켜본 아이는 한 인간이 꿈을 가지고 도전하고 실패하고 좌절하고 극복해내는 다양한 과정을 눈으로 보고 마음으로 느끼게 된다. 수백 번 글로 보고, 수십 번 말로 해도 마음으로 느끼지 않으면 절대 머릿속에 각인될 수 없다. 당신이 하는 수십 번의 잔소리 대신 스스로 경험하고 보여줘라. 그 어느 것보다 가장 강력한 학습 효과를 누릴 수 있을 것이다. 아이에게 최고의 '체험 학습'은 엄마가 꿈을 키워가는 현장이다.

사람들과 잘 어울리는
품 넓은 어른으로 자라기를.
남들과 어우러지되
자기다운 힘을 가진 어른으로 자라기를.
사람들로부터 끊임없이
존중받고 사랑받는 존재임을 느끼기를.

나의 세 가지 바람이 이루어지기를 바라며
나는 오늘도 아이와 어깨를 나란히 걷는다.

김미경의 인생 수업 1
언제까지나, 꿈이 있는 아내는 늙지 않는다

초판 1쇄 발행 2025년 9월 1일

지은이 김미경
펴낸이 김수현

디자인 [★]규
표지 사진 양해성(studioFATCAT)

펴낸곳 도서출판 어웨이크
출판등록 2024-000121호 (2024년 5월 28일)
주소 서울시 마포구 신촌로2길 19 플랫폼P 318호
이메일 edit@awakebooks.co.kr

ⓒ 김미경, 2025
ISBN 979-11-993170-1-7 04320
　　　 979-11-993170-0-0 04320 (세트)

- 이 책은 저작권법에 따라 보호를 받는 저작물이므로 무단 전재와 무단 복제를 금합니다.
- 이 책 내용의 일부 또는 전부를 재사용하려면 반드시 저자와 출판사의 동의를 얻어야 합니다.
- 잘못 만들어진 책은 구입하신 서점에서 교환해 드립니다.